本书获得广西民族大学民族特色学科政治学

建设经费（301050110）资助出版

泰州学派

"觉民行道"的哲学省察

唐东辉　著

GUANGXI NORMAL UNIVERSITY PRESS
广西师范大学出版社
·桂林·

图书在版编目（CIP）数据

泰州学派"觉民行道"的哲学省察 / 唐东辉著. --
桂林：广西师范大学出版社，2022.1
ISBN 978-7-5598-4649-5

Ⅰ．①泰… Ⅱ．①唐… Ⅲ．①泰州学派—研究
Ⅳ．①B248.3

中国版本图书馆 CIP 数据核字（2022）第 012461 号

广西师范大学出版社出版发行

（广西桂林市五里店路 9 号　邮政编码：541004）
网址：http://www.bbtpress.com
出版人：黄轩庄
全国新华书店经销
广西广大印务有限责任公司印刷
（桂林市临桂区秧塘工业园西城大道北侧广西师范大学出版社
集团有限公司创意产业园内　邮政编码：541199）
开本：787 mm × 1 092 mm　1/16
印张：18.25　　字数：232 千
2022 年 1 月第 1 版　　2022 年 1 月第 1 次印刷
定价：52.00 元

如发现印装质量问题，影响阅读，请与出版社发行部门联系调换。

序　言

近一时期，在思考中国哲学研究路在何方时，我提出了"超越胡适""回到谢无量"；在思考当代儒学发展尤其是民间儒学发展路在何方时，我提出了"回到泰州"，走出 21 世纪"觉民行道"的新路径。

依傍西洋哲学从事中国哲学研究，完全无视中国哲学起源和发展历程的复杂性与多样性，所谓"截断众流"的"扼要手段"，只能成就中国的"断头哲学"即截断中国哲学之源头的哲学。如果问依傍西洋哲学建构中国哲学的路子还能走多远，这里不敢妄言。儒学发展沿着牟宗三等当代新儒家的路向还走得下去吗？或者说还能走多远？我们也存有大大疑问。

我们认为儒学的学术研究固然重要，而传播先贤的教导，弘扬中华精神，践行中华美德，化民成俗，以期开出民间儒学发展的坦途可能更重要。当代学者所从事的儒学学术研究，大都属于传统的经生文士之业，而无关乎儒学本身，换言之，近代以来的儒学学术研究是学者的工作，不是儒者的志业。儒学研究往往与现实社会无关，与现实生活无关，与个人的感情世界、精神信仰统统无关，如果说有关，只与个人的利害有关。这种完全为学术而学术，为研究而研究的儒学，让人看不到儒学的未来，从而出现了有些人有儒学知识而不学儒，理论上"儒行"犹在而"行儒"者则稀。儒学不时出现在学术研究中，出现在学术会议上，出现在学术报告里、著作中、论文里，至于在不在现实生活中，在不在民众的心灵里，没有几人关心。若问儒学是活着,还是死了,儒学怎样才能活下去,不少人正像有句歌词所唱的那样:"我不知道,我不知道!"当儒学研究者们不再关注民众的生活时,民众也就不再关注你的学术。当研究者以历史陈迹为对象,只在故纸堆里"翻跟头"的时候,当然就没有精力去关注百姓的人伦日用。

"回到泰州",通过梁漱溟等新儒家接续上泰州学派的文化脉络和精神方向,开出 21 世纪民间儒学、大众儒学、草根儒学发展的新路径,是吾人的追求,也是当代学人应尽之责。泰州学派最大的意义在于它开出了儒学发展的新方向,它是面向大众的百姓之学,不是少数精英的学术之学;它是实践的智慧之学,而不仅仅是论著里的理论言说;它是活泼生动的、回应现实的道理,不是不食人间烟火、死气沉沉的教条;它追求"为往圣开新学",而不仅仅是"为往圣继绝学"。回到"泰州学派",是民间儒学发展在 21 世纪的"返本开新","返本"是回归泰州学派的精神之本即精神方向,当然不是对它的具体做法的生硬模仿。说得直白一点,与其说我们回到泰州学派,不如说让泰州学派的灵魂借今日之体得以"复活"。

泰州学派是中国儒学发展史中的重要学派,它有自己鲜明的学术立场和思想特征,同时又是一个有着曲折的发展历程的复杂的文化系统。虽然对泰州学派的研究自黄宗羲以来就代不乏人,但我们认为仍然存有犹待开拓的空间。唐东辉博士的《泰州学派:"觉民行道"的哲学省察》一书是近一时期泰州学派研究领域所取得的重要成果,展现了当代年轻学者勇于探索的学术精神和扎实的学术功力。

东辉博士于 2014 年由广西负笈北上,进入齐鲁大地,就教于山东大学儒学高等研究院诸先生,一待就是五年。其诚正朴厚、讷言敏行的品格,深受老师与同学们的喜爱。东辉博士读书非常勤奋,且思维缜密,攻读博士之始,就已选定以泰州学派尤其以王艮、徐樾、颜钧、何心隐、罗近溪等一系作为主攻方向,经过多年的努力,终于完成其博士论文写作,呈现于读者面前的这部著作是东辉博士在原博士论文的基础上加工、整理、修改而成的。

　　该书紧紧抓住泰州学派"觉民行道"这一文化特征与思想主旨，指出"百姓日用即道"是泰州学派"觉民行道"的理论基石，"大成师"是泰州学派"觉民行道"的先觉者，"孝弟慈"是泰州学派"觉民行道"的"实落处"，"乐学"是泰州学派"觉民行道"的保障，而榜门讲学、周流讲学、书院讲学和讲会讲学是泰州学派由士大夫之学向百姓之学转变的重要方式与路径。我个人认为，这些探讨是有意义的，分析是中肯的，理论说明在逻辑上是自洽的。

　　该书对泰州学派的实践品格三致意焉，指出泰州学派在儒学由庙堂转向民间，由精英转向大众，由士大夫之学转向百姓之学的过程中，促进了儒学的社会化进程。以"出则必为帝者师，处则必为天下万世师"的狂者胸襟，以先知先觉师道自任的历史担当，实现了儒学由学界、官界的外溢，广泛地浸润到社会各个阶层——士农工商、三教九流，由此开启了儒学民间化、大众化、草根化的进程。王艮死后，以王襞、韩贞、王栋、颜钧、何心隐、罗汝芳等为代表的泰州后学，或建堂立宗，或周流讲学，或书院讲会……各种儒学下沉的社会实践形态不断出现，为后人树立了典范。"四众俱集，虽衙门书手、街上卖钱、卖酒、脚子之徒，皆与席听讲，乡之耆旧率子弟雅观云集"（邓豁渠《南询录》），这是何等气象！韩贞"毅然以倡道化俗为任，无问工、贾、佣、隶，咸从之游，随机因质诱诲之，化而善良者以千数"（《颜钧集》），这是何等担当！实践，让儒学在民众心中存活，让圣贤的教诲在百姓人伦日常中安家，是泰州后学的重要品格，也是其价值所在。当泰州后学的讲学热情被充分激活后，泰州之学风行天下也就势有必至了。该书利用大量的文献史料对泰州学派的讲学活动进行了较为详尽的分析、勾画，为我们创造了身临其境的感觉，十分可读，也非常耐读。

　　该书写作不是为理论而理论，也不是为研究而研究，而是为总结泰州学派发展的历史教训和成功经验，以服务于当代民间儒学的发展。东辉博士从泰州学人的德性修养、人格特质、时代风尚、政治生态以及与官府关系等方面，恳切地点出泰州学派民间讲学的足与不足，为儒学在当代民间的开展既提供了成功案例，又指出他们的失误之处，为后人道出了前车之鉴。我个人认为，这部论著也许还存在着我们还没有发现的这样或那样的不足，但总体上讲，它是一部成功的博士论文和有自己见解的学术论著，在当代面世，既有历史意义，也有现代价值。

"阳明先生之学，有泰州、龙溪而风行天下，亦因泰州、龙溪而渐失其传"，"泰州之后，其人多能以赤手搏龙蛇，传至颜山农、何心隐一派，遂复非名教之所能羁络矣。"（《明儒学案》）黄宗羲对泰州学派尤其是对颜山农、何心隐的评价影响学术界数百年，为后世反复引证，已成为经典性断言。但近世以来，这一断言也遭遇到学术界的质疑。"多能以赤手搏龙蛇"，显示出泰州学人的豪杰气、汉子气，而"复非名教之所能羁络"则说他们荡出了名教范围，不受名教束缚，当然难以成圣成贤。如果前者以"侠"字表述其气象，后者以"圣"字表明他们在黄氏的眼里不以圣贤为期，似乎在颜山农、罗近溪那里，侠与圣已判为两途，难以兼容。当"江湖大侠""游侠""狂侠"等似乎成了颜山农一系的标签之时，圣贤的期许只能是他们个人的主观构想。侠圣之间果真无法兼容吗？我们认为并非如此。一个连豪杰都不愿为、不能为、不屑为的人，如何成圣成贤？在吾人看来，侠与圣之间不完全是矛盾的和对立的，二者之间有内在的一致性。事实上，圣贤必然是豪杰，但豪杰未必是圣贤，没有不豪杰的圣贤，却有不圣贤的豪杰。孔子、颜子、孟子，哪个圣贤不是豪杰？哪位圣贤没有侠义气概？侠而圣，圣而侠，这是泰州后学的真精神。

泰州后学由儒行到行儒的实践告诉后人，儒者在下位则美俗，或化民成俗，让中华文化浸润华人的心灵，非不能也，是不为也。当明代的一些知识精英钻入故纸堆里，偶尔露出头来嘲笑颜山农、韩贞、罗近溪等不够学术时，数百年后，可惜这些足够学术的大佬们已经"繁华散去皆黄土"，唯留颜山农、韩贞、罗近溪等所谓"无学"诸公"掀翻天地,前不见古人,后不见来者"。他们依然"亘古不磨,片石苍茫立天地"。历史最终是公允的!

　　一年之后,再读东辉博士的大作,感之怀之,心之念之。东辉博士已经打开明代思想界的星空,在这个星空里我们看到王艮、颜山农、罗近溪等先贤的身影,依然熠熠生辉! 虽不能至,然心向往之。借东辉博士大作出版之际,略吐胸臆,聊以为序!

颜炳罡

2021 年 12 月于历山脚下

《泰州学案》所涉泰州学人简介

一、《泰州学案一》

1.王艮(1483—1541),字汝止,号心斋,泰州安丰场人。泰州学派创始人。早年立志自学,后经与王阳明两番辩论,深深折服于良知教的简易直截,遂拜入阳明门下。阳明卒后,心斋开始在家乡泰州一带授徒讲学。

2.王襞(1511—1587),字宗顺,号东厓,王艮次子。早年师事王龙溪、钱绪山,又能继承心斋衣钵,讲学倡道。

3.徐樾(？—1551),字子直,号波石,江西贵溪人。王艮最得意弟子,后战死于沅江城下。

4.王栋(1503—1581),字隆吉,号一庵,泰州姜堰镇人。王艮族弟,后拜入王艮门下。

5.林春(1498—1541),字子仁,号东城,泰州人。师从王心斋。

6.颜钧(1504—1596),字子和,号山农,又号耕樵,江西吉安人。初师徐樾,后经徐樾引荐,卒业于心斋门下。

7.何心隐(1517—1579),原名梁汝元,字柱乾,号夫山,后因避难改姓名为何心隐。黄宗羲在传略中指出,他"从学于山农,与闻心斋立本之旨"。

8.邓豁渠(1498—1569),初名鹤,号太湖,豁渠为其出家后的僧号,四川内江人。师从赵大洲。

9.方与时(生卒年不详),字湛一,湖北黄陂人。

10.程学颜(生卒年不详),字二蒲,号后台,湖北孝感人。与何心隐友善。

11.钱同文(生卒年不详),字怀苏,福建兴化人。与何心隐友善。

12.管志道(1536—1608),字登之,号东溟,江苏太仓人。黄宗羲在传略中指出,"东溟受业于耿天台",又指出,"泰州张皇见龙,东溟辟之,然决儒释之波澜,终是其派下人也"。

13.朱恕(生卒年不详),字光信,原为樵夫,泰州草偃场人。原为樵夫,后听心斋讲学,浸浸有味,遂师事之。

14.韩贞(1509—1585),字以中,号乐吾,江苏兴化人。原为陶匠,后来仰慕朱恕之学而从其学习,最终卒业于东厓之门。

15.夏廷美(生卒年不详),字云峰,安徽繁昌人。原为农夫,后师事焦竑。

二、《泰州学案二》

16.赵大洲(1508—1576),名贞吉,字孟静,号大洲,四川内江人。黄宗羲在传略中指出,"先生之学,李贽谓其得之徐波石",视其为徐樾的弟子。

三、《泰州学案三》

17.罗汝芳(1515—1588),字惟德,号近溪,江西南城人。师从颜钧,为泰州学派的重镇。他以讲学、乡约治郡,实心讲学,极大地阐扬了泰州学派的学术思想。

18.杨起元(1547—1599),字贞复,号复所,广东归善人。师从罗汝芳,为其得意弟子。

四、《泰州学案四》

19.耿天台(1524—1596),名定向,字在伦,号天台,湖北黄安人。天台以卫道者自居,批评李贽与何心隐。其学以"真机不容已"为宗。

20.耿定理(1534—1584),字子庸,号楚倥,耿天台二弟。不喜功名,潜心读书讲学,对天台思想的转变成熟有重要影响。

21.焦竑(1540—1620),字弱侯,号澹园,南京旗手卫人。万历十七年(1589年)状元。晚明著名学者,一生著作甚丰。黄宗羲在传略中指出,"先生师事耿天台、罗近溪,而又笃信卓吾之学"。

22.潘士藻(生卒年不详),字去华,号雪松,江西婺源人。黄宗羲在传略中指出,"先生学于天台、卓吾"。

23.方学渐(1540—1615),字达卿,号本庵,安徽桐城人。明代中叶桐城学术的领头人,为诸生祭酒二十余年。黄宗羲在传略中指出,"先生受学于张甑山、耿楚倥,在泰州一派,别出一机轴矣"。

24.何祥,号克斋,四川内江人。黄宗羲在传略中指出,"初事南野于太学",又指出,"先生之学,虽出于大洲,而不失儒者矩矱"。

25.祝世禄(1540—1611),字延之,号无功,江西鄱阳人(或曰德兴人)。黄宗羲在传略中指出,"天台倡道东南,海内云附景从,其最知名者,则新安潘去华、芜阴王德孺与先生也"。

五、《泰州学案五》

26.周海门(1547—1629),名汝登,字继元,号海门,明代嵊县(今浙江嵊州)人。黄宗羲在传略中指出,"先生供近溪像,节日必祭,事之终身"。

27.陶望龄,字周望,号石篑,明代会稽(今浙江绍兴)人。黄宗羲在传略中指出,"先生之学,多得之海门,而泛滥于方外"。

28.刘塙,字静主,号冲倩,明代会稽(今浙江绍兴)人。黄宗羲在传略中指出,"学海门之学者甚众,而以入室推先生"。

目 录

绪　论

第一节　泰州学派研究现状

目前,学界对泰州学派的研究主要集中在以下三个方面:

一、对黄宗羲"泰州学案"的设立及泰州学派代表人物的重新厘定的研究

黄宗羲对王门后学各学案的设立,基本都会在各学案的名称之中加入"王门"二字,如《浙中王门学案》《江右王门学案》等,但在《泰州学案》中却没有"王门"二字(《止修学案》也是如此),这引起后世学者的种种猜测。侯外庐先生认为,黄宗羲的这种命名方式,表明泰州学派是"一个有别于王学的独立学派"①,但目前学界普遍认为泰州学派是王学的支流,只是黄氏在设立"泰州学案"时,并没有交代如此命名的原因。吴震指出,之所以在"王门学案"之外特设"泰州学案","是因为在黄宗羲看来,其中的思想人物不能算是'正统'的阳明学派,故有必要作'另类'处理,将他们归类而另立学案"②。此外,"泰州学案"在具体编排时又存在很大问题,将出生地域、师承关系、思想类型三个标准混搭,致使许多"异端"人物都被

---

① 侯外庐、邱汉生、张岂之主编:《宋明理学史》(下卷),北京:人民出版社,1987 年版,第416 页。
② 吴震:《泰州学派研究》,北京:中国人民大学出版社,2009 年版,第 5 页。

归入泰州学派。因此,非常有必要重新厘定泰州学派的构成人员。

《泰州学案》下辖五个分学案,《泰州学案一》收录王艮、王襞、徐樾、王栋、林春 5 人(此外,卷首案语中提到颜钧、何心隐、邓豁渠、方与时、程学颜、钱同文、管志道 7 人,王襞传略之后提到朱恕、韩贞、夏廷美 3 人),《泰州学案二》仅收录赵大洲 1 人,《泰州学案三》收录罗近溪、杨起元 2 人,《泰州学案四》收录耿天台、耿定理、焦竑、潘士藻、方学渐、何祥、祝世禄 7 人,《泰州学案五》收录周海门、陶望龄、刘塙 3 人。对泰州学派的构成人员重新进行厘定,主要是对《泰州学案二》赵大洲、《泰州学案四》耿天台以及《泰州学案五》周海门三系的人物重新进行考察与定位。厘定的标准,一是地域,二是师承关系,三是人物思想,四是自我认同。在这方面,主要有以下成果:

首先质疑赵大洲学派归属的是日本学者荒木见悟。通过对赵大洲思想的讨论,荒木见悟对赵大洲的学派归属问题提出了质疑①。吴震则指出,从师承上看,赵大洲与泰州学派的关系并不确定;从思想上看,赵大洲与泰州学派的关联性也不明确,因此主张在泰州学派的研究中,可以将其弃之不顾。② 笔者也曾撰文指出,在师承上,徐樾与赵大洲非师徒关系,而是"同志友"关系;在思想上,赵大洲以性命为宗,融合三教,成一家之言,对王艮—徐樾一系的现成良知说、尊身立本说甚为陌生,故判定其非泰州学派中人。③

关于耿天台的学派归属,学界多根据《明儒学案》将其归入泰州门下,但吴震指出,从思想史的角度看,耿天台具有强烈的卫道意识,对阳明后

---

① [日]荒木见悟著,廖肇亨译:《明末清初的思想与佛教》,上海:上海古籍出版社,2010 年版,第 52—71 页。

② 吴震:《泰州学派研究》,北京:中国人民大学出版社,2009 年版,第 10—16 页。

③ 唐东辉:《赵大洲非泰州学派考辨》,载《贵阳学院学报(社会科学版)》2020 年第 6 期,第 24—31 页。

学与泰州后学都有所批评,试图纠正阳明后学的发展弊病,因此不能将其归入泰州学派。① 笔者也曾撰文,从师承关系、同门意识及思想旨趣三个方面考察了耿天台的学派归属问题,判定其非泰州学派中人,而是汲汲卫道的广义的王门弟子。②

关于周海门的学派归属,彭国翔根据各种相关的原始文献指出,黄宗羲将周海门当作罗近溪的弟子归入泰州学案是失实之举,无论是从地域、思想传承还是自我认同来看,周海门都应当作为王龙溪的弟子而归入浙中王门。③

此外,在以往的泰州学派研究中,往往将李贽归入泰州学派,这几乎已成"定论",如嵇文甫指出,李贽"最能把左派王学的精神充分表现出来"④,但吴震认为,这一"定论"有重新探讨的余地:一方面,从师承看,李贽有独特的师友观,他称东厓(王襞)等泰州诸人为师,是"心师"而非传统的老师;另一方面,从思想倾向看,李贽对心斋及其后学评价虽高,却有所保留,他最欣赏的是龙溪而非心斋。因此,不应将李贽归入泰州学派。⑤

二、对泰州学派代表人物的研究

泰州学派作为一个学术群体,目前学界公认的代表人物有王艮、王栋、王襞、颜钧、何心隐、韩贞、罗近溪等。以下分别论述学界对他们的研究现状。

(一)王艮研究

王艮是泰州学派的创始人,他最具原创性的思想是淮南格物论。吴震指出,王艮的格物论别具一格:一是释"格"为"絜矩""格式";二是释

---

① 吴震:《泰州学派研究》,北京:中国人民大学出版社,2009年版,第16—30页。
② 唐东辉:《耿天台非泰州学考辨》,载《济宁学院学报》2020年第4期,第1—8页。
③ 彭国翔:《周海门学派归属辨》,载《浙江社会科学》2002年第4期,第104页。
④ 嵇文甫:《左派王学》,上海:上海三联书店,2014年版,第64页。
⑤ 吴震:《泰州学派研究》,北京:中国人民大学出版社,2009年版,第30—38页。

"物"为由本至末之物,"身与天下国家"均为"物";三是以"安身"补充经文"以修身为本"的含义;四是以"安身"作为"格物"的完成即"物格",并以此涵盖《大学》全文的义理系统。因此"安身"构成了淮南格物论的实质内容。①在淮南格物论本末观的基础上,王艮提出了"大成学"的思想,认为要"出则必为帝者师,处则必为天下万世师"。季芳桐指出,王艮的"大成学"是服务社会的"外王"之学,主要包含尊道尊身和立师道两方面的内涵。②明哲保身论是淮南格物论的自然延伸,钱宪民指出,王艮是从修身为本的观点出发提出"明哲保身论"的。"明哲保身论"要求不仅要"保身",还要"尊身",因为"道"就体现在人身上,离开人身就没有"道"了③。

在良知问题上,王艮持现成良知论。王强指出,王艮虽然认同阳明的良知论,但对"致良知"有不同的见解,提出"良知致"的观点,认为良知先天具足,不用扩养,"致"是指良知的发用,而非费力达到之意。④龚杰进一步指出,王艮根据体用一源的思想,将良知分为体、用两个方面。良知之体,即天理良知;良知之用,即日用良知。⑤在现成良知的基础上,王艮又提出了"百姓日用即道"的思想。徐春林指出,"百姓日用即道"这一命题,能使广大民众在日常生活中建构起自己的意义世界,是儒学民间化的逻辑起点。⑥在讲学的过程中,王艮又提出了"乐学"的思想。方祖猷指出,王艮在王阳明"乐是心的本体"的基础上,形成了自己的"乐学"思想。乐

① 吴震:《泰州学派研究》,北京:中国人民大学出版社,2009年版,第112—118页。
② 季芳桐:《泰州学派新论》,成都:巴蜀书社,2005年版,第91—100页。
③ 钱宪民:《王艮的"明哲保身"论》,载《复旦学报(社会科学版)》1987年第5期,第110—111页。
④ 王强:《王艮思想研究》,西安:陕西师范大学硕士学位论文,2013年,第17页。
⑤ 龚杰:《王艮评传》,南京:南京大学出版社,2001年版,第70—78页。
⑥ 徐春林:《儒学民间化的内在理路——以泰州学派"百姓日用即道"思想的演进为轴线》,载《江西社会科学》2007年第2期,第59页。

学是从良知的"天然自足"的本性出发的。① 刘静则指出,王艮的乐学思想,采用简易明白、启发诱导和快乐学习的教学方法,使传统儒学从内容和形式两方面都适应了平民教学的需要。②

(二)王栋研究

王栋思想最特出之处是他的诚意论。吴震指出,在王栋看来,《大学》的思想,"诚意一言,关系总要",意是心之主宰,独即意之别名,将诚意与慎独融会贯通起来。③ 在良知问题上,王栋也持现成良知论,认为良知之上"不必加致"。吴震指出,王栋不满足于人们只以知是知非为良知,而认为良知是寂然不动、不虑而知的灵体,知是知非只是良知"生化于感通"罢了。由于良知是人心寂然不动的灵体,所以良知之上"不必加致"。又因为良知本体人人具足,所以在工夫上特别强调要"信得及""悟得入"。④同时,王栋还主张要从格物认取良知。吴震指出,王栋的格物论要点有三:第一,"格物原是致知工夫,作两件拆开不得";第二,良知学不具普世意义,格物之学才具有普遍意义;第三,格物的原则是修身立本,反求诸身。⑤ 此外,王栋还积极参与平民儒学的实践。贾乾初、陈寒鸣对王栋的平民儒学进行了系统研究,认为"诚意""慎独"是其平民儒学的理论依托,"自强""法天"彰显了其平民儒学的主体意识,"随分成就功业"则是其平民儒学的事功观。但王栋以讲学作为实现平民儒学的主要手段,则显得非常苍白。⑥

① 方祖猷:《评王艮的哲学思想》,载《浙江学刊》1981 年第 2 期,第 53 页。
② 刘静:《王艮思想研究》,重庆:西南大学硕士学位论文,2014 年,第 25 页。
③ 吴震:《泰州学派研究》,北京:中国人民大学出版社,2009 年版,第 247—262 页。
④ 吴震:《泰州学派研究》,北京:中国人民大学出版社,2009 年版,第 223—237 页。
⑤ 吴震:《泰州学派研究》,北京:中国人民大学出版社,2009 年版,第 237—247 页。
⑥ 贾乾初、陈寒鸣:《王一庵平民儒学思想析论》,载《湖南大学学报(社会科学版)》2012 年第 2 期,第 20 页。

（三）王襞研究

在良知问题上，王襞持现成良知论。吴震指出，王襞受龙溪的影响，形成了现成良知论，认为良知本体具有"明觉自然"的特点，又有"自能感应""自能约心"的作用，因此对良知的人为把捉，是"用智者自多事"①。王襞继承了其父王艮的乐学思想。吴震指出，王襞的乐学思想要点有四：首先乐是心之本体；其次"乐莫非学"；再次乐是无倚之乐，"乐以天也"；最后提出"乐即道也，乐即心也"的命题。② 王襞还创作了大量的诗歌。黄石明研究了王襞的诗歌创作，认为王襞的诗歌创作生动地体现了其生命情感的内在美③。姚文放、沈玲则指出，泰州学派王氏三贤的诗歌创作，暗藏着一条从淡化说理走向抒情的发展脉络，王襞的诗歌中虽然还有说理的成分，但一片性灵已自然流露于笔端。④

（四）颜钧研究

颜钧是泰州学派的布衣儒者。丁立磊、李紫烨指出，颜钧以布衣的身份四处讲学，导致人们对他有两种截然不同的评价：从儒家正统的角度进行审视，颜钧必然是一位异端人物；从社会启蒙的角度进行审视，颜钧富有"侠"的精神特质，致力于社会讲学和平民教育活动。⑤ 颜钧的思想有其神秘性的一面，即"七日闭关法"，陈来将其称为"七日来复的工夫"⑥，指出其与当今流行的气功修习方法是一致的，与修"禅七"的方法程序也是

① 吴震：《泰州学派研究》，北京：中国人民大学出版社，2009 年版，第 202—206 页。
② 吴震：《泰州学派研究》，北京：中国人民大学出版社，2009 年版，第 206—208 页。
③ 黄石明：《试论泰州学派王襞诗歌的内美》，载《扬州大学学报（人文社会科学版）》2008 年第 1 期，第 97 页。
④ 姚文放、沈玲：《游走在心学与文学之间的诗歌创作——泰州学派王氏三贤诗歌研究》，载《江苏社会科学》2005 年第 1 期，第 175—178 页。
⑤ 丁立磊、李紫烨：《颜钧的狂侠特质》，载《合作经济与科技》2014 年第 15 期，第 185 页。
⑥ 陈来：《中国近世思想史研究》（增订版），北京：生活·读书·新知三联书店，2010 年版，第 462 页。

相通的,只是"长卧七日"法稍显特殊。颜钧最富哲学性的思想是他的"放心体仁说",周荣华对此进行了系统研究,认为"放心体仁说"有三个层次:一是"制欲非体仁",欲乃是自然而生的,强行制欲只会引发心火;二是"放心",要随心所欲,率性而行;三是纯任自然,只有信任本心的自然功用,才能纯任自然。这三个层次恰恰表现出颜钧思想的二重性:既以孔孟之道"衍教四方",试图挽回人心而拯救天下,又肯定人的自然欲望,表现出对儒学传统的可能性反叛。① 颜钧还提出了独具特色的"大学中庸"之学,黄宣民称其为"大中哲学":第一,以"自我"诠释"大学中庸",强调人的主体精神与能动作用;第二,以《周易》"六龙"变化"大中学庸",显示大中哲学是一种变化不息的动态哲学;第三,以"体仁"与"制欲"相对立,宣传"急救心火"的道德救世理想;第四,闭关悟道,熔心铸仁,兼容三教的思想风格。② 此外,颜钧还积极进行儒学实践,马晓英对颜钧的儒学实践进行了研究:一是早年创建民间组织"萃和会",传播儒家的孝悌仁义等伦理学说;二是提出"运世造命"的社会改造理想,周流天下从事讲学活动。③

(五)何心隐研究

何心隐是泰州学派的狂士,季芳桐称他为"儒侠式的人物"④。何心隐早年创办了"聚和会",范国盛对聚和会进行了全面的分析,指出聚和会是集教养于一体的宗族教化组织。教指教化,以兴起宗族的礼义之风;养指经济,以保障宗族的公平正义。为保证聚和会的运转,何心隐采取了以下

---

① 周荣华:《颜钧"放心体仁"思想研究》,上海:华东师范大学硕士学位论文,2008 年,第 6 页。
② 黄宣民:《明代平民儒者颜钧的大中哲学》,载《哲学研究》1995 年第 1 期,第 51—55 页。
③ 马晓英:《敦伦化俗,运世造命——明末"异端"学者颜钧的儒学化俗实践及其讲学活动》,载《孔子研究》2007 年第 1 期,第 56 页。
④ 季芳桐:《泰州学派何心隐思想初探》,载《扬州大学学报(人文社会科学版)》2013 年第 1 期,第 67 页。

管理措施:征粮管理,送馔管理,住宿管理,请假管理,对家庭的要求和学生的出路管理。聚和会行之六年,在当地兴起礼义之风,但最终以失败告终,究其原因,一是宗族势力与官府的矛盾,二是宗族经济与官府的矛盾,三是宗族教化权力与官府的矛盾。① 聚和会失败后,何心隐的后半生基本是在讲学活动中度过的,吴震指出:"他是以讲学为生命,把自己的生命历程就看作是讲学本身。"②在何心隐看来,人有貌、言、视、听、思,有貌则必有学,有言则必有讲,因此,讲学是人之所以为人的根本要求和必然表现。此外,何心隐还有其独特的人欲观,宋克夫、熊小萍全面探讨了其人欲观:首先,批判"无欲"说,肯定人欲的客观性与合理性;其次,提出"寡欲"说,主张节制与规范人欲;再次,提出"育欲"说,主张引导人欲。③

(六)韩贞研究

黄宣民指出,韩贞作为泰州学派的传人,继承了该学派的平民风格:首先,特别重视在社会下层的广大劳动群众中传道讲学;其次,注重王艮所提倡的"百姓日用之学",而不喜欢专重书本的经生儒学;再次,同情民间疾苦,乐善好施;最后,保持平民本色,不愿"并列衣冠"。④ 贾乾初从政治文化的研究视角指出,韩贞是泰州学派平民儒者中"主动的臣民"的典型代表。作为平民儒者,他对儒学的传统政治价值表现出高度的认同感,相当主动地履行自己的政治义务,并积极维护现有的政治秩序。⑤

---

① 范国盛:《聚和·讲会·自鸣于朝——论明代狂儒何心隐的社会教化实践与理论》,南昌:江西师范大学硕士学位论文,2009 年,第 13—27 页。

② 吴震:《十六世纪心学家的社会参与——以泰州学派的何心隐为例》,载《云南大学学报(社会科学版)》2007 年第 3 期,第 43 页。

③ 宋克夫、熊小萍:《何心隐人欲观论析——兼及中晚明人欲观之流变》,载《湖北大学学报(哲学社会科学版)》2010 年第 2 期,第 111—112 页。

④ [明]颜钧著,黄宣民点校:《颜钧集》,北京:中国社会科学出版社,1996 年版,第 161—162 页。

⑤ 贾乾初:《平民儒者的政治态度和政治功能——以韩贞为典型个案》,载《政治学研究》2014 年第 4 期,第 102 页。

（七）罗近溪研究

罗近溪是泰州学派的重要人物，牟宗三先生称其为"泰州派中唯一特出者"①。罗近溪思想的宗旨，朱洁认为是以求仁为宗旨，"赤子之心"是仁的本源，"生生"是仁最本质的含义，万物一体是仁所体现的境界，一切放下、戒慎恐惧、当下反求是求仁的具体工夫。② 王振华则认为，罗近溪思想以赤子之心为宗。赤子之心就是天德良知，是生生不息的仁体，极其高明，同时，赤子之心也是亲亲长长的孝悌慈，是不学不虑的日用常行，极其中庸。③ 由赤子之心出发，罗近溪又提出了他的"孝弟慈"思想，罗伽禄指出，罗近溪的孝悌慈是"以赤子良心，不学不虑"为思想基础产生的，不仅要在家庭中孝悌慈，还要推及社会，这样国家才能长治久安④。罗近溪又用"孝弟慈"来修证良知学，吴震指出，罗近溪虽然对良知学评价极高，但在工夫上有所拓展，认为致良知必须落实在"爱亲敬长"的"实落处"，这样才能使天下之人无不亲亲长长⑤。此外，罗近溪也特别关注身心问题，陈立胜指出，罗近溪的身心观中，身体并不是独立自存的个体身体，而是关涉天、人、心关系的身体。就天而言，吾身与天地万物之身都是天地和气之凝聚，使吾身成为一万有敞开的场所；就人而言，吾身根于父母、连着兄弟、带着妻子，进而"联属"国家天下，构成了吾身在人间的纵横生存谱系；就心而言，则身心互摄，体现了天人合一在身体上的原型。⑥ 罗近溪在易

---

① 牟宗三：《从陆象山到刘蕺山》，长春：吉林出版集团有限责任公司，2010 年版，第 183 页。

② 朱洁：《罗汝芳仁学思想研究》，长沙：湖南师范大学硕士学位论文，2009 年，第 1 页。

③ 王振华：《见心与践心——罗汝芳哲学思想研究》，西安：陕西师范大学博士学位论文，2011 年，第 107 页。

④ 罗伽禄：《罗汝芳的孝悌观》，载《朱子学刊》2005 年第 1 辑，第 319—323 页。

⑤ 吴震：《泰州学派研究》，北京：中国人民大学出版社，2009 年版，第 352—362 页。

⑥ 陈立胜：《"身不自身"：罗近溪身体论发微》，载《西北大学学报（哲学社会科学版）》2012 年第 1 期，第 10 页。

学上也有独特的见解,张沛指出,"四书五经通而为一"是罗近溪心学易学思想的结论,他要建立的是在四书五经基础上圆通、开放的圆融之学,其总体思路是先以太极生生为画前本旨,再以乾坤相涵论心性,最后以复卦统言工夫。①

三、从相关视角出发对泰州学派展开的研究

(一)"觉民行道"视角的研究

余英时先生从政治学的视角指出,泰州学派继承和发展了王阳明所开创的"觉民行道"的新外王路线。他说:"如果我们承认'致良知'之教与'觉民行道'是阳明思想的一体两面,那么他的真正继承者只能求之于王艮所传的泰州一派;这似乎是一个最接近事实的推断。"②儒家传统的外王路线强调要"得君行道",通过"得君"来达到平治天下的目的,而王阳明的良知之教则给出了另一条新外王路线,即通过唤醒每个人的良知来治国平天下。余先生指出:"这可以说是儒家政治观念上一个划时代的转变,我们不妨称之为'觉民行道',与两千年来'得君行道'的方向恰恰相反。他的眼光不再投向上面的皇帝和朝廷,而是转注于下面的社会和平民。"③

余先生此论可谓渊源有自,其师钱穆先生早就指出,阳明良知学作为一种社会大众的哲学,如果从真正落实到社会大众这一点来看,"泰州一派为王学唯一的真传"④。余先生对儒家外王路线的这种区分,现已被广

① 张沛:《四书五经融通视域下的罗汝芳心学易学》,载《东岳论丛》2012 年第 6 期,第 10 页。
② 余英时:《宋明理学与政治文化》,长春:吉林出版集团有限责任公司,2008 年版,第 200 页。
③ 余英时:《宋明理学与政治文化》,长春:吉林出版集团有限责任公司,2008 年版,第 190 页。
④ 钱穆:《宋明理学概述》,台北:台湾学生书局,1977 年版,第 327 页。

泛认同,如李双龙、澎虎指出,"致君行道"与"觉民行道"是儒学"美风俗"的两条基本途径。由"致君行道"到"觉民行道"的转变,既是宋明儒学发展的重大特色,也是泰州学派思想与实践的价值所在,还是其对宋明理学发展的内在超越①。当然,余先生的论述还处于概括阶段,他并没有对泰州学派"觉民行道"的新外王路线展开具体的论述。而这一点,近些年来已引起不少研究者的关注,虽然他们不称之为"觉民行道",而名之曰"民间儒学""乡村儒学""社区儒学"等。

(二)思想启蒙视角的研究

嵇文甫指出,泰州学派作为"左派王学","把当时思想解放的潮流发展到极端"。②侯外庐指出,"泰州学派是中国封建制社会后期的第一个启蒙学派"③,其在理论上对以道学为代表的封建正统思想的批判大体有三点:一是否认道学所捏造的人性的先天差别,主张百姓与圣贤无根本区别;二是驳斥道学的禁欲主义,肯定人们的物质欲望和饮食男女等"人欲";三是否认儒家经传的神圣性,强调经传只是"印证吾心"。林子秋指出,"以王艮为首的泰州学派在晚明启蒙思潮中起了先锋的作用"④,对当时以及近现代的启蒙运动产生了重大而深远的影响。日本学者岛田虔次则将泰州学派放到整个中国近代思维发展的大视野中进行考察,认为近世士大夫的生活,必然促使分析的、逻辑的意识态度得到发展,"'启蒙'的热情,决不是与中国无缘的,而它的命运最终却极为悲惨。中国的合理主

① 李双龙、澎虎:《儒学"觉民行道"的路径选择——兼论泰州学派对宋明理学的超越》,载《兰州学刊》2012年第10期,第208页。
② 嵇文甫:《晚明思想史论》,北京:东方出版社,2013年版,第16页。
③ 侯外庐主编:《中国思想史纲》(下册),北京:中国青年出版社,1981年版,第17页。
④ 林子秋:《泰州学派和晚明的启蒙思潮——纪念王艮逝世460周年》,载《盐城师范学院学报(人文社会科学版)》2000年第4期,第93页。

义思潮被强权所镇压,此后历史上再也没有作为运动的形式出现"。①

(三)"平民儒学"视角的研究

平民儒学最早由黄宣民提出,并得到其弟子陈寒鸣的大力弘扬,现已为学界普遍认可。黄宣民指出,平民儒学是泰州学派的主流,"大体上说,平民儒学是与官方儒学、缙绅儒学以及经生文士的章句儒学(亦可称为应试儒学)对应而言的,无论其思想与学风都有鲜明的平民色彩"②。平民儒学具有五个方面的特点:一是传道对象大众化,二是儒学理论简易化与儒学经典通俗化,三是心性自然论,四是传道活动神秘化,五是社会理想道德化。陈寒鸣进一步指出,所谓平民儒学就是"平民将儒学的义理价值转化为生活日用,构成平民儒学"③。构建现代平民儒学是一项紧迫的理论任务,现代平民儒学是马克思主义中国化视野下儒学理论转向的产物。吴震则以何心隐前半生的"聚和会"和后半生的"讲学"为例,论述了泰州学派"以讲学为手段,广泛涉入社会,积极推动平民教化运动"④等。

(四)"乡村建设"视角的研究

颜炳罡教授指出,泰州学派的崛起,标志着民间儒学、乡村儒学、乡村教化走向理论自觉和实践自觉,完成了体系化建构⑤。宣朝庆从社会学的视角出发,对泰州学派的乡村建设进行了系统梳理,他指出,泰州学派的

---

① [日]岛田虔次著,甘万萍译:《中国近代思维的挫折·序》,南京:江苏人民出版社,2005年版,第4页。
② 黄宣民:《明代泰州学派的平民儒学特征——〈王艮与泰州学派〉序》,载《中国社会科学院研究生院学报》1999年第1期,第64页。
③ 陈寒鸣、刘伟:《儒学的理论转向:现代平民儒学的建构》,载《当代儒学》2014年第1期,第166页。
④ 吴震:《十六世纪心学家的社会参与——以泰州学派的何心隐为例》,载《云南大学学报(社会科学版)》2007年第3期,第35页。
⑤ 颜炳罡:《"乡村儒学"的由来与乡村文明重建》,载《深圳大学学报(人文社会科学版)》2020年第1期,第5页。

乡村建设实践主要有两大方面,一是建设孝义文明的邻里社区,二是开启自由个体化的社会之路。就前者而言,一是创建义门这一"草根性"的家族组织活动,如王襞创立的王氏"宗会"、何心隐创立的"聚和会";二是倡率孝义,重塑家族的精神世界。泰州学派提倡全新的孝悌观,试图建立一个慈与孝悌的"施—报"循环。就后者而言,泰州学派所举办的平民讲会即是"师道经世",泰州学人对平民讲会乐此不疲,期望在"朋从云集"之中,移风易俗,普及道德教化。泰州讲会最后衰微了,外部原因是张居正的禁讲学,内部原因则是泰州后学的道德素质以及学养不足。①

(五)文学视角的研究

一是从美学的角度研究泰州学派,代表人物为姚文放、邵晓舟等。姚文放指出,王艮的美学思想贯穿着一种平民主义的精神,进而形成了一种平民主义美学,明中叶以后启蒙文艺思潮中蔚然成风的平民化审美倾向和审美趣味,正是王艮倡导的平民主义美学的一种必然延伸。② 邵晓舟指出,泰州学派的美学理论赋予"百姓日用"范畴以美的本体的超越性意义。"百姓日用"作为人类的本然天性和全部日常生活实践,以和谐完满的形象提供了宇宙人生大道真理的暗示,展现了美的精神、美的超越、美的阐释、美的个体、美的解放等层面的深刻意义。③

二是研究泰州学派与当时各种文学创作及其文本之间的关系,如庄丹、胡金望指出,泰州学派的"人欲"观与《金瓶梅》中的士商关系有着内在的联系,只有在泰州学派"人欲"观的作用下,才可能产生《金瓶梅》这样一

---

① 宣朝庆主编:《泰州学派的精神世界与乡村建设》,北京:中华书局,2010年版,第159—230页。
② 姚文放:《宋明思想大潮中的泰州学派美学》,载《学术月刊》2007年第12期,第98页。
③ 邵晓舟:《泰州学派美学的本体范畴——"百姓日用"》,载《中国文化研究》2010年第1期,第136页。

部商人价值在某种程度上超越文人士子价值的作品。① 熊恺妮指出,受泰州学派思潮的影响,凌濛初《二拍》中充分肯定了人的合理物欲和情欲,高度颂扬了狂狷人格,并进一步形成了其讲真、出奇、重视娱乐教化的小说观。②

(六)英雄侠士视角的研究

泰州学派出英雄与侠士。左东岭指出,泰州学派创始人王艮的"出位之思"与"尊身守道"的主张为泰州学派的狂侠精神提供了思想基础。"出位之思"使泰州后学在官方系统之外进行独立的讲学与政治活动,"尊身守道"则使泰州后学形成了一种患难相依、相互救助的团体意识。③ 何宗美、张娴指出,泰州学派的种种"出位"言行,与他们所推崇的侠的精神密不可分,正是尚侠的理念使他们在"异端"的道路上越走越坚定,并在实践层面、思想层面和文学层面产生了巨大的影响。④

(七)流传影响视角的研究

朱兆龙指出,泰州学派在明清易代后并未消亡,其六传弟子毛奇龄逃亡治学,终成一代学术大师,七传弟子李塨使王艮学说的精神要义在颜李学派中变化传承,一直到嘉庆初年才沉入历史。⑤ 牛秋实指出,太谷学派传到李晴峰时,教义发生了变化,无论是思想、组织还是宗教化的仪式都

---

① 庄丹、胡金望:《泰州学派"人欲"观与〈金瓶梅〉中的士商关系》,载《漳州师范学院学报(哲学社会科学版)》2012 年第 1 期,第 64 页。

② 熊恺妮:《泰州学派与凌濛初》,载《辽东学院学报(社会科学版)》2013 年第 3 期,第 35 页。

③ 左东岭:《狂侠精神与泰州传统》,载《孔子研究》2001 年第 3 期,第 104 页。

④ 何宗美、张娴:《明代泰州学派与"侠"略论》,载《西南大学学报(社会科学版)》2011 年第 5 期,第 61 页。

⑤ 朱兆龙:《王艮泰州学派在清代的传承与变化》,载《盐城师范学院学报(人文社会科学版)》2013 年第 6 期,第 30 页。

明显受到泰州学派的影响。① 朱义禄则指出,梁漱溟一生的思想与活动,无论是弃佛归儒的思想转变,还是人生哲学由苦向乐的转轨,抑或走出书斋、投身社会活动、求讲学与社会运动的合一,都是受泰州学派王艮父子的影响。②

　　综上所述,目前学界对泰州学派的研究已相当深入,成果也相当丰富,呈现稳步推进的态势,主要表现在三个方面:(1)逐渐跳出黄宗羲所确立的《泰州学案》的框架,开始关注黄氏设立《泰州学案》的标准、原因及其合理性,并由此兴起一股考辨泰州学派代表人物学派归属的学术潮流。(2)伴随着近年来阳明学及阳明后学的研究热,学界对泰州学派代表人物的思想进行了全方位的研究。在这些研究成果中,既有对泰州学人的单独研究,如对王艮思想的研究,也有对单个人物某一方面思想的研究,如对王艮的"明哲保身"论的研究。(3)从各种研究视角出发对泰州学派展开的整体观照,拓展、深化了人们对泰州学派的认知与理解。如对泰州学派"觉民行道"的研究,对泰州学派思想启蒙的研究,对泰州学派与文学关系的研究,对泰州学派英雄精神的研究,对泰州学派流传及影响的研究等。

　　尽管如此,学界对泰州学派的研究仍存在两方面的不足:(1)黄宗羲设立《泰州学案》有其对明代学术史的整体考量,而当前学界对《泰州学案》中相关人物学派归属的考辨,是否兼顾了黄氏的学术史考量,是否可以瓦解黄宗羲所确立的泰州学派,又在多大程度上促进了泰州学派的研究,这是学界较少反思的问题。(2)从相关研究视角出发展开的对泰州学

---

① 牛秋实:《太谷学派与泰州学派关系研究》,载《南京理工大学学报(社会科学版)》2011年第4期,第77页。
② 朱义禄:《论泰州学派对梁漱溟的影响》,载《学术论坛》1991年第4期,第50页。

派的研究,往往带有视角自身的局限性,如启蒙的视角以西释中,忽略了儒学自身的发展轨迹;平民儒学的视角画地自限,忽略了泰州学派理论的普遍性等。因此,如何从儒学史尤其是理学自身的发展进程出发去观照泰州学派,就显得非常有必要。正是在这一意义上,"觉民行道"的研究视角显示出其独特的魅力。

第二节　"觉民行道"视角的研究意义

一、理论意义

泰州学派是阳明后学中非常重要的一支,对阳明学的传播起到了非常重要的作用,黄宗羲指出:"阳明先生之学,有泰州、龙溪而风行天下,亦因泰州、龙溪而渐失其传……泰州之后,其人多能以赤手搏龙蛇,传至颜山农、何心隐一派,遂复非名教之所能羁络矣。"①当然,这只是黄氏的一家之言,也有学者提出了与之完全相反的观点,如前所论,钱穆就指出,从良知学作为一种"社会大众的哲学"这一特定的视角来看,"泰州一派为王学唯一的真传"。余英时进一步指出,"如果我们承认'致良知'之教与'觉民行道'是阳明思想的一体两面,那么他的真正继承者只能求之于王艮所传的泰州一派;这似乎是一个最接近事实的推断"。此外,还有许多学者从启蒙、宗教等角度对泰州学派展开了研究。

笔者以为,要公允地评价泰州学派,必须从中国文化尤其是儒学自身发展的角度出发,审视泰州学派在其中扮演了怎样的角色,起到了怎样的作用。中国传统社会进入宋代之后,门阀士族彻底衰落了,代之而起的是一个平铺的平民社会。在这样一个由士农工商所组成的平民社会中,如

---

① 　[清]黄宗羲著,沈芝盈点校:《明儒学案》(下),北京:中华书局,2008 年版,第 703 页。

何实现文化的普及,是中国文化或者说儒家文化在发展过程中不得不面对的问题。宋明理学的产生与发展,尤其是阳明心学所兴起的讲学运动、乡约运动,正是对这一问题的回应。在这一文化普及的过程中,王艮所开创的泰州学派,走在了时代的前列。余英时所提出的"觉民行道"的新外王路线,精要概括了阳明及其后学所从事的这一文化普及活动的主要内容。

本书以"觉民行道"为切入点,对泰州学派进行一种哲学省察,既可以为泰州学派在儒学或理学的发展进程中找到其应有的位置,也可以对其"觉民行道"的相关理论,如"百姓日用即道"("觉民行道"的理论基石)、"大成师"("觉民行道"的先觉者)、"孝弟慈"("觉民行道"的"实落处")、"乐学"("觉民行道"的保障)等进行一番梳理与诠释,评价其是非得失。

二、实践意义

现在,儒学正迎来伟大的复兴。这一复兴,绝不仅仅是指大学里少数儒学研究专家的研究热,也不仅仅是指社会上方兴未艾的国学热、读经热,更不仅仅是指国家和政府对儒家文化的肯定与弘扬,而是指儒学作为一种精神信仰与生活方式,重新回归当代的生活。诚如颜炳罡先生所指出的:"儒学从来就不是少数哲学家、思想家、历史学家的奢侈品,而是民众的生活向导,是人们的生活规范系统。"①

在这一复兴过程中,民间儒学实践可谓其中翘楚。当代的民间儒学实践,从根本上说就是要重塑儒学的社会教化功能,使儒学成为民众的精神向导,成为人们生活的规范系统。当代的民间儒学实践,往近了说,是对梁漱溟先生"乡村建设"的一种现实呼应,往远了说,则是对泰州学派"觉民行道"实践的一种历史传承。对泰州学派"觉民行道"的研究,对当代民间儒学的实践与发展具有重大的借鉴价值。

_____

① 　颜炳罡:《儒学:从来就不是少数哲学家的奢侈品》,载《国学》2007 年第 10 期,第 47 页。

第三节　"觉民行道"视角的研究创新

一、重新厘定了泰州学派

　　目前学界一般默认以黄宗羲所设立的《泰州学案》中的诸人物作为泰州学派，但近些年随着对泰州学派研究的深入，有关专家学者逐渐发现，黄宗羲所设立的《泰州学案》，在师承关系、人物归属、学案设立标准等方面存在许多的问题。然而种种质疑与考辨并不能否认乃至推翻黄宗羲在《泰州学案》中所构建的泰州学派，因为黄宗羲构建的是一个自足自洽的体系。在这种情况下，若要进一步研究泰州学派，则必须重新厘定泰州学派，对泰州学派进行一种严格的界定，包括泰州学派的含义、泰州学派的特征、泰州学派的代表人物等。

　　本书从"觉民行道"的研究视角出发，严格界定了泰州学派的含义、特征以及代表人物。本书认为，泰州学派是阳明后学众派别之一。明代王艮是该学派的创始人，因王艮为泰州人，故名泰州学派。泰州学派最核心的理论是"百姓日用即道"，认为百姓日用与道不即不离，并厕身民间，通过讲学实践贯通道与百姓日用来"觉民行道"，从而实现平治天下的社会理想。在"觉民行道"的过程中，泰州学派表现出重师道（"大成师"）、重孝悌（"孝弟慈"）、重乐学的特点。泰州学人的思想各具特色，如王栋的"诚意"论，颜钧的"大学中庸"，何心隐的"寡欲"说，罗汝芳的"赤子之心"等。泰州学派的主要代表人物有：家学一系的王襞、王栋、韩贞，徐樾一系（又称颜钧一系）的颜钧、何心隐、罗汝芳、杨起元等。这可以说是一种理论上的创新。

二、从"觉民行道"的角度深入研究泰州学派

对泰州学派的研究角度,可以是启蒙的,也可以是文学的,还可以是英雄的,本书选择的是"觉民行道"的研究角度。这是余英时提出的相对于传统的"得君行道"的外王路线而言的新外王路线。余英时虽然在《宋明理学与政治文化》一书中提出了这一极具慧识的观点,但他并没有从这一观点出发对泰州学派展开具体论述,目前学界从这一角度出发对泰州学派展开的研究也很少,而且主要是期刊论文,还没有深入具体的硕博论文及研究专著。

本书从"觉民行道"这一角度出发研究泰州学派。一方面,研究其理论支撑。"百姓日用即道"是"觉民行道"的理论基石,"百姓"是行"道"的主体,"日用"是"百姓"行"道"的载体,"天理良知"是"百姓"行"道"的本体,"当下即是"是"百姓"行"道"的工夫。"大成师"是"觉民行道"的先觉者,"大成师"强调"进不失本,退不遗末",因此要"出则必为帝者师,处则必为天下万世师"。"孝弟慈"是"觉民行道"的"实落处",在理论上,以本末观贯串"孝弟慈",既以"孝弟慈"修己立本,又以"孝弟慈"率人达末;在实践上,以乡约为平台,以讲学为手段,大力宣扬"圣谕六条"。"乐学"是"觉民行道"的保障,"乐是学,学是乐","乐是心之本体",为学工夫是"简易快乐"的。另一方面,考察其实践探索,主要有讲学、基层自治两个方面。就讲学而言,泰州学派的讲学对象有教无类,讲学内容因会而异,讲学方式则多种多样。就基层自治而言,主要是家族建设,分别有家学一系的王襞创立的"宗会",以及颜钧一系的何心隐创立的"聚和会"。这可以说是理论与实践的深入挖掘与创新。

泰州学派的重新厘定

第一章

目前学界对"泰州学派"一词的使用,基本是默认的:既然黄宗羲的《泰州学案》是为泰州学派所立的学案,那么《泰州学案》所开列的人物,就一起构成了整个泰州学派,凡《泰州学案》所开列的人物,就都是泰州学派中人。一般的思想史著作是如此用法,如侯外庐在《中国思想史纲》中指出:"泰州学派的著名学者,继承王艮的有他的族弟王栋(一庵)、子王襞(东厓),弟子林春(子仁)、徐樾(波石)等。徐樾的弟子赵贞吉(大洲)、颜钧(山农),而颜钧的弟子有何心隐、罗汝芳(近溪)。王襞的弟子有李贽(卓吾)。"①一般的哲学史著作是如此用法,如张学智在《明代哲学史》中指出,王艮的弟子中,"其著名者,有江右之颜山农、何心隐,蜀之徐樾、罗汝芳,楚之耿定向、耿定理,浙之周汝登、陶望龄,粤之杨起元,南京之焦竑等"②。哪怕是专门的泰州学派研究著作,也基本是如此用法,如杨天石在《泰州学派》中指出,泰州学人中"比较著名的有王襞、王栋、朱恕、韩贞、夏廷美、徐樾、颜钧、罗汝芳、杨起元、周汝登、何心隐、耿定向等"③,又如季芳

---

① 侯外庐主编:《中国思想史纲》(下册),北京:中国青年出版社,1981年版,第16—17页。
② 张学智:《明代哲学史》(修订本),北京:中国人民大学出版社,2012年版,第234页。
③ 杨天石:《泰州学派》,北京:中华书局,1980年版,第78页。

桐在分析泰州学派的成员构成时,也是以黄宗羲的《泰州学案》为据①,等等。但是,随着泰州学派研究的深入展开,学界逐渐发现,黄宗羲所设立的《泰州学案》,在师承关系、人物归属、学案设立标准等方面存在许多问题。在这种情况下,若要进一步深入研究泰州学派,则必须对泰州学派的含义、泰州学派的特征、泰州学派的代表人物等有一个准确而透彻的把握,而不是沿袭前说,人云亦云。

第一节　泰州学派的含义

泰州学派作为一个哲学概念,必然有其确定的含义。张岱年在《中国哲学大辞典》中如是界定"泰州学派":

明以王艮为代表的学派。因以王艮家乡泰州(今属江苏)为讲学活动基地,故名。

主要人物有王栋(一庵)、林春(子仁)、徐樾(波石)等;徐樾弟子赵贞吉(大洲)、颜钧(山农);颜钧弟子何心隐(梁汝元)、罗汝芳(近溪)等。

主张"百姓日用即道"(《明儒学案·泰州学案》),要求从日常生活中贯彻封建伦理道德。宣传"明哲保身""安身立本"。强调"欲齐治平,在于安身","身安而天下国家可保也"(同上)。认为"致良知"即"复初","知不善之动而复之,乃所谓致良知以复其初也。"(王艮《心斋语录》)

王艮为灶丁,门人多为樵夫、陶匠、田夫等社会下层人物,如朱恕、韩乐吾、夏廷芳等。善于以通俗易懂的诗歌,在民间传播

---

① 季芳桐:《泰州学派新论》,成都:巴蜀书社,2005年版,第20—21页。

"安天立命""安贫乐道"等思想。门人中亦有封建官吏、士大夫等社会上层人物,如徐樾等。

他们的思想各具特色。王栋以"意"为"心"之主宰,"自心虚灵之中,确然有主者名之曰意"。认为必须在心中邪念未萌之际施以"慎独"或"诚意"的工夫以防患于未然,有唯意志论倾向。颜钧主张人性天然善良,"性如明珠,原无尘染","平是①只是率性所行,纯任自然,便谓之道"(《明儒学案·泰州学案》)。何心隐则称:"凡有血气之类莫不亲","凡有血气之类莫不尊"(《爨桐集·仁义》)。含有人与人互相平等、尊重的思想因素。罗汝芳强调"赤子之心"最为纯洁,仁爱即出于此,"赤子出胎,最初啼叫一声,想其叫时只是爱恋母亲怀抱,却指着这个爱根而名为仁"(《近溪语录》)。倡导自然人性论,认为"人无贵贱贤愚,皆以形色天性而为日用"(同上)。视人的欲望是自然要求。徐樾认为"往古来今,上天下地,统名曰道,是道在人,统名曰心"(《波石语录》)。

该派在明中、晚期有一定影响。②

该释义涉及的方面很多:第一段涉及泰州学派得名的由来,第二段涉及泰州学派的代表人物,第三段涉及泰州学派的相关代表性理论,第四段分析泰州学派的人员构成,第五段指出泰州后学的思想各具特色,第六段讲泰州学派的影响。虽然面面俱到,但却没有触及最本质的问题,即泰州学派之为泰州学派的特质或者说根本精神是什么。若这一点没有确定下

---

① 据《明儒学案》,"平是"当为"平时"。见[清]黄宗羲著,沈芝盈点校:《明儒学案》(下),北京:中华书局,2008 年版,第 703 页。

② 张岱年主编:《中国哲学大辞典》(修订本),上海:上海辞书出版社,2014 年版,第 390页。原文无分段,此处分段是笔者为方便阅读理解所加。

来，又何以说泰州学派的代表人物是这几个而不是那几个，泰州学派的代表性理论是这些而不是那些，等等。

　　究竟何谓泰州学派，这是"对泰州学派的研究亟待加强"[①]的一个重要方面，这不仅是我们研究泰州学派的一项基础性工作，而且是一项具有全局意义的整体性工作。目前学界对此似乎并没有一种自觉，极少有学者在研究泰州学派的过程中对泰州学派予以概念的界定，即使有极个别学者进行了界定——如顾鸿安指出，"泰州王门是中国历史中第一个真正意义上的思想启蒙学派，它发扬了王阳明的心学思想，反对束缚人性，引领了明朝后期的思想解放潮流"[②]——也是难以令人满意的。仅就顾鸿安的界定而言，所谓的"思想启蒙"或"思想解放"，其实是以西方的近代启蒙运动为标准，对泰州学派进行的一种自由主义思潮的界定，并没有指明泰州学派作为一个儒学流派的本质所在。

　　之所以要重新界定泰州学派，缘于黄宗羲设立《泰州学案》的多重标准。黄宗羲在为阳明后学设立学案时，基本是以地域为标准进行划分的，如《浙中王门学案》《江右王门学案》《南中王门学案》《楚中王门学案》《北方王门学案》《粤闽王门学案》六个学案，在各个学案之下，具体人物的学派归属则是以师承为标准进行归类的。但他在设立《泰州学案》时，却是以人物为标准进行划分的（《止修学案》也是如此）。当然，这在客观上是由于心斋的传人，除家学一系外，多不是泰州人，如徐樾一系，徐樾是蜀地人，徐樾弟子颜钧是江右人，颜钧弟子罗近溪也是江右人，罗近溪弟子杨起元则是粤闽人，如果仍以地域为标准进行划分，势必不能囊括所有泰州学人。而《泰州学案》下的各个人物，也不全是以师承为标准进行学派的归类，《泰州学案》的序论曰：

---

① 　张学智：《对泰州学派的研究亟待加强》，载《中国文化研究》2004 年第 1 期，第 7 页。
② 　顾鸿安：《阳明学及其传播》，杭州：浙江大学出版社，2015 年版，第 131 页。

阳明先生之学,有泰州、龙溪而风行天下,亦因泰州、龙溪而渐失其传。泰州、龙溪时时不满其师说,益启瞿昙之秘而归之师,盖跻阳明而为禅矣。然龙溪之后,力量无过于龙溪者,又得江右为之救正,故不至十分决裂。泰州之后,其人多能以赤手搏龙蛇,传至颜山农、何心隐一派,遂复非名教之所能羁络矣。①

所谓"益启瞿昙之秘而归之师,盖跻阳明而为禅矣",这里所指出的心斋思想所具有的禅学特色(黄宗羲所认为的),为该学案中赵大洲、焦竑、陶望龄以及管志道之类的"容禅派"②或者说三教合一派提供了思想类型上的依据;所谓"其人多能以赤手搏龙蛇……遂复非名教之所能羁络矣",这里所指出的泰州后学所具有的尚义任侠的特色,为该学案中颜钧、何心隐、祝世禄之类的"气节派"③提供了行事风格上的依据。同时,黄宗羲也为这些人物找到了师承授受的谱系。

可见,黄宗羲在判定泰州学人的学派归属问题上,至少有三个标准:一是师承;二是思想类型;三是行事风格。从这三个标准出发,黄宗羲为我们提供了一幅怎样的泰州学案全景图呢?"不得不说这是一部非常杂乱的学案"④,甚至有学者认为,若"加以详细考辨可知,泰州不能算作一个严格意义上的学术派别"⑤。但反过来,这恰恰说明了泰州学派的丰富性。在泰州学派内部,既有以林东城、王一庵、耿天台、何祥为代表的平实派,也有以赵大洲、焦竑、陶望龄、管志道为代表的容禅派,还有以颜山农、何

① [清]黄宗羲著,沈芝盈点校:《明儒学案》(下),北京:中华书局,2008年版,第703页。
② [日]冈田武彦著,吴光等译:《王阳明与明末儒学》,重庆:重庆出版社,2016年版,第155页。
③ [日]冈田武彦著,吴光等译:《王阳明与明末儒学》,重庆:重庆出版社,2016年版,第156页。
④ 吴震:《泰州学派研究》,北京:中国人民大学出版社,2009年版,第8页。
⑤ 张学智:《明代哲学史》(修订本),北京:中国人民大学出版社,2012年版,第234页。

心隐、李卓吾、耿定理、祝世禄为代表的气节派，以及以王东厓、邓豁渠、方湛一等为代表的旷达任诞派。①

我们知道，在《浙中王门学案》中，既有王龙溪主先天正心之学，也有钱德洪主后天诚意之学，还有学于王龙溪、钱德洪等却最终究竟于禅学的万鹿园等，但却没有人因此说《浙中王门学案》就是一个"非常杂乱的学案"，或"不能算作一个严格意义上的学术派别"。因此，不能因为黄宗羲所设立的《泰州学案》呈现出一个学派在思想或行事上的丰富性，并由此给我们的研究带来了一定的困难，就否认泰州学派作为一个儒学流派的合法性。当然，这是从黄宗羲的分类标准出发所作出的一种解释。

问题的关键在于，一个学术流派之所以能成为一个学术流派，必然有其不同于其他学术流派的本质核心，泰州学派作为阳明后学的一大流派，异于阳明后学其他流派的本质核心是什么，这才是我们界定泰州学派时必须把握的实质问题。而要准确把握泰州学派的本质核心，就必须对整个新儒家的发展脉络以及阳明良知学的发展历程有一个透彻的把握，同时还必须对泰州学派的思想行动有一个整体上的把握。

就新儒家的发展脉络而言，新儒家在奠定了足以抗衡佛道的内圣学之后，必然寻求内圣基础上的外王，而在这方面，阳明的良知学表现出巨大的理论与实践优势。新儒家发端于唐代后期的韩愈、李翱，其不同于汉唐旧儒家的"新"，在于它因应佛道的挑战而发展出了儒家的心性论，为儒家建构了一个以"理"（天理、本心、良知）为核心的内圣世界。同时，新儒家还以天下为己任，积极探索儒家的外王之道，力图构建一个理想的社会秩序。新儒家对儒家外王路线的探索，在两宋时期，主要是沿袭传统的"得君行道"的上行路线，集中表现为政治改革，南宋以后则渐渐转移到社

---

① ［日］冈田武彦著，吴光等译：《王阳明与明末儒学》，重庆：重庆出版社，2016年版，第154—156页。

会教化,及至明代,则开创了一条全新的"觉民行道"的下行路线,集中表现为社会讲学。当然,由于对"理"的理解不同,新儒家在内圣方面又分化为不同的派别,主要有以程朱为代表的理学派和以陆王为代表的心学派。而且由于内圣方面的不同,导致这两派在外王方面的渗透力呈现出明显的不同。程朱理学主张即物穷理,穷理之要则在读书,这对于读书士子是无所烦难的;而阳明的良知学,以简易真切的良知教人,故愚顽不肖、不能读书之人也能受到感发。因此,从外王或者说社会教化的角度看,程朱理学远不能与陆王心学相提并论。程朱理学只将天理开放给了读书穷理的士人,而陆王心学则将本心或良知开放给了全社会。

就阳明良知学的分化发展而言,阳明后学对良知学进行了多方阐发,而"如果我们承认'致良知'之教与'觉民行道'是阳明思想的一体两面,那么他的真正继承者只能求之于王艮所传的泰州一派"①。冈田武彦从思想类型的角度出发对阳明后学的良知观进行了分类,分别是:以王龙溪、王心斋为代表的左派即现成派,认为良知本体是现成的,致知工夫只是直下承当;以聂双江、罗念庵为代表的右派即归寂派,认为良知本体是寂然不动的,致知工夫则在主静;而以邹东廓、欧阳南野为代表的修证派即正统派,则认为良知本体即是天理,强调在工夫中求本体。② 这种划分已然相当精密,但却囿于本体与工夫的内圣一面即"致良知",而忽略了良知的外王属性即"觉民行道"。这其实是从哲学进路研究良知学的一个通病。但是阳明的良知学远不止内圣一面,还有外王一面,阳明自己就说:"仆诚

---

① 余英时:《宋明理学与政治文化》,长春:吉林出版集团有限责任公司,2008 年版,第 200 页。
② [日]冈田武彦著,吴光等译:《王阳明与明末儒学》,重庆:重庆出版社,2016 年版,第 98—99 页。

赖天之灵,偶有见于良知之学,以为必由此而后天下可得而治。"①阳明之所以积极投身讲学,就是希望能够实现以良知平治天下的理想。因此,虽然阳明后学其他派别都从内圣一面深化发展了阳明的良知观,但却对致良知的外王一面有所忽略,这倒不是说其他各派不积极从事"觉民行道"的讲学活动,而是因为他们的讲学多囿于本体与工夫的内圣一面,从而使"觉民行道"的范围局限于士人阶层,不能推扩到农、工、商等社会各阶层。只有泰州学派,从"致良知"与"觉民行道"两方面对良知学给予了继承与发展(以下详论)。

　　就对泰州学派的整体把握而言,王艮作为泰州学派的典型代表,突出表现了泰州学派通过良知来"觉民行道"的努力。要从整体上把握泰州学派,有两种方法:一种是概括的方法,先研究泰州学派的个别人物,然后再对他们进行一种整体性把握;一种是采用韦伯方法论的核心即"理想型"或"理想类型"(ideal type)的研究方法,选取典型进行研究以得出结论。概括的方法看似稳妥,但却不适合运用到泰州学派的研究上,这倒不是因为这一方法有问题,而是因为近二三十年来,学界对《泰州学案》中究竟哪些人物能算作泰州学派中人,存在很大的分歧。因此,这种概括法也就失去了运用的前提。这里采用"理想型"的研究方法,选取最能代表泰州学派的人物即泰州学派的创始人王艮作为研究对象,以展现泰州学派的本质特征。在良知问题上,王艮主现成良知论,认为"良知一点分分明明,亭亭当当,不用安排思索"②。但王艮的良知论若止步于此,则与现成派的王龙溪没有什么差别,其良知论的独特之处在于强调良知的实践品格,要循

---

① 　[明]王守仁撰,吴光等编校:《王阳明全集》(上),上海:上海古籍出版社,2011年版,第90页。
② 　[明]王艮撰,陈祝生等校点:《王心斋全集》,南京:江苏教育出版社,2001年版,第43页。

着良知使其在"人伦日用之间举措之耳"①,以实现理与事、本体与发用、良知与人伦日用的贯通。这种贯通,若予以理论化表述,就是"百姓日用即道"。同时,王艮还以先知觉后知,以先觉觉后觉,通过讲良知之学来"觉民行道",实现"百姓日用"与"道"的合一。陶望龄说:"心斋父子盛时,升堂谈道,万众咸集。既退,虽皂隶臧获,人人意满,若怀宝而去者。"②可谓是对心斋通过讲学来"觉民行道"的高度形象概括。

通过以上分析,泰州学派的本质核心就清楚地展现在我们面前,即在继承阳明良知学内圣外王一体两面的基础上,厕身民间,通过讲学贯通"良知"与"百姓日用"来"觉民行道"。

儒家历来都强调要"行道",孔子曰,"人能弘道,非道弘人"(《论语·卫灵公》),就是对"行道"的最好表述,但是在如何"行道"的问题上,却随历史条件的变化而有着根本的区别。当尧舜、三代圣王合一之时,圣人居天子之位(或王位),乃是"居位行道","行道"的事业可顺势而为;及至孔子,圣人不得其位,于是寄望于君王以"行道",乃是"得君行道",自孔孟荀以来,中经两汉,下迄唐宋,儒家士大夫普遍寄望于君王与朝廷来"行道",但得君与否却有命存焉;及至明代,迫于恶劣的政治生态环境,阳明放弃了"得君行道"的上行路线,开创了一条经由民间讲学来"行道"的下行路线,乃是"觉民行道"或"民间行道",即不再注目于高高在上的君王与朝廷,而是注目于触手可及的民间社会与普罗大众,希望通过在民间讲授良知之学来"行道"。如前所论,如果我们承认"致良知"与"觉民行道"是阳明思想的一体两面,那么他的真正继承者只能求之于王艮所传的泰州一

---

① [明]王艮撰,陈祝生等校点:《王心斋全集》,南京:江苏教育出版社,2001年版,第47页。

② [明]罗汝芳撰,方祖猷等编校整理:《罗汝芳集》(下),南京:凤凰出版社,2007年版,第959页。

派。在阳明后学中,只有泰州学派真正做到了厕身民间,通过在广大民众间讲学来"行道"。

　　基于以上分析,我们将泰州学派界定为:泰州学派是阳明后学众派别之一。明代王艮是该学派的创始人,因王艮为泰州人,故名泰州学派。代表人物主要有:家学一系的王襞、王栋、韩贞,徐樾一系的颜钧、何心隐、罗汝芳、杨起元等。该学派最核心的理论是"百姓日用即道",认为百姓日用与道不即不离,并厕身民间,通过讲学实践贯通道与百姓日用来"觉民行道",从而实现平治天下的社会理想。在"觉民行道"的过程中,表现出重师道("大成师")、重孝悌("孝弟慈")、重乐学的特点。泰州学人的思想各具特色,如王栋的"诚意"论,颜钧的"大学中庸",何心隐的"寡欲"说,罗汝芳的"赤子之心"等。

第二节　泰州学派的特征

　　如前所论,泰州学派的本质核心就是"觉民行道",力图通过讲学实践将"百姓日用"与"道"相贯通。在"觉民行道"的过程中,泰州学派表现出的最根本的特征就是社会化。所谓社会化,就是实现儒学的社会化。

　　吴震教授曾将泰州学派讲学活动的特征概括为四点:"首先是不分社会等级、贫富贵贱之不同,或行商坐贾或乡村野老,或缙绅先生或衣冠大盗,一概迎而不拒,'平等'待之;其次,不论是大江南北,还是穷乡僻壤,行迹所至,'周遍乡县';再次,以讲学为乐,以讲学为人生一大要事;最后,从其讲学内容来看,也已经全然不同于传统的章句注疏或宋代书院式的思辨分析。"①吴教授从讲学对象、讲学范围、讲学态度、讲学内容四个方面概

----

①　吴震:《阳明后学研究》,上海:上海人民出版社,2003 年版,第 439 页。

括了泰州学派讲学活动的特征,虽在一定程度上揭示了泰州学派的相关特征,但还没有切中泰州学派的根本特征。在笔者看来,讲学对象的有教无类,讲学范围的周遍乡县,讲学态度的以讲学为乐,以及讲学内容的注重体悟,背后指向的都是社会化这一根本特征。泰州学派的社会化特征,必然要求讲学对象的有教无类,讲学范围的周遍乡县,讲学态度的以讲学为乐,以及讲学内容的注重体悟。

　　与“社会化”相类似,还有学者提出了“平民化”或“世俗化”的说法。平民化是将泰州学派界定为平民儒学的必然延伸。黄宣民最早将泰州学派界定为平民儒学,他认为“平民儒学是与官方儒学、缙绅儒学以及经生文士的章句儒学(亦可称为应试儒学)对应而言的,无论其思想与学风都有鲜明的平民色彩”①。黄宣民的这一提法得到其弟子陈寒鸣的继承,在学界也被普遍认可。但问题在于,虽然泰州学派注重平民教育,但泰州学派的讲学对象却不限于平民,而是士农工商有教无类的。泰州学派的学说理论虽有面向平民的简易性,但这种简易性的根本原因在于贯通“百姓日用”与“道”,而不仅仅是为适应平民教育而做出的一种调整。因此,“平民儒学”的提法,在与官方儒学、缙绅儒学、应试儒学的对比中虽可见出其特色,却不能很好地概括泰州学派的根本特征。

　　世俗化又叫俗世化,本是西方宗教社会学的一个概念,主要是指近代以来随着政教分离以及教产转移,社会与个人逐渐摆脱宗教控制而走向世俗生活的一种客观过程与主观感受。余英时先生甚至认为:“一部西方近代文化史基本上可以说是一个‘俗世化’(secularization)的过程。这一过程至18世纪的启蒙时代大致才初步完成,因为启蒙思想家真正突破了

---

① 黄宣民:《明代泰州学派的平民儒学特征——〈王艮与泰州学派〉序》,载《中国社会科学院研究生院学报》1999年第1期,第64页。

教会的权威,而成为俗世'知识分子'的先行者。"①吴震教授从世俗化的角度出发,认为"宋明儒学的'世俗化'趋向在泰州学派诸子身上得到了集中的体现"②。这种提法虽然突出了儒学或泰州学派面向世俗社会的特征,但却忽略了世俗化这一概念本身所蕴含的从宗教向世俗转化的过程,而儒学本来就是世间法,就是世间的学问,并没有这种从宗教向世俗转变的过程。从这一点来看,儒学或泰州学派也就不存在所谓"世俗化"的问题。

基于以上分析,本书选择以"社会化"来概括泰州学派的根本特征。泰州学派的这种"社会化"特征,笔者曾在拙作《从程颐、王艮解〈易〉看儒家外王路线的转变》中指出,它既是儒学适应宋明两代四民社会发展的外部需要,也是儒学实现其社会化的内部需要③。

就前者而言,我国古代社会发展至宋代,在社会结构上发生了根本性变化,不再存在所谓的特权阶级(封建贵族与士族门第),而进入了钱穆所说的"纯粹的平民社会"④。儒学作为一种世间的学问,必然要面对乃至适应这样一个平铺的四民社会。两宋时期是士阶层蓬勃上升的时期,程朱理学读书穷理的为学方法,适应了士阶层的精神需要,因而在两宋时期占据了新儒家的正统地位;及至明代,四民社会尤其是士、商两阶层高度融

---

① 余英时:《士与中国文化·自序》,上海:上海人民出版社,1987年版,第6—7页。
② 吴震:《泰州学派研究》,北京:中国人民大学出版社,2009年版,第434页。
③ 唐东辉:《从程颐、王艮解〈易〉看儒家外王路线的转变》,载《原道》2017年第2期,第48页。
④ 钱穆:《理学与艺术》,见宋史研究会:《宋史研究集》(第七辑),台北:台湾书局,1974年版,第2页。

合,乃至出现了"四民异业而同道"①、"自公卿至于农工商贾,异业而同学"②、"即业以成学,不迁业以废学"③的呼声,阳明简易直截的致良知之学恰好满足了社会各阶层的精神需求,故而在中晚明风靡一时。泰州学派在阳明良知学的基础上,进一步以百姓日用发明良知之学,以适应四民社会进一步融合的趋势,可谓是水到渠成。

就后者而言,这是新儒家在奠定内圣学之后,在寻求外王过程中的一种必然要求。孔子以有教无类的精神进行私人讲学,将儒学开放给全社会。汉唐时期,儒学官方化,成为经生之学。宋明时期,新儒学重新接续上了孔子所开启的儒学社会化的工作。但是,如前所论,新儒学的这种社会化特征在新儒家内部的表现程度是不同的,陆王心学比程朱理学更具社会化特征。清代焦循对此曾有精辟的概括,他说:"余谓紫阳之学,所以教天下之君子;阳明之学,所以教天下之小人。……至若行其所当然,复穷其所以然,诵习乎经史之文,讲求乎性命之本,此惟一二读书之士能之,未可执颛愚顽梗者而强之也。良知者,良心之谓也。虽愚不肖、不能读书之人,有以感发之,无不动者。"④焦循此论为我们清晰勾勒出儒学从士阶层向农、工、商各阶层扩展的历程。之所以说朱子之学是"教天下之君子"之学,是因为朱子不仅要人"行其所当然",还要人"复穷其所以然",即通过即物穷理的工夫来把握天理,而穷理之要则在于读书,所以说朱子之学是为读书士子立教法。之所以说阳明之学是"教天下之小人"之学,是因为阳明以良知教人,工夫简易真切,因此,哪怕是愚顽不肖、不识一字之

---

① [明]王守仁撰,吴光等编校:《王阳明全集》(中),上海:上海古籍出版社,2011年版,第1036页。

② [明]邹守益撰,董平编校整理:《邹守益集》(下),南京:凤凰出版社,2007年版,第728页。

③ [明]王畿撰,吴震编校整理:《王畿集》,南京:凤凰出版社,2007年版,第172页。

④ [清]焦循:《雕菰集》,北京:中华书局,1985年版,第123页。

人,也能够受到感发和触动,所以说阳明之学是为愚不孝、不能读书之人立教法。

泰州学派在阳明良知学的基础上,将儒学的社会化属性发展到一个顶峰。如前所论,一是在理论上贯通"道"与"百姓日用",提出"百姓日用即道"的命题,二是通过讲学来"觉民行道",此不赘述。而泰州学派在实现儒学社会化的过程中,又表现出以下三个方面的特点:

一是重师道。泰州学派有其独特的师道观即"大成师"。"大成师"是"觉民行道"的先觉者。"觉民行道"其实质就是要以先知觉后知,以先觉觉后觉。在这一过程中,作为先知先觉的师就显得特别重要。"大成师"作为先知先觉者,是本着万物一体的仁心来觉悟后知后觉者的。他们成不独成,立必俱立,视天下为一个、万物为一体,有着人溺己溺、人饥己饥的一体仁心。

王艮从他特有的物有本末的格物论出发,提出"大成师"的理论主张,强调"大成师"应进不失本,退不遗末,"出则必为帝者师,处则必为天下万世师"①。王艮还作有《大成学歌》,认为"大成师"是"随大随小随我学,随时随处随人师",只要"常将中正觉斯人,便是当时大成圣"。不过由于明代的政治生态环境极其恶劣,并不存在"出则必为帝者师"的条件,因此王艮所竭力实践的,乃是"处则必为天下万世师"的社会教化之路。王栋是"师道派的嫡传",继承了心斋的任师家法,认为圣贤经世家法,原不是要袭时位以镕铸天下,而是以兴起斯文为己任,"苟得移风易俗,化及一邑一乡,虽成功不多,却原是圣贤经世家法,原是天地生物之心"②。何心隐则

① ［明］王艮撰,陈祝生等校点:《王心斋全集》,南京:江苏教育出版社,2001年版,第13页。
② ［明］王艮撰,陈祝生等校点:《王心斋全集》,南京:江苏教育出版社,2001年版,第186页。

提出"原学原讲"的理论主张,认为学必有讲,不容不讲学:"学则学矣,奚必讲耶？必学必讲也,必有原以有事于学于讲,必不容不学不讲也。"①自学而言,学原于貌,有貌必有事,有事必有学;自讲而言,讲原于言,有言必有事,有事必有讲。学有所聚,才能不失其统;讲有所诲,才能不失其传。罗近溪则提出了"以先知觉后知"的理论。在他看来,知有两样,一种是属之于天的德性之知,一种是属之于人的觉悟之知。"以先知觉后知",就是先知先觉者经由讲学活动,使后知后觉者通过属之于人的觉悟之知反身而求得属之于天的德性之知,从而实现后天觉悟之知与先天德性之知的妙合无间,常知常觉以为圣人。

二是重孝悌。"孝弟慈"是泰州学派"觉民行道"的"实落处"。泰州学派重视贯通"百姓日用"与"道",而"孝弟慈"就是贯通二者的"实落处"。罗近溪指出,阳明的良知之学,直指心体,极有功于圣学,但阳明当时只是要解释《大学》,却于孟子所说的良知本意不及照管,"而此说良知,则即人之爱亲敬长处言之,其理便自实落,而其工夫便好下手"②。这就将阳明本体层面抽象的良知发展成为贴近百姓日用的具体的"孝弟慈",不仅使良知在百姓日用中有了"实落处",还揭示了百姓实践良知的"下手处"。

王艮极为重视孝悌,他的身本孝道观,一方面强调要安身立本,"外全形气,内保其天",另一方面则强调不能独善其身,必至于内不失己,外不失人,成己成物而后已。这一身本孝道观为罗近溪的"孝弟慈"思想奠定了理论基础。王艮力表彰"圣谕六条",认为"圣谕六条"是万世之至训。颜钧则在"萃和会"中积极实践"圣谕六条",收到了闾里仁风的效果。他

① [明]何心隐著,容肇祖整理:《何心隐集》,北京:中华书局,1960年版,第1页。
② [明]罗汝芳撰,方祖猷等编校整理:《罗汝芳集》(上),南京:凤凰出版社,2007年版,第86页。

还著有《箴言六章》，专门阐发"圣谕六条"。王栋则著有《乡约谕俗诗六首》与《又乡约六歌》，宣扬以"圣谕六条"为核心的乡约。颜钧与王栋对"圣谕六条"的阐发与实践，为罗近溪以"圣谕六条"为核心的乡约实践奠定了实践基础。在此基础上，罗近溪形成了泰州学派特有的"孝弟慈"思想，并通过乡约大力实践"孝弟慈"思想。罗近溪的"孝弟慈"思想，就是以"孝弟慈"贯穿本末，一方面，以"孝弟慈"修己立本，另一方面，以"孝弟慈"率人达末，从而实现平治天下的理想。同时，罗近溪在为官任上，以乡约为平台，以讲学为手段，借助"圣谕六条"实践自己的"孝弟慈"思想。罗近溪的乡约实践，集中见于《近溪罗先生乡约全书》。该书由《里仁乡约训语》《腾越州乡约训语》《宁国府乡约训语》三篇乡约训语组成，其中《宁国府乡约训语》集中阐释了"圣谕六条"，是罗近溪"孝弟慈"思想的通俗讲本以及经典实践成果。

三是重乐学。乐学是泰州学派"觉民行道"的保障。儒家富有乐学的精神，但儒家传统的乐学是一种学、乐二分的乐学，乐是作为一种为学的心理体验，或者为学的境界（最高表现为孔颜乐处）而存在的，而泰州学派的乐学思想，则是一种学、乐合一的乐学，强调"乐是学，学是乐"，将儒家的乐学思想发展至一个顶峰。王艮还专门作有《乐学歌》，阐发泰州学派的乐学思想："人心本自乐，自将私欲缚。私欲一萌时，良知还自觉。一觉便消除，人心依旧乐。乐是乐此学，学是学此乐。不乐不是学，不学不是乐。乐便然后学，学便然后乐。乐是学，学是乐。於戏，天下之乐何如此学，天下之学何如此乐！"①

泰州学派的乐学思想，一方面将乐由一种为学体验发展为一种为学工夫。王艮指出，天下之学，只有圣人之学好学，不费些子气力，有无边快

---

① ［明］王艮撰，陈祝生等校点：《王心斋全集》，南京：江苏教育出版社，2001 年版，第 54 页。

乐。若费些子气力,便不是圣人之学,便不乐。东厓指出,良知工夫是愈平常愈本色,省力处便是得力处,日用间有无边快活。王栋指出,才没意趣,便是工夫间断;才有窒碍,便是工夫差错。颜钧强调要放心体仁,只有自信其心,从心所欲,从心孕乐,率性鼓跃,才能快遂自心,引发乐学,透入活机。罗近溪则认为,学问与做人一样,须要平易近情,不可着手太重。另一方面,则将乐由一种为学境界(本体之乐)发展为乐之本体。阳明曾一般性地论述了"乐是心之本体",泰州学派则对这一命题予以大力阐发。王艮指出,"不亦说乎","说"是心之本体。东厓继承了心斋乐是心之本体的观点,并区分了"乐以人"的有所倚之乐与"乐以天"的无所倚之乐。王栋则认为,学不离乐是孔门教人第一义,并从复本体之乐的角度重新阐释了《学而》章。

第三节　泰州学派的代表人物

如前所论,黄宗羲在《泰州学案》中所开列的学者,为我们锁定了泰州学派的主要代表人物,而且也得到了学界的普遍认可,一般的思想史著作、哲学史著作乃至泰州学派的研究专著都是以此为基础展开相关论述的。不过这种情况从 20 世纪 90 年代初开始有了转变。随着中外学界对泰州学派的深入研究,逐渐开始有学者质疑乃至重新厘定《泰州学案》中相关人物的学派归属。这种质疑和重新厘定,主要集中在赵大洲、耿天台、周海门以及李贽四人身上。

一、赵大洲。最早质疑泰州学派代表人物的学派归属的,是日本学者荒木见悟。荒木见悟在 1992 年发表的《赵大洲的思想》一文中,首先对徐樾与赵大洲的师徒关系提出了怀疑①。此后,吴震教授在《泰州学派研究》一书中专门考察了徐樾与赵大洲的师承关系,结论是二人是"同辈关系"②而不是师徒关系。陈世英在《赵贞吉的学术思想》一文中,对吴震的这一论断表示赞同③。张子房在其硕士论文中则指出,赵大洲的思想比较庞杂,"不能简单归其于泰州学派"④。

二、耿天台。吴震教授在《泰州学派研究》一书的"绪论"部分,考察了耿天台与泰州学派的关系问题,认为"耿天台并不适宜归入泰州学派"⑤。因为从同门意识的角度看,耿天台与泰州后学的一些主要人物如何心隐等并不存在一种特殊的同门意识;从思想史的角度看,耿天台对泰州后学乃至整个阳明后学均有所批评,是一位以"卫道"自居的正统学者,试图纠正阳明心学的发展流弊。因此,吴震教授认为,黄宗羲将耿天台归入泰州学派,不符合历史实际。

三、周海门。彭国翔教授在《周海门学派归属辨》一文中,以各种相关的原始文献为依据,详细考证了周海门的学派归属问题,认为黄宗羲将其归入泰州学派乃是失实之举,"无论从地域、思想传承还是自我认同来看,周海门都应当作为王龙溪的弟子而归入浙中王门"⑥,而不是作为罗近溪的弟子而归入泰州学派。彭教授的考辨有理有据,令人信服,吴震教授在厘定周海门的学派归属时,就是依据彭国翔教授在此文中的考辨结论进行立论的。

---

① ［日］荒木见悟著,廖肇亨译:《明末清初的思想与佛教》,上海:上海古籍出版社,2010 年版,第 57 页。
② 吴震:《泰州学派研究》,北京:中国人民大学出版社,2009 年版,第 15 页。
③ 陈世英:《赵贞吉的学术思想》,载《内江师范学院学报》2008 年第 3 期,第 18 页。
④ 张子房:《赵贞吉思想研究》,保定:河北大学硕士学位论文,2011 年,第 10 页。
⑤ 吴震:《泰州学派研究》,北京:中国人民大学出版社,2009 年版,第 17 页。
⑥ 彭国翔:《周海门学派归属辨》,载《浙江社会科学》2002 年第 4 期,第 104 页。

四、李贽。黄宗羲本人并未将李贽归入泰州学派,目前学界主要是从师承和思想类型两个方面将李贽归入泰州学派。就师承而言,李贽自称:"心斋之子东崖(厓)公,贽之师。"①学界多据此将李贽归入泰州学派。就思想类型而言,李贽"虽然不能正式的列入王学左派,但和王学左派关系极密切,其思想行动最能把左派王学的精神充分表现出来"②。吴震教授对此表示了异议,认为李贽所说的师"决非通常意义上的师承传授之意,而是'心师'之意"③。李贽不仅称东厓为师,还称耿定理、何心隐和张居正为师,都是"心师"之意。而从类型学的角度将李贽归入泰州学派虽有一定的理据,但却忽略了这样一个事实,即李贽虽对心斋和泰州后学评价颇高,但也有所批评和保留,他最欣赏的王门后学是龙溪。因此,李贽不能归入泰州学派。

可以看出,有关专家学者对赵大洲、耿天台、周海门以及李贽四人的学派归属问题的考辨,非常有功力,相当有深度,不禁使我们在泰州学派的代表人物的认定上显得有些无所适从。如果沿袭传统的观点,以《泰州学案》中人为泰州学派的代表人物,则不得不正视质疑与重新厘定泰州学派代表人物的观点;如果质疑与重新厘定泰州学派的代表人物,又如何回应《泰州学案》所给出的泰州学派的代表人物的传统观点?这一双向问题的关键,还是黄宗羲厘定《泰州学案》代表人物的标准问题。

如前所论,黄宗羲在选取泰州学派的代表人物时,至少有三个标准:一是师承关系,二是思想类型,三是行事风格。如果黄宗羲在选取泰州学派的代表人物时,严格执行这三条标准,那么近三十年来对泰州学派代表人物的种种质疑与考辨应该不会发生。问题就在于,黄宗羲在具体的操

---

① 　[明]李贽撰,陈仁仁校释:《焚书·续焚书校释》,长沙:岳麓书社,2011年版,第610页。
② 　嵇文甫:《左派王学》,上海:上海三联书店,2014年版,第64页。
③ 　吴震:《泰州学派研究》,北京:中国人民大学出版社,2009年版,第33页。

作过程中,并没有严格执行这三条标准,或者说他在混搭这三条标准时,有意地畸轻畸重,以达成自己所设想的泰州学派。

我们以周海门为例进行说明。周海门的核心思想体现在他的《九解》中,这是为回应许孚远的《九谛》而作的。《九解》的核心内容是阐发王龙溪"四无"说中"无善无恶"的意旨。而且,周海门在自己的文集《东越证学录》中称呼王龙溪为先师的情况,可谓比比皆是。难道黄宗羲不清楚这些吗? 不是的。黄宗羲对王龙溪至周海门一系的师承情况是非常了解的,他在《子刘子行状卷下》中指出:"当是时,浙河东之学,新建一传而为王龙溪(畿),再传而为周海门(汝登)、陶文简,则湛然澄之,禅入之。三传而为陶石梁(奭龄),辅之以姚江之沈国谟、管宗圣、史孝咸,而密云悟之,禅又入之。"[1]而且《泰州学案五》所选录的周海门的著作,对《九解》一文是全文收录的。如此看来,问题就很明显了:黄宗羲为何无视这种明显的师承关系以及学术思想的传承关系,而将周海门改造成"供近溪像,节日必祭,事之终身"[2]的泰州弟子?

要回答这一问题,还得回到黄宗羲选取泰州学派人物时的"思想类型"的标准中去寻找答案。如前所论,黄宗羲在《泰州学案》的总序部分说,心斋"时时不满其师说,益启瞿昙之秘而归之师,盖跻阳明而为禅矣",这是说王艮的思想有"禅"的一面,而他在《子刘子行状卷下》中说,王龙溪传至周海门,"则湛然澄之,禅入之",在《泰州学案》中又评价周海门的《九解》说:"先生之无善无恶,即释氏之所谓空也。"[3]将其核心思想"九解"等同于佛教的"空"。据此可知,在黄宗羲看来,王心斋和周海门在思想上有跻儒为禅或者说混禅入儒的共性,正是这种共同的"思想类型",才

---

① ［清］黄宗羲:《黄宗羲全集》(第一册),杭州:浙江古籍出版社,1985年版,第253页。
② ［清］黄宗羲著,沈芝盈点校:《明儒学案》(下),北京:中华书局,2008年版,第853页。
③ ［清］黄宗羲著,沈芝盈点校:《明儒学案》(下),北京:中华书局,2008年版,第854页。

促使黄宗羲将周海门"乔装打扮"成泰州后学。这种"思想类型"的标准也
适用于赵大洲的学派归属。虽然黄宗羲在《泰州学案》中也为赵大洲找到
了师承关系的具体线索,说"先生之学,李贽谓其得之徐波石"①,而且也找
到了赵大洲与徐樾论"中"的思想相似性,但更深层的原因,恐怕还是因为
赵大洲思想所具有的浓厚的禅学色彩。赵大洲在当时就被人称为大居
士,他自弱冠以来就修习禅学,确然自信"禅不足以害人"②。黄宗羲似乎
是以思想类型为标准,把相关"容禅"的学者都归到泰州学派了。

　　由此可见,黄宗羲在设立《泰州学案》时,有着自己的学术史考量,在
选取泰州学派的代表人物时,也形成了自己的一套取舍标准,而不是随意
选取安插的。整个《泰州学案》是一个自足自洽的体系,背后指向的是黄
宗羲所预设的泰州学派宗旨。因此,我们在研究泰州学派时,就不能无视
或者否定黄宗羲所预设的这个泰州学派,我们不妨将其称为原初的泰州
学派。

　　黄宗羲在《泰州学案》中为我们锁定了原初的泰州学派的主要代表人
物,分别是《泰州学案》卷首案语中的颜钧、何心隐、邓豁渠、方与时、程学
颜、钱同文、管志道 7 人,只有传略而无语录。《泰州学案一》中著录的王
艮、王襞、徐樾、王栋、林春 5 人,前四人有传略有语录,林春有传略而无语
录。此外,黄宗羲又将朱恕、韩贞、夏廷美 3 人附于王襞传略之后,也是只
有传略而无语录。《泰州学案二》中著录的赵大洲 1 人,全部为赵大洲的
著作选录。《泰州学案三》中著录的罗近溪及其弟子杨起元 2 人,以罗近
溪为主。《泰州学案四》中著录的天台一系,共有耿天台、耿定理、焦竑、潘
士藻、方学渐、何祥、祝世禄 7 人。《泰州学案五》中著录的周海门一系,共
有周海门、陶望龄、刘塙 3 人。五个分学案,前后共计 28 人。

---

① ［清］黄宗羲著,沈芝盈点校:《明儒学案》(下),北京:中华书局,2008 年版,第 747 页。
② ［清］黄宗羲著,沈芝盈点校:《明儒学案》(下),北京:中华书局,2008 年版,第 748 页。

随着新材料的面世,如《颜钧集》《韩贞集》《何心隐集》的发现、整理、出版,以及对《泰州学案》中各学者的深入研究,人们发现,黄宗羲所确立的原初的泰州学派,在师承关系、人物归属、学案设立标准等方面存在很多问题,以至于像张学智教授所说的那样,泰州学派能否"算作一个严格意义上的学术派别"都成问题。但是,正如王格所指出的,这些研究"在敏锐指出《明儒学案》编纂局限造成种种不当的同时,却未能自觉到,思想史上众多不尽相同的谱系建构之间,往往并不存在简单的事实与扭曲二分以供学者们去考辨翻案;因为这些叙事之初的目的,并不在于思想学术史的客观事实性,而是作者们经由历史叙事达致其自身的'宗旨',尤其往往与'道统'密不可分"①。因此,本书将不在这些问题、质疑以及考辨上继续纠缠,而是在重新界定泰州学派的基础上,径直厘定泰州学派的代表人物。这种经过严格界定的泰州学派,我们不妨称之为后起的泰州学派。

如前所论,泰州学派的本质核心就是"觉民行道",理论上强调"百姓日用即道",认为"道"与"百姓日用"不即不离,实践上注重通过讲学贯通"道"(良知)与"百姓日用",从而实现平治天下的社会理想。从这种有着严格界定的后起的泰州学派出发,我们可以对原初的泰州学派中人进行一番考察,重新厘定泰州学派的代表人物。这里主要考察学派归属争议比较大的赵大洲、耿天台、周海门三人(三系),以及被当今学界普遍视为泰州学人的李贽。

首先看赵大洲。赵大洲的思想,前人已有精当的评论,其弟子邓林材概括说:"先生自冲年以至垂老,学术凡几更历……然而精神意向,终始惟一,而随处自得,一以性命了悟为宗也。"②高启愚在为赵大洲的文集作序

---

① 王格:《学承和学脉:周汝登"学派归属"的重新认定》,载《中国哲学史》2018年第2期,第83页。

② 彭泰士:《内江县志》卷十一,清光绪间刻本,第28—29页。

时指出:"公之学,淹贯群流,博综千古,冥搜逖览,靡所不极,而尤深明出世之旨,于道籛禅宗,咸各析其微言,以合于性命。"①概而言之,赵大洲之学,"一以性命了悟为宗",虽博采儒道释三家,但旨在融合三教,以成一家之言。赵大洲指出:"《中庸》曰:'天命之谓性',言其不假人为,无善无不善也。'喜怒哀乐之未发,谓之中也,发而中节,谓之和也',指其率性而不假人为之处也。……老子观窍与观妙、同出同玄之旨,与此同也。佛氏'不思善、不思恶,见本来面目'之义,与此同也。"②在他看来,三教在根本上是相通的,都以性命为宗,儒家的天命之性,就是道家的同出同玄之旨,就是佛家的本来面目。赵大洲又著《七图》(混元图、出庚图、浴魄图、伊字三点图、卍字轮相图、周子太极图、河图),认为混元一图融儒、道、释三家而为一,三家的无量妙义、百亿三昧皆从此出。他总论七图关系说:"一以摄六而无余,六以显一而无尽。泯一之六者,未始有物之先也。了六之一者,万行图备之后也。儒者见之曰儒,仙者见之曰仙,佛者见之曰佛。"③他是以混元一图汇通儒、道、释三教,是典型的三教合一论者。据此可知,赵大洲的思想与泰州学派的核心理论"百姓日用即道"全然不同,在实践上当然也就不可能像泰州学派一样通过讲学活动来"觉民行道"。因此,赵大洲不能列入本书所界定的泰州学派。

其次看耿天台。《泰州学案四》记录了耿天台一系,依次是耿天台、耿定理、焦竑、潘士藻、方学渐、何祥、祝世禄7人,而且正如吴震教授所指出的,"澹园以及潘世(士)藻、祝世禄等人与泰州学派被扯上关系,完全是起因于天台。所以问题的关键还在于考察清楚天台与泰州学派到底属于一

---

① [明]赵贞吉撰:《赵文肃公文集·序》,见四库全书存目丛书编纂委员会编:《四库全书存目丛书·集部·别集类》第100册,济南:齐鲁书社,1997年版,第239—240页。
② [明]赵贞吉撰:《赵文肃公文集》卷二十二,见四库全书存目丛书编纂委员会编:《四库全书存目丛书·集部·别集类》第100册,济南:齐鲁书社,1997年版,第578页。
③ [明]赵贞吉撰,官长驰注:《赵贞吉诗文集注》,成都:巴蜀书社,1999年版,第774页。

种什么性质的关系"①。天台的思想旨趣,一言以蔽之,曰"不容已"或"真
机不容已"。"不容已""从'无声无臭'发根,高之不涉虚玄;从'庸言庸
行'证果,卑之不落情念。"②此外,天台还提出了"学有三关"说,对"不容
已"进行了补充说明。"学有三关:初解即心即道,已解即事即心,其究也
须慎术云。"③可以看出,天台"不容已"说中的"庸言庸行",以及"学有三
关"说中的"即事即心",与泰州学派的"百姓日用即道"的理论很相似。
而且,从天台为心斋作传时所指出的"先生之学,故民生日用之食也,食可
废乎哉"④一句也可看出,天台对心斋的百姓日用之学是相当了解的。但
是,仅凭学术思想表面的相似性或者说表达的相似性就将不同的学者归
入同一派别,而不去考察学术思想的内在旨趣,未免显得过于武断。最典
型者,如刘宗周的诚意论与王栋的诚意论就如出一辙,但前者是湛门后
人,而后者则属泰州一派。事实上,泰州学派的"百姓日用即道"重在贯通
"百姓日用"与"道",而天台的"不容已"与"学有三关"则重在"卫道",二
者的学术旨趣是不同的。因此,泰州学派重在通过讲学来"觉民行道",天
台虽也喜讲学,但重在针砭当时学者的为学弊病尤其是王学流弊,二者的
实践取向是不同的。因此,耿天台不能列入本书所界定的泰州学派。

　　再次看周海门。周海门的核心思想体现在《九解》之中。《九解》是周
海门在南都会讲时针对许孚远的《九谛》所作的一种辩难,其核心内容是
维护与阐发王龙溪的"四无说",尤其是首句"无善无恶心之体"一语。周

<hr />

① 吴震:《泰州学派研究》,北京:中国人民大学出版社,2009 年版,第 20 页。
② [明]耿定向著,傅秋涛点校:《耿定向集》(上),上海:华东师范大学出版社,2015 年版,
　 第 305 页。
③ [明]耿定向著,傅秋涛点校:《耿定向集》(上),上海:华东师范大学出版社,2015 年版,
　 第 300 页。
④ [明]耿定向著,傅秋涛点校:《耿定向集》(下),上海:华东师范大学出版社,2015 年版,
　 第 549 页。

海门指出:"维世范俗,以为善去恶为堤防,而尽性知天,必以无善无恶为究竟。无善无恶,即为善去恶而无迹,而为善去恶,悟无善无恶而始真。"①在他看来,"无善无恶"可从两方面理解:就形而上、形而下方面而言,许孚远所说的宗善,乃是在"维世范俗"中落于善恶对待的形而下之善,而"天道性命"乃是超越善恶对待的绝对本体、至善本体的形而上之善。就作用表现方面而言,无善无恶是为善去恶时的不落痕迹的纯善本体,为善去恶时只有悟得无善无恶的至善才是真悟。针对许孚远以中正偏颇立言的"两头语""增损法",周海门则指出,性体至善,是"不可增损者,绝名言无对待者也"②。可知,周海门阐释的"无善无恶"旨在说明心体的至善,与泰州学派的"百姓日用即道"理论无可比性。而周海门的会讲,无论是绍兴府的会讲还是嵊县的会讲,都是地方士人的精英会讲,会讲内容是像"无善无恶"之类极深研几的理论,不同于泰州学派"觉民行道"的通俗会讲。因此,周海门也不能列入本书所界定的泰州学派。

最后看李贽。如前所论,目前学界主要是从师承和思想类型两个方面将李贽归入泰州学派,将其视为泰州学派的传人,甚至是"最能把左派王学的精神充分表现出来"③的人物。这种归类有其自身的理据,但是却忽略了黄宗羲设立《泰州学案》的初衷。黄宗羲并未将李贽列入《泰州学案》,这本身就说明他对这位逾越名教的异端之尤是持否定态度的。这里主要以本书经过严格界定的后起的泰州学派为标准,简要论述李贽能否归入泰州学派。李贽提出了"穿衣吃饭,即是人伦物理;除却穿衣吃饭,无伦物矣"④的著名命题,很多学者认为,"这一命题是对王艮泰州学派'百

① [清]黄宗羲著,沈芝盈点校:《明儒学案》(下),北京:中华书局,2008年版,第861页。
② [清]黄宗羲著,沈芝盈点校:《明儒学案》(下),北京:中华书局,2008年版,第862页。
③ 嵇文甫:《左派王学》,上海:上海三联书店,2014年版,第64页。
④ [明]李贽撰,陈仁仁校释:《焚书·续焚书校释》,长沙:岳麓书社,2011年版,第21页。

姓日用即道'思想的进一步具体化和发展"①。这不仅是望文生义,而且还是断章取义。因为李贽这一命题的本意不在于对"百姓日用即道"进行一种具体说明,而在于阐明怎样理解佛教的真空问题,"学者只宜于伦物上识真空,不当于伦物上辨伦物"②,从而"达本而识真源"③。李贽所说的"穿衣吃饭"的"伦物",就是佛教所说的"色","于伦物上识真空",就是佛教所说的"色即是空"。因此,"穿衣吃饭,即是人伦物理"这一命题,实际上与"百姓日用即道"毫不相关。在讲学上,李贽虽也重讲学,但不像泰州学派那样,以讲学为乐,以讲学为生命,他在讲会中并不乐于接引,焦竑曾指出:"温陵李长者与先生(指杨复所)狎主道盟,然先生如和风甘雨,无人不亲;长者如绝壁巉岩,无罅可入。"④虽然教亦多术,但李贽在讲会中的姿态与作为泰州传人的杨复所可谓天壤之别。因此,李贽也不能列入本书所界定的泰州学派。

与赵大洲、耿天台、周海门、李贽不同,王艮所传的以王襞、王栋、韩贞为代表的家学一系,以及以颜钧、何心隐、罗汝芳为代表的徐樾一系,在理论上,不仅丰富和发展了"百姓日用即道"的理论,如王襞说"饥来吃饭倦来眠,同一妙用也",颜钧指出要"放心体仁",罗近溪则认为"捧茶童子却是道"等,而且还围绕"觉民行道"的实践发展出一整套配套理论,如"觉民行道"的先觉者——"大成师","觉民行道"的"实落处"——"孝弟慈","觉民行道"的保障——乐学。实践上,积极通过讲学和基层自治去"觉民行道",他们都以讲学为生命,以讲学为乐事,不知疲倦地讲学,还创立了"宗会""聚和会"之类的基层组织,以期实现基层自治。

---

① [明]李贽撰,陈仁仁校释:《焚书·续焚书校释》,长沙:岳麓书社,2011年版,第20页。
② [明]李贽撰,陈仁仁校释:《焚书·续焚书校释》,长沙:岳麓书社,2011年版,第21页。
③ [明]李贽撰,陈仁仁校释:《焚书·续焚书校释》,长沙:岳麓书社,2011年版,第21页。
④ [明]焦竑撰,李剑雄整理:《澹园集》(上),北京:中华书局,1999年版,第285页。

　　从对泰州学派"觉民行道"这一本质核心的界定出发,并考虑相关人物的著作情况,本书认为只有王艮、王襞、韩贞、王栋、颜钧、何心隐、罗近溪七人可以作为这一严格意义上的泰州学派的代表,下文即以此七人为代表展开论述。

"百姓日用即道"：
"极高明而道中庸"

——"觉民行道"的理论基石

第二章

　　"百姓日用即道"是泰州学派"觉民行道"的理论基石。泰州学派既然放弃了"得君行道"的传统外王路线,而选择了"觉民行道"的新外王路线,就要解决"道"与"百姓日用"之间的关系问题,将"道"落实于"百姓日用",这样才能保证在"觉民"的过程中有"道"可"行"。无论是"觉民行道"的先觉者——"大成师",还是"觉民行道"的"实落处"——"孝弟慈",抑或作为"觉民行道"的保障——"乐学",以及"觉民行道"的实践探索,都是以"百姓日用即道"为基础的。

第一节　"百姓日用"与"道"的关系的流变考察

　　世界各大文化系统都必须处理好"百姓日用"与"道"之间的关系。就中华文明里的三大文化系统即儒、道、释三家而言:道家认为,"道可道,非常道,名可名,非常名"(《老子·第一章》),道具有神秘性,是玄之又玄、不可言说的存在,但同时,道又是遍在的,可以"在蝼蚁",可以"在稊稗",也可以"在瓦甓",甚至还可以"在屎溺"(《庄子·知北游》),因此,在道家的文化系统里,说"道"存在于"百姓日用"之中是没有问题的。佛家也认为,担水砍柴,无非妙道,行住坐卧,皆是道场,玄觉禅师在其《证道歌》中就说,"自从认得曹溪路,了知生死不相关。行亦禅,坐亦禅,语默动静体安然"①,因此,在佛家的文化系统里,说"道"存在于"百姓日用"之中也是成立的。就儒家而言,儒学作为一种世间的学问,是最关心"百姓日用"的,并且最终明确提出了"百姓日用即道"的理论主张。

在儒学史上,"百姓日用即道"发展成为一种成熟的理论主张,经历了漫长的历史过程。最早对"百姓日用"与"道"的关系展开论述的是《周易》。《周易·系辞上》曰:"一阴一阳之谓道,继之者善也,成之者性也。仁者见之谓之仁,知者见之谓之知,百姓日用而不知,故君子之道鲜矣。"韩康伯注曰:"君子体道以为用。仁知则滞于所见,百姓日用而不知,体斯道者,不亦鲜矣乎。"②孔颖达疏曰:"'百姓日用而不知'者,言万方百姓,恒日日赖用此道而得生,而不知道之功力也。言道冥昧不以功为功,故百姓日用而不能知也。"③朱子注曰:"'仁'阳'知'阴,各得是道之一隅,故随其所见而目为全体也。'日用不知',则莫不饮食,鲜能知味者,又其每下者也。然亦莫不有是道焉。"④可知,各大注解家均认为,这一阴一阳的形而上的君子之道,百姓虽赖之以生,借之以用,但却毫无自觉,因此是不能自知的。

《周易·系辞上》这里所说的君子之道其实就是圣人之道,揭示的乃是人生或生活的价值之源。自"绝地天通"以来,天地相分,人神各不相扰,先民们开始重新建构自己的文化世界,其中首要的就是重建生活的价值意义,这就是圣王所创立的"圣王之道",及至德、位相分,即圣人不得王

---

① 林世田点校:《禅宗经典精华》,北京:宗教文化出版社,1999年版,第51页。

② [清]李道平撰,潘雨廷点校:《周易集解纂疏》,北京:中华书局,1994年版,第560页。

③ [魏]王弼注,[唐]孔颖达疏,《十三经注疏》整理委员会整理:《周易正义》,北京:北京大学出版社,2000年版,第317页。

④ [宋]朱熹撰,李一忻点校:《周易本义》,北京:九州出版社,2004年版,第269页。

位,政统与道统相分离后,这种价值意义就纯化为圣人所传承的道统,也即"圣人之道"。"君子之道,造端乎夫妇,及其至也,察乎天地"(《中庸》),"君子之道"(即圣人之道)是行远必自迩、登高必自卑之道,其始则"造端乎夫妇",虽夫妇之愚,也可以与知,虽夫妇之不肖,也可以能行,但"及其至也",则"唯天下至诚,为能经纶天下之大经,立天下之大本,知天地之化育"(《中庸》)。而所谓"至诚"的圣人,人们在很长一段时间里都认为是天纵之圣,是不可学不可至的,张衡在《论衡·实知》篇曰:"儒者论圣人,以为前知千岁,后知万世,有独见之明,独听之聪,事来则名,不学自知,不问自晓,故称圣则神矣。"①这可以说是对天纵之圣最好的概括。虽然说"道不远人。人之为道而远人,不可以为道"(《中庸》),但是能够知道、悟道、体道、从容中道的,只有天纵之圣,哪怕是仁、智之贤者,也只能见道之一隅,而名之曰仁、曰智,等而下之,作为"愚夫愚妇"的"百姓",则是"日用而不知"的。这固然突出了"道"的神圣性,但反映出的最根本的问题却是圣凡不一的思想倾向。作为"愚夫愚妇"的百姓虽能日用此道[其实恰恰突出了此道"范围天地之化而不过,曲成万物而不遗"(《周易·系辞上》)的神化作用],但却不能反身向里,故而只能是日用而不知。

　　及至宋代,儒学复兴,理学勃兴,道学家们提出了一个响亮的口号:圣人必可学而至。程颐在《颜子所好何学论》中指出:"圣人可学而至欤?曰:然。"②如果说圣人是生而知之者,那么学者则是学而知之者,是可以通过学习达到圣人的境界的。这样,理学家们就将汉唐时期专属于圣人的道,开放给了学习求道的贤者。理学家们在讲学过程中,常常以百姓日用指点为学工夫,如程子说:"古之教人,莫非使之成己,自洒扫应对上,便可

---

① 　[东汉]王充:《论衡》,上海:上海人民出版社,1974年版,第397页。

② 　[宋]程颢、程颐著,王孝鱼点校:《二程集》(上),北京:中华书局,1981年版,第577页。

到圣人事。"①朱子说："日用常行中着衣吃饭，事亲从兄，尽是学问。"②象山说，为学须"在人情、事势、物理上做些工夫"③，"起居食息、酬酢接对，辞气、容貌、颜色之间，当有日明日充之功，如木之日茂，如川之日增，乃为善学"④。阳明则说，"不离日用常行内，直造先天未画前"⑤，认为"日用间何莫非天理流行，但此心常存而不放，则义理自熟"⑥。理学家们之所以作这样的提点，固然是从切己之处、浅近之所指示学者为学之方，但深层的理论背景则是"体用一源，显微无间"⑦的体用观。

理学家们"体用一源，显微无间"的体用观，受到唐代慧能所开创的新禅宗的深刻影响。原始佛教本是出世型的宗教，极力舍弃"此世"以求"出世"。但佛教东来，不得不应对华夏文化所本有的浓厚的入世精神，这就导致佛教在中国出现了由出世向入世的转向。这一转向在六祖慧能所创立的新禅宗中得到了典型体现。六祖慧能说："佛法在世间，不离世间觉。离世觅菩提，恰如求兔角。"⑧庞蕴大居士说："神通并妙用，担水及砍柴。"（《庞居士语录·卷中》）马祖道一也说："平常心是道。"宋代的大慧宗杲更是明言："世间法则佛法，佛法则世间法。"（《大慧普觉禅师语录》）新禅宗将出家与在家、世间法与佛法作平等观，认为"劈柴担水，无非妙道；行住坐卧，皆是道场"，将佛教的入世精神充分展现了出来。但是，新禅宗只

---

① ［宋］程颢、程颐著，王孝鱼点校：《二程集》（上），北京：中华书局，1981 年版，第 78 页。
② ［宋］黎靖德编，王星贤点校：《朱子语类》（一），北京：中华书局，1986 年版，第 140 页。
③ ［宋］陆九渊著，钟哲点校：《陆九渊集》，北京：中华书局，2008 年版，第 400 页。
④ ［宋］陆九渊著，钟哲点校：《陆九渊集》，北京：中华书局，2008 年版，第 63 页。
⑤ ［明］王守仁撰，吴光等编校：《王阳明全集》（中），上海：上海古籍出版社，2011 年版，第 872 页。
⑥ ［明］王守仁撰，吴光等编校：《王阳明全集》（上），上海：上海古籍出版社，2011 年版，第 163 页。
⑦ ［宋］程颢、程颐著，王孝鱼点校：《二程集》（下），北京：中华书局，1981 年版，第 689 页。
⑧ 丁福保笺注：《坛经》，上海：上海古籍出版社，2011 年版，第 61 页。

是发现了此世对于解脱的积极意义,终究不能改变其舍离此世的基本立场,也无法正面肯定儒家所说的父子、君臣、夫妇、兄弟、朋友的人伦世界。

正是在这一点上,理学家们入新禅宗之室而操戈相向。在理学家看来,佛教是只知上达而不知下学,只有敬以直内而没有义以方外,甚至从有其体始有其用的体用一源的角度出发,认为佛教之所以否定社会人伦的下学一截,根本是因为其没有穷神知化的上达一截。由此,理学家们构筑起儒家自己的"体用一源,显微无间"的体用观。在他们看来,道为体,精微高明;百姓日用为用,乃道体的发用流行。正因为"体用一源,显微无间",所以从洒扫应对、着衣吃饭、事亲从兄、人情事势、酬酢接对等百姓日用的发用流行之中,就可以直造先天未画之前的天理。

不过,抛开体用观这种共同的解释框架,程朱理学与陆王心学在圣人之道的开放程度上却有着很大的不同。焦循在《良知论》中对此有精辟的概括,他说:"余谓紫阳之学,所以教天下之君子;阳明之学,所以教天下之小人。……至若行其所当然,复穷其所以然,诵习乎经史之文,讲求乎性命之本,此惟一二读书之士能之,未可执颛愚顽梗者而强之也。良知者,良心之谓也。虽愚不肖、不能读书之人,有以感发之,无不动者。"①这里所谓的"君子""小人",并不是就德行而言,而是就社会地位而言,"君子"是指"读书之士","小人"是指"愚不肖、不能读书之人"。之所以说朱子之学是"教天下之君子"之学,乃是由其教法所决定的,因其不仅要人"行其所当然",还要人"复穷其所以然,诵习乎经史之文,讲求乎性命之本",这对于读书之士而言,自然无所烦难,但对于不识文字、不能读书,终日从事劳作的农工商贾而言,则是一条畏途。

朱子的这一教法,由其对道体即天理的把握方法所决定。朱子认为,

---

① 　[清]焦循:《雕菰集》,北京:中华书局,1985 年版,第 123 页。

要把握天理,必须通过格物工夫,即物而穷其理,他作《大学》格物补传曰:
"盖人心之灵莫不有知,而天下之物莫不有理,惟于理有未穷,故其知有不
尽也。是以《大学》始教,必使学者即凡天下之物,莫不因其已知之理而益
穷之,以求至乎其极。至于用力之久,而一旦豁然贯通焉,则众物之表里
精粗无不到,而吾心之全体大用无不明矣。"①所谓格物,就是要"穷其所以
然",因其已知之理而益穷之,最后积少成多,以至于一旦豁然贯通,把握
吾心之全体大用。如此格物,看似简单,但确乎只有读书的士人才能做到
这种今日格一物、明日格一物的格物工夫,而且还不能保证最后都能够豁
然贯通,物格而知至。在《甲寅行宫便殿奏劄二》中,朱子更是明确指出,
"盖为学之道,莫先乎穷理,穷理之要,必在于读书"②,将格物穷理以做圣
人的资格限定在了读书的士人身上。事实上,两宋时期理学家的讲学活
动,仅限于师门授受,并未超出读书人的范围。因此,主张读书穷理的朱
子之学,实际是为读书人立教法。而朱子之学最终在宋代占据正统地位,
正说明两宋时期的圣人之道,其开放程度是有限的,只开放给了读书穷理
的士人,而没有向不识一字的百姓敞开。

之所以说阳明之学是"教天下之小人"之学,是因为阳明以良知教人,
提倡一种愈简易愈真切、愈真切愈简易的教法,因此,哪怕是愚顽不肖、不
能读书之人,也能够感发他,没有人不受到触动。最典型的例子,莫过于
王阳明和聋哑书生杨茂的一段笔谈故事。据《谕泰和杨茂》一文记载,杨
茂本是泰和县的一介聋哑书生,当他得知学界泰斗阳明先生巡抚泰和县
时,便主动登门求见。阳明见他是位聋哑人,便采用笔谈的方式和他交
流。阳明一开始写道:"你口不能言是非,你耳不能听是非,你心还能知是

---

① [宋]朱熹撰:《四书章句集注》,北京:中华书局,1983年版,第6—7页。
② [宋]朱熹撰,朱杰人、严佐之、刘永翔主编:《朱子全书》(第二十册),上海:上海古籍出
　版社,合肥:安徽教育出版社,2002年版,第667页。

非否?"杨茂见字,赶紧写字回答:"知是非。"阳明见了,接着写道:"如此,你口虽不如人,你耳虽不如人,你心还与人一般。"杨茂点头表示同意,并拱手作揖表示感谢。阳明见状,又往下写道:"大凡人只是此心。此心若能存天理,是个圣贤的心;口虽不能言,耳虽不能听,也是个不能言不能听的圣贤。心若不存天理,是个禽兽的心;口虽能言,耳虽能听,也只是个能言能听的禽兽。"杨茂看了之后,非常激动,用手敲打着自己的胸脯,又用手指着天,表示自己这颗心是一颗存天理的良心。阳明见他孺子可教,又顺势引导他:"你如今于父母,但尽你心的孝;于兄长,但尽你心的敬;于乡党邻里、宗族亲戚,但尽你心的谦和恭顺。见人怠慢,不要嗔怪;见人财利,不要贪图,但在里面行你那是的心,莫行你那非的心。纵使外面人说你是,也不须听;说你不是,也不须听。"杨茂看了之后,再次点头表示同意,并行跪拜之礼表示感谢。阳明于是又写道:"你口不能言是非,省了多少闲是非;你耳不能听是非,省了多少闲是非。凡说是非,便生是非,生烦恼;听是非,便添是非,添烦恼。你口不能说,你耳不能听,省了多少闲是非,省了多少闲烦恼,你比别人到快活自在了许多。"杨茂看了之后,激动不已,再次用手敲打胸脯,又指指天,然后扑倒在地上。阳明看到他如此激动,最后写了一句:"我如今教你但终日行你的心,不消口里说;但终日听你的心,不消耳里听。"杨茂这时已不知该如何表达自己的心情,只好再次磕头表示感谢。① 杨茂虽然又聋又哑,口里说不出是非,耳里听不到是非,但他却有一颗知是知非的心。正是从这一点出发,阳明一步步引导他体悟这一颗知是知非的良知本心,并在生活中尽他这一颗知是知非的良知本心。

　　阳明之所以能用这种简易直截的教法,三言两语就令人有所感发、无

---

① ［明］王守仁撰,吴光等编校:《王阳明全集》(中),上海:上海古籍出版社,2011 年版,第 1013 页。

不动容,归结于他对心体的把握方式。阳明在"龙场悟道"之后,体证到"心即理",将外在的天理收纳于内在的人心之中,因此,把握天理的方法不再是朱子学向外的格物穷理的方法,而是向内的反身体认的逆觉体证的方法。良知学的这种简易直截的教法,满足了社会各阶层的精神需求,最终使良知学在明代中晚期风靡一时。由此可见,阳明之学对圣人之道的开放程度,远非朱子之学所可比拟,不仅读书士子可以在这里安身立命,社会底层众多不识文字的"愚夫愚妇"也可以与知能行。

《周易》的"百姓日用而不知",突出了圣人之道的神圣性,但也使圣人之道的下贯性郁而不彰,两宋的理学固然强调圣人必可学而至,但即物穷理的工夫取向使圣人之道只能开放给读书的士人,而阳明的良知之学,因其反身体证的简易直截的教法,终于在理学史上拉开了将圣人之道开放给全社会的帷幕,王艮在此基础上,进一步提倡"百姓日用即道"的思想,可谓水到渠成。

第二节 "百姓日用即道"的真义

王艮在阳明良知学说的基础上提出了"百姓日用即道"的思想。这既是王艮哲学思想的特色之一,也是泰州学派区别于其他王门学派的理论特质。

一、"百姓日用即道"的出处

"百姓日用即道"虽然是王艮哲学思想的特色之一,但他自己并未明确予以揭示,当今学界所沿用的"百姓日用即道"的说法,其实出自黄宗羲的《明儒学案》。黄宗羲在《泰州学案一》为王艮所作的传略中指出:"(王艮）谓'百姓日用即道'，虽童仆往来动作处，指其不假安排者以示之，闻者爽然。"①

　　"百姓日用即道"虽出自黄宗羲的概括，但从其所举"童仆往来动作"之例可知，黄宗羲的概括，其实本自王艮《年谱》四十六岁一条的记载："在会稽。集同门讲于书院，先生言百姓日用是道。初闻多不信，先生指童仆之往来，视听持行，泛应动作处，不假安排，俱自顺帝之则，至无而有，至近而神，惟其不悟，所以愈求愈远，愈作愈难。谓之有志于学则可，谓之闻道则未也。贤智之过与仁智之见俱是妄。一时学者有省。"②黄宗羲概括的"百姓日用即道"，在《年谱》里被其门人概括为"百姓日用是道"。

　　不过，通读王艮的著作后可以发现，《年谱》之记载虽然详尽，但仍然有所本，是以《语录》之记载为基础的。《语录》记载："或问'中'。先生曰：'此童仆之往来者，"中"也。'曰：'然则百姓之日用即"中"乎？'曰：'孔子云"百姓日用而不知"，使非"中"，安得谓之道？特无先觉者觉之，故不知耳。若"智者见之谓之智，仁者见之谓之仁"，有所"见"便是妄。妄则不得谓之"中"矣。'"③在宋明理学的语境中，"中"即是"道"，因此，王艮所说的"此童仆之往来者，'中'也"，即是"此童仆之往来者，'道'也"，其弟子之追问"百姓之日用即'中'乎"，其实就是追问"百姓之日用即'道'乎"。

　　因此，黄宗羲所概括的"百姓日用即道"的命题，极有可能是综合了王艮《语录》和《年谱》的这两则记载而成的。当然，如果我们将"百姓日用即道"与"百姓日用是道"这两则命题进行比较就会发现，说"百姓日用是

---

① 　[清]黄宗羲著，沈芝盈点校：《明儒学案》（下），北京：中华书局，2008 年版，第 710 页。
② 　[明]王艮撰，陈祝生等校点：《王心斋全集》，南京：江苏教育出版社，2001 年版，第 72 页。
③ 　[明]王艮撰，陈祝生等校点：《王心斋全集》，南京：江苏教育出版社，2001 年版，第 5 页。

道"，是将"百姓日用"径直等同于"道"，稍有理学素养的人都知道，这其实是不妥的；而说"百姓日用即道"，"即"字则含有"不即不离"之意，"道"不即是"百姓日用"，但也不离于"百姓日用"。两相比较即可发现，"即"字于义为胜，故本书引黄氏之说。

二、"百姓日用即道"的内涵

王艮提出的"百姓日用即道"的思想命题，是指"百姓日用"即是"道"的发用流行，"道"即寓于"百姓日用"之中。具体而言：一、"百姓"是行"道"的主体；二、"日用"是"百姓"行"道"的载体；三、"天理良知"是"百姓"行"道"的本体；四、"当下即是"是"百姓"行"道"的工夫。

（一）"百姓"——行"道"的主体

"百姓日用即道"这一思想命题，首先突出了"百姓"作为行"道"的主体地位。如前所论，在《周易·系辞上》的作者看来，百姓对于君子之道或者说圣人之道是日用而不知的，只有圣人才能把握君子之道，理学家们虽然肯定圣人必可学而至，但程朱一系因其即物穷理的治学方法，使圣人之道仅仅开放给了读书的士人，陆王一系因反求本心、致良知的简易教法，将圣人之道开放给了全社会，王艮在此基础上进一步指出，"百姓"是行"道"的主体。

龚杰先生指出，王艮"所说的百姓，固然包括士、农、工、商，但主要是指'愚夫愚妇'、'僮仆'一类的人，也就是以农民和手工业者为代表的广大下层劳动群众"[1]。龚杰先生将王艮所说的"百姓"界定为主要是指"愚夫愚妇""僮仆"之类的广大下层劳动群众，恐有先入为主之嫌。泰州学派固然开启了平民讲学之风，而且也培养了不少平民儒者，但这并不意味着他们所开创的理论主要就是针对平民或者社会下层民众的。王艮所说的

---

[1] 龚杰：《王艮评传》，南京：南京大学出版社，2001年版，第72—73页。

"百姓",从思想的普遍性来看,毋宁说是圣贤君子之外未曾悟道、行道的广大普通民众。

王艮之所以将行"道"的主体开放给全体"百姓",主要有以下三个方面的原因:

首先,从思想传承上看,远绍孔子"有教无类"的教学思想,近承其师阳明的良知之教。孔子当春秋之世,开创私人讲学,本着"有教无类"的教学思想,将斯文之道开放给了全社会。可见孔子早已经将行"道"、弘"道"的主体开放给了社会大众。王艮将行"道"的主体界定为广大普通民众的"百姓",往远了说,是对孔子"有教无类"的教学思想的一种继承。

王艮特别强调"百姓"在行"道"中的主体作用,认为"愚夫愚妇与知能行,便是道"①,这其实是受其师阳明的影响,阳明就曾说:"与愚夫愚妇同的,是谓同德;与愚夫愚妇异的,是谓异端。"②所谓"愚夫愚妇与知能行""与愚夫愚妇同的",其实指的就是良知。在阳明看来,"良知良能,愚夫愚妇与圣人同。但惟圣人能致其良知,而愚夫愚妇不能致,此圣愚之所由分也"③。"愚夫愚妇"与圣人等同的,只能是本体良知,在现实中,"愚夫愚妇"是不能(这种不能,乃是主观上不肯去致良知,而非客观上没有能力去致良知)致其良知的,致良知以造圣人之道的主体仍是圣人与社会精英即读书的士人贤者。王艮继承阳明的良知之教而有以超越之,认为"愚夫愚妇"的百姓日用即是道,"孔子云'百姓日用而不知',使非'中',安得谓之道?特无先觉者觉之,故不知耳"④。在王艮看来,"愚夫愚妇"也能

---

① [明]王艮撰,陈祝生等校点:《王心斋全集》,南京:江苏教育出版社,2001年版,第6页。
② [明]王守仁撰,吴光等编校:《王阳明全集》(上),上海:上海古籍出版社,2011年版,第121页。
③ [明]王守仁撰,吴光等编校:《王阳明全集》(上),上海:上海古籍出版社,2011年版,第56页。
④ [明]王艮撰,陈祝生等校点:《王心斋全集》,南京:江苏教育出版社,2001年版,第5页。

致其良知，只是他们不自知、不自觉罢了（这里涉及阳明的"致良知"与王艮的"良知致"问题，下文将有详述，此处略过）。可见较之阳明，王艮更进一步将"道"开放给了"愚夫愚妇"。

其次，圣凡平等的观念为其将"百姓"作为行"道"的主体提供了可能。在儒学史上，圣凡不一是一种共识，圣人是绝对不可能与凡人百姓画等号的。圣人是道的化身，只有圣人才能弘道于天下，而凡人百姓只能被动地日用此道而不知其为道，因此只能是"民可使由之，不可使知之"（《论语·泰伯》）了。圣凡之间的这种差距，使"百姓"不可能自觉地作为行"道"的主体。不过，在儒学史上，随着圣人观念的逐渐纯粹化与内在化，圣凡之间的差距也就越来越小，最后演变为"满街都是圣人"的圣凡平等观，最终为"百姓"作为行"道"的主体提供了可能。

所谓圣人观念的纯粹化，一方面是指圣人逐渐由集道德、功业于一身的圣王纯粹化为理想道德人格的化身。儒家所说的圣人，最初是指集道德、功业于一身的圣王。孔子说他要"祖述尧舜，宪章文武"（《中庸》），尧舜、文武都是古代集道德、功业于一身的圣王，孔子甚至说要做到"博施于民而能济众"这样的功业，"必也圣乎！尧舜其犹病诸！"（《论语·雍也》）自孔子开始，圣人不得其位，德与位开始分离。孟子已明确指出，"圣人，人伦之至也"（《孟子·离娄上》），荀子则第一次明确界定了圣与王的区别："圣也者，尽伦者也；王也者，尽制者也。"（《荀子·解蔽》）圣人只是人伦道德实践的理想楷模，与尽制立功的王者不同。

另一方面则是指圣人逐渐由德才兼备纯粹化为德之至者。荀子虽然说"圣也者，尽伦者也"，但同时也肯定圣人是有非凡的聪明才智与广大的神通妙用的，他说："所谓大圣者，知通乎大道，应变而不穷，辨乎万物之情性者也。"（《荀子·哀公》）圣人不仅能知通大道，也能应变不穷，还能辨万物之情性。及至汉代，儒者更是将圣人神化，扬雄就直接将圣人称为神:"或问……'圣人'。曰:'神。'"①而将圣人神化的一个突出表现就是强调圣人的非凡才智与广大神通,如董仲舒说,"圣人见端而知本,精之至也;得一而应万,类之治也"②,又说,"圣人者,见人之所不见者也"③,都是强调圣人的非凡能力。宋代理学勃兴,强调圣人必可学而至,但程朱理学认为,圣人尊德性而道问学,既有完满的德性,又有极致的学问,如朱子就指出:"圣贤无所不通,无所不能,那个事理会不得?"④及至阳明发"精金之喻",才将圣人由德才兼备纯粹化为德之至者。在阳明看来,"圣人之所以为圣,只是其心纯乎天理,而无人欲之杂。犹精金之所以为精,但以其成色足而无铜铅之杂也"⑤。圣人的才力有大小之分,这就好比精金也有轻重一样,但不管分量轻重,都不妨碍它是精金,不管才力大小,都不妨碍他是圣人。因此,圣人之所以为圣人,不在才力而在此心纯乎天理。他批评那些不去天理上做工夫,却殚精竭虑去钻研书册、考索名物、比拟形迹的人,只能是知识愈广而人欲愈滋,才力愈多而天理愈蔽。若据阳明所论,则可以有聋圣人、哑圣人,有农圣人、工圣人,不管你从事什么职业,也不管你能力大小,只要此心纯乎天理,就可以称为圣人。这对常人来说不啻一声惊雷,实在是将成圣之门大开。在此基础上,王艮进一步提出了"满街都是圣人"的说法,《传习录(下)》记载:"一日,王汝止(按,王艮,字汝止)出游归,先生(按,指阳明)问曰:'游何见?'对曰:'见满街人都是圣

① [汉]扬雄著,李轨注:《法言》,载《诸子集成》(七),上海:上海书店出版社,1986年版,第8页。
② 曾振宇、傅永聚注:《春秋繁露新注》,北京:商务印书馆,2010年版,第358页。
③ 曾振宇、傅永聚注:《春秋繁露新注》,北京:商务印书馆,2010年版,第298页。
④ [宋]黎靖德编,王星贤点校:《朱子语类》(七),北京:中华书局,1986年版,第2830页。
⑤ [明]王守仁撰,吴光等编校:《王阳明全集》(上),上海:上海古籍出版社,2011年版,第31页。

人.'先生曰：'你看满街人是圣人,满街人到看你是圣人在.'"①王艮所论满街都是圣人,则不论男女老幼,不分士农工商,心中都有一个潜在的(而非现成的)圣人。这无疑又大大激发了人们成圣的主体意识。

所谓圣人观念的内在化,在这里主要是指成圣的路径从外在取向转向内在取向。其实,前面所提到的圣人观念的纯粹化,从某种角度来说也是圣人观念的一种内在化,因为事功是外在的,德性则是内在的,圣人逐渐由道德事功纯粹化为理想人格,即是圣人观念的内在化；知识需要积累,才干需要历练,都是外在学习所得,而德性则是内在的,圣人逐渐由德才兼备纯粹化为德之至者,也是圣人观念的内在化。

这里所说的圣人观念的内在化,主要是在宋明理学的学术视野中,就成圣的路径取向而言,作圣之功从外在向内在转向。理学家们虽然都认为圣人必可学而至,但在成圣的路径取向上却有着很大的不同,程朱理学特别强调格物穷理,认为"自格物而充之,然后可以至圣人。不知格物而先欲意诚心正身修者,未有能中于理者"②。可见格物穷理乃是反躬修身的前提。虽然程朱理学强调要切问而近思,但所谓的格物,则所指多端,一草一木是物,君臣父子也是物,读书讲义理是格物,评价历史人物也是格物。如此一来,成圣的格物工夫实际是外在的,指向外在的物理,而非内在的心理。陆王心学与此截然殊途,从一开始就将天理收摄于一心,认为心即是理。在此基础上,阳明进一步发挥其良知之学,认为"心之良知是谓圣。圣人之学,惟是致此良知而已"③。"心之良知是谓圣"的提法,

① ［明］王守仁撰,吴光等编校：《王阳明全集》(上),上海：上海古籍出版社,2011年版,第132页。
② ［宋］程颢、程颐著,王孝鱼点校：《二程集》(上),北京：中华书局,1981年版,第316页。
③ ［明］王守仁撰,吴光等编校：《王阳明全集》(上),上海：上海古籍出版社,2011年版,第312页。

从语料来源看,取自《孔丛子》"心之精神是谓圣"①一语,杨简曾以此来阐发象山的本心说,但由于他受佛教即心即佛的影响,所以受到后世朱子学者的批判;而阳明将其改造成"心之良知是谓圣",一方面,符合了心学本心即是良知,良知即是天理的致思理路,另一方面,也使成圣的工夫路径由外在的格物穷理转向内在的本心良知。王艮继承了阳明的这一思想,指出:"良知者,圣也。安焉者,学也。故曰:性焉、安焉之谓圣。知其不安而安之者,复其性也。故曰:复焉、执焉便是贤。惟百姓日用而不知,故曰:以先知觉后知。"②只有以先知觉后知,以先觉觉后觉,启发百姓日用而不知的本心良知,才能使普通百姓常知常觉,成圣成贤。

本来,道是圣人的专属,成圣是常人所不敢奢望的,圣人必须有尽制的事功,必须有聪明才智与广大神通,必须能够格物穷理,而在儒学的发展过程中,圣人逐渐剥落其外在的种种限制条件,纯粹化为一种理想的道德人格,加上陆王心学对成圣路径的内在转向,最终使得圣凡之间的差距越来越小,而为圣人所专属的道,也因此为百姓所共享。正是在此基础上,王艮才能提出"百姓日用即道"的理论,将行"道"的主体开放给全体"百姓"。

再次,这也是王艮"大成师"理论的必然要求。王艮的"大成师"理论,本书第三章将有详细论述,此处为方便起见,略为概述。王艮释《大学》"格物"之"物"为"物有本末"之"物",认为通天下国家为一物,正因其为一物,所以才有本末之分。所谓"格物"就是絜度于本末之间,而知身为本,家国天下为末,故自天子以至于庶人,一是皆以修身为本,通过修身而安身以立天下国家之大本。同时,仁者以天地万物为一体,故决不会独善

---

① 傅亚庶撰:《孔丛子校释》,北京:中华书局,2011年版,第96页。
② [明]王艮撰,陈祝生等校点:《王心斋全集》,南京:江苏教育出版社,2001年版,第60页。

其身,退而遗末,而是要依本成末,立必俱立,达必俱达。王艮指出,"出不为帝者师,是漫然苟出,反累其身,则失其本矣;处不为天下万世师,是独善其身,而不讲明此学,则遗其末矣,皆小成也"①。"小成"是进而失本,退而遗末,"大成"与之相对,则是进不失本,退不遗末,故"出则必为帝者师,处则必为天下万世师"②。因此,王艮所说的"大成师"理论就是:"出则必为帝者师",通过做帝王师,在君臣共道的基础上,自上而下地齐家治国平天下;"处则必为天下万世师",通过修身讲学,在化民成俗的基础上,自下而上地齐家治国平天下。前者是"得君行道"的传统外王路线,后者是"觉民行道"的新外王路线。由于明代的政治生态环境极其恶劣,"出则必为帝者师"这一传统外王路线并不可行,因此王艮所极力实践的是"处则必为天下万世师"的新外王路线,通过修身讲学来"觉民行道"。王艮既要"觉民行道",自然要将行道的主体开放给全体百姓,这样才能真正为生民立命,使人人君子,比屋可封。

(二)"日用"——"百姓"行"道"的载体

龚杰先生曾从体用一源的角度对王艮的良知思想进行了概括,认为王艮的良知学说"有体有用,'良知之体',主要是指人的生理生活本能及其天然合理,所以就叫作'天理良知','良知之用',主要是指人的生理生活本能在日常生活中的体现,所以他称之为'日用良知'。……前者是'天理'的内在状态,后者是'天理'的外在表现。因此,两者是'体用一原'"③的。王艮的良知是否指向人的生理生活本能,此处暂且不论,但龚杰先生从体用一原(源)的角度所作出的"天理良知"为"体","日用良知"为

① [明]王艮撰,陈祝生等校点:《王心斋全集》,南京:江苏教育出版社,2001年版,第21页。
② [明]王艮撰,陈祝生等校点:《王心斋全集》,南京:江苏教育出版社,2001年版,第13页。
③ 龚杰:《王艮评传》,南京:南京大学出版社,2001年版,第70页。

"用"的概括,确是颇具创见与启发意义的。在笔者看来,所谓"天理良知"即是道,所谓"日用良知",恰如其分地指出了"道"的载体——"日用"。

王艮在拜师阳明之前,不由师承,学无所傍,可谓天挺豪杰。38岁时,制古冠服往见阳明,经过两番论学,深深折服于阳明致良知之学的简易直截,乃北面而师事之。40岁时,因感叹良知之学未能遍及天下,乃言于阳明曰:"千载绝学,天启吾师倡之,可使天下有不及闻此学者乎?"①乃制蒲轮车招摇过市,沿途宣讲良知之学,直抵京师,一时人情大异,因而被阳明召回并受到相当的裁抑。应当说,王艮是极其服膺阳明的良知之学的,而且王艮非常注重在百姓日用当中指点良知。王艮《年谱》对此多有记载:

> (嘉靖)三年甲申,先生四十二岁。(在会稽。是年春,四方学者聚会稽日众,请阳明公筑书院城中以居同志,多指百姓日用以发明良知之学,大意谓百姓日用条理处,即是圣人条理处,圣人知便不失,百姓不知便会失,同志惕然有省。……)②

> 七年戊子,先生四十六岁。(在会稽。集同门讲于书院,先生言百姓日用是道。初闻多不信,先生指童仆之往来,视听持行,泛应动作处,不假安排,俱自顺帝之则,至无而有,至近而神,惟其不悟,所以愈求愈远,愈作愈难。谓之有志于学则可,谓之闻道则未也。贤智之过与仁智之见俱是妄。一时学者有省。……)③

> 十年辛卯,先生四十九岁。(是年四方从游日众,相与发挥

---

① [明]王艮撰,陈祝生等校点:《王心斋全集》,南京:江苏教育出版社,2001年版,第70页。

② [明]王艮撰,陈祝生等校点:《王心斋全集》,南京:江苏教育出版社,2001年版,第71—72页。

③ [明]王艮撰,陈祝生等校点:《王心斋全集》,南京:江苏教育出版社,2001年版,第72页。

百姓日用之学,甚悉。……)①

十二年癸巳,先生五十一岁。(在金陵。南野公尝讲致良

知,先生戏之曰:"某近讲良知致。"南野延先生连榻数宵,以日用

见在指点良知,自是甚相契。……)②

可以看出,王艮在讲学的过程中非常注重以百姓日用来发明良知之
学。这固然如前引龚杰先生所指出的那样,王艮的良知学有体有用,是体
用一原(源)的,王艮自己也说过:"体用一原。知体而不知用,其流必至喜
静厌动,入于狂简;知用而不知体,其流必至于支离琐碎,日用而不知。"③
不过在体用一原(源)的前提下,心斋如此注重良知本体的发用流行——
百姓日用,恰恰反映出心斋为学注重践履的特色。对此,罗近溪早已指
出:"阳明先生与心斋先生,虽的亲师徒,然阳明多得之觉悟,心斋多得之
践履。"④正因为为学注重践履,所以心斋提出了"即事是学,即事是道"的
说法。他说:"即事是学,即事是道。人有困于贫而冻馁其身者,则亦失其
本而非学也。夫子曰:'吾岂匏瓜也哉,焉能系而不食?'"⑤在王艮看来,
哪怕是解决衣食不受冻馁这样的生理之事,也是学之所在、道之所存。在
身与道的关系问题上,传统儒家在面对两难处境时,都会选择杀身成仁、
舍生取义,甚至有饿死事极小、失节事极大的说法,其实都是为了维护道

① [明]王艮撰,陈祝生等校点:《王心斋全集》,南京:江苏教育出版社,2001年版,第73
页。
② [明]王艮撰,陈祝生等校点:《王心斋全集》,南京:江苏教育出版社,2001年版,第73
页。
③ [明]王艮撰,陈祝生等校点:《王心斋全集》,南京:江苏教育出版社,2001年版,第43
页。
④ [明]罗汝芳撰,方祖猷等编校整理:《罗汝芳集》(上),南京:凤凰出版社,2007年版,第
219页。
⑤ [明]王艮撰,陈祝生等校点:《王心斋全集》,南京:江苏教育出版社,2001年版,第13
页。

的尊严,对此,王艮也是不反对的,但他认为,杀身成仁、舍生取义的应变之权,并不是孔孟教人的家法,不安其身(杀身、舍生)而安其心(心即道),乃是道之次。他从安身立本的格物论出发,认为身安、心安,才是至善。"身与道原是一件,至尊者此道,至尊者此身。尊身不尊道,不谓之尊身;尊道不尊身,不谓之尊道。须道尊身尊,才是'至善'。"①此身之所以"至尊",是因为身为天下国家之本,因此,必须修身、保身、安身,这样才能立天下国家之本。身是一种现实的存在,需要穿衣吃饭来保证最基本的生存要求,这也是保身的题中应有之义,所以王艮才说,"人有困于贫而冻馁其身者,则亦失其本而非学也",他所举孔子"吾岂匏瓜也哉,焉能系而不食"一语,其实就是为贫而仕之意。为贫而仕固然没有什么可值得夸耀的,但在他看来,也不是什么丢人之事,相反,为贫而仕可以保身,而保身也是为学的题中应有之义。

　　心斋为学注重日用、注重践履,固然是他个人的为学特色,但也受到其师阳明的深刻影响。阳明特别强调"事上磨练",认为"人须在事上磨练做功夫乃有益,若只好静,遇事便乱,终无长进"②。其实在提倡"事上磨练"这一教法之前,阳明最先开始提倡的是"静坐澄心"的教法,在他看来,这能将人们从平日纷繁的事务中解脱出来,补上小学收放心的一段工夫,但没想到当时学者又因药发病,渐渐喜静厌动,流入空虚,好为脱落新奇之论,因此,阳明在南畿论学之时,就提倡"事上磨练"的教法,教学者在事上省察克治,以存天理去人欲。《传习录(下)》记载,当时有一属官,久听阳明讲学,但苦于簿书讼狱繁难,不得为学,阳明听后就说,既有官司之

① ［明］王艮撰,陈祝生等校点:《王心斋全集》,南京:江苏教育出版社,2001 年版,第 37 页。
② ［明］王守仁撰,吴光等编校:《王阳明全集》(上),上海:上海古籍出版社,2011 年版,第 104 页。

事,便从官司之事上为学,簿书讼狱之间,无非实学,"如问一词讼,不可因其应对无状,起个怒心;不可因他言语圆转,生个喜心;不可恶其嘱托,加意治之;不可因其请求,屈意从之;不可因自己事务烦冗,随意苟且断之;不可因旁人潜毁罗织,随人意思处之"①,这许多意思,只有自己知道,须精细省察克治。可以看出,王艮注重以百姓日用来指点良知,强调"即事是学,即事是道",应该是受到阳明"事上磨练"教法的深刻影响。

此外,这也与王艮的"现成良知论"有关。王艮虽然服膺阳明的良知之学,但他对阳明的良知之学也不是全盘接受,而是有自己独特的见解,予以了适当的发挥,其中很重要的一点就是在其现成良知论的基础上将阳明的"致良知"发展为自己的"良知致"。如上所引王艮《年谱》五十一岁的记载:"南野公尝讲致良知,先生戏之曰:'某近讲良知致。'南野延先生连榻数宵,以日用见在指点良知,自是甚相契。"南野公即欧阳德,号南野。在冈田武彦所作的阳明后学的分派中,他与邹东廓一起被称为阳明后学中的修正派(正统派)。欧阳德讲学以"致良知"为宗,强调即工夫而言本体,批评轻视工夫而专求直悟本体的现成说。对于欧阳德的"致良知"之说,王艮提出了截然相反的见解——"良知致"。所谓"良知致",就是说"良知天性,往古来今人人具足,人伦日用之间举措之耳,所谓大行不加,穷居不损,分定故也"②。良知既是"人人具足"的,自然不需要通过"致"的工夫才能把握良知本体,我们需要做的,只是依着良知去实行就可以了,即在"人伦日用之间举措之耳"。

阳明讲学,最后落脚于"致良知"。他在起征思、田的途中,在《寄正宪

① [明]王守仁撰,吴光等编校:《王阳明全集》(上),上海:上海古籍出版社,2011年版,第107页。
② [明]王艮撰,陈祝生等校点:《王心斋全集》,南京:江苏教育出版社,2001年版,第47页。

男手墨二卷》的家书中回顾自己一生的讲学活动说:"吾平生讲学,只是'致良知'三字。"①陈来先生概括阳明"致良知"之义,认为此观念有三个要点,即"扩充""至极""实行"②。所谓"扩充""至极",从积极方面说就是要将良知扩充至其全体、到其极处,从消极方面说就是要将私欲障蔽去除尽净;所谓"实行",就是说要实落地为善去恶,知而不行不可谓之"致良知"。可以看出,阳明所说的"致良知"的"致",其实是蕴含着真工夫在其中的,所谓"扩充""至极",就表明在现实层面良知不是现现成成的,而是需要我们通过实地修养工夫去克复良知的本体的。而王艮由于其现成良知的学术立场,认为"良知一点分分明明,亭亭当当,不用安排思索",因此特别强调"日用良知",要求学者依着良知而行,在"人伦日用之间举措之耳"。

当然,王艮所说的"百姓日用即道",并不是如王艮《年谱》中其弟子所概括的"百姓日用是道",将"道"与"百姓日用"完全等同起来,关于此点,吴震教授的理解最为精要,他指出,"百姓日用即道"实际"是对'道'的存在状态的一种描述,是对'道'与'百姓日用'之关联性的一种描述,而非实指'日用=道'"③。所谓"对'道'的存在状态的一种描述",是说"百姓日用"是"道"的载体,"道"不存在于别处,而就存在于"百姓日用"之中;所谓"对'道'与'百姓日用'之关联性的一种描述",是说"道"与"百姓日用"之间是一种"即"也就是"不即不离"的关系,而非一种径直等同的关系。

---

① ［明］王守仁撰,吴光等编校:《王阳明全集》(中),上海:上海古籍出版社,2011 年版,第 1091 页。

② 陈来:《有无之境:王阳明哲学的精神》,北京:北京大学出版社,2013 年版,第 168 页。

③ 吴震:《泰州学派研究》,北京:中国人民大学出版社,2009 年版,第 91 页。

（三）"天理良知"——"百姓"行"道"的本体

首先需要说明的是，说"天理良知"是"百姓"行"道"的本体，并不是说在"道"之外，另有一个本体存在，而是说"天理良知"就是"道"体自身，百姓在日用常行中所行的"道"就是"天理良知"。

就儒学文献而言，"天理"一词，最早见于《礼记》。《礼记》曰："人生而静，天之性也；感于物而动，性之欲也。物至知知，然后好恶形焉。好恶无节于内，知诱于外，不能反躬，天理灭矣。夫物之感人无穷，而人之好恶无节，则是物至而人化物也。人化物也者，灭天理而穷人欲者也。于是有悖逆诈伪之心，有淫泆作乱之事。"（《礼记·乐记》）《礼记》第一次把"天理"和"人欲"作为一对对立的范畴来加以论述，认为人若是感于外物而好恶无节，就会被物所化，导致"灭天理而穷人欲"。

在儒学发展史上，最早赋予"天理"以本体意义的，则是大程子程颢。明道曰："吾学虽有所受，天理二字却是自家体贴出来。"①又曰："天理云者，这一个道理，更有甚穷已？不为尧存，不为桀亡。人得之者，故大行不加，穷居不损。这上头来，更怎生说得存亡加减？是它元无少欠，百理具备。"②在他看来，作为本体的天理，具有先验性、普遍性和恒常性，"元无少欠，百理具备"，"不为尧存，不为桀亡"，"大行不加，穷居不损"。小程子程颐则指出，"性即理也，所谓理，性是也"③，"自理言之谓之天，自禀受言之谓之性"④，将超越的天理内化为人的仁义礼智之性。自性而行则无有不善。朱子在人性论上继承了程颐"性即理也"的论断，也认为"性者，人生所禀之天理也"⑤，性既为天理，自然无有不善。

---

① [宋]程颢、程颐著，王孝鱼点校：《二程集》（上），北京：中华书局，1981年版，第424页。
② [宋]程颢、程颐著，王孝鱼点校：《二程集》（上），北京：中华书局，1981年版，第31页。
③ [宋]程颢、程颐著，王孝鱼点校：《二程集》（上），北京：中华书局，1981年版，第292页。
④ [宋]程颢、程颐著，王孝鱼点校：《二程集》（上），北京：中华书局，1981年版，第296页。
⑤ [宋]朱熹撰：《四书章句集注》，北京：中华书局，1983年版，第325页。

　　及至明代,心学大盛,中分天下者,一为阳明的良知之学,一为甘泉的"随处体认天理"之学。二者都从心学的立场展开了对天理的建构,阳明是以良知融摄天理,甘泉则带有浓厚的调和心学与理学的特色。

　　"良知"一词源出《孟子》,孟子曰:"人之所不学而能者,其良能也;所不虑而知者,其良知也。孩提之童,无不知爱其亲者,及其长也,无不知敬其兄也。"(《孟子·尽心上》)在孟子看来,良知是指人先验的道德意识与道德情感。阳明也是在此意义上界定良知的,他说:"夫良知者,即所谓'是非之心,人皆有之',不待学而有,不待虑而得者也。"①又说:"良知只是个是非之心,是非只是个好恶,只好恶就尽了是非,只是非就尽了万事万变。"②在阳明看来,良知就是人人具有的先验的道德是非准则。同时,阳明还在心即理的心学立场上,以良知融摄天理,他指出:"吾心之良知,即所谓天理也。致吾心良知之天理于事事物物,则事事物物皆得其理矣。"③在阳明看来,良知就是天理,致良知就是要致吾心良知的天理于事事物物,从而使事事物物皆得其理。这样,阳明就将程朱理学外在的天理内化为人心所本有的良知,而事物之理则皆由内在的良知所赋予。

　　甘泉虽然师从"学主自然"的白沙,但在为学宗旨上却独树一帜,提出要"随处体认天理",带有浓厚的调和心学与理学的色彩。甘泉指出:"吾所谓天理者,体认于心,即心学也。有事无事,原是此心。无事时万物一体,有事时物各付物,皆是天理充塞流行,其实无一事。"④又说:"心与事

---

① ［明］王守仁撰,吴光等编校:《王阳明全集》(上),上海:上海古籍出版社,2011 年版,第311 页。

② ［明］王守仁撰,吴光等编校:《王阳明全集》(上),上海:上海古籍出版社,2011 年版,第126 页。

③ ［明］王守仁撰,吴光等编校:《王阳明全集》(上),上海:上海古籍出版社,2011 年版,第51 页。

④ ［明］湛若水著,钟彩钧、游腾达点校:《泉翁大全集》(四),台北:"中央"研究院中国文史哲研究所,2017 年版,第 1681 页。

应，然后天理见焉。天理非在外也，特因事之来，随感而应耳。故事物之来，体之者心也。心得中正，则天理焉。"①在他看来，天理需"体认于心"，这是其心学的底色。但是甘泉所说的天理，却不是阳明所说的"心即理"之心，也不是朱子所说的"物物有一太极"的在外之理，而是此心"特因事之来，随感而应耳"，"心与事应，然后天理见焉"，"心得中正，则天理焉"。因此，甘泉所说的"随处体认天理"，实际是将内（心）外（事物）相贯通，试图在心学的立场上统一理学，具有强烈的调和心学和理学的色彩。

阳明与甘泉虽然均以倡明圣学为事业，但在"致良知"与"随处体认天理"的为学宗旨上，二人却展开了往复而激烈的辩论，阳明虽然承认"随处体认天理"是真实不诳语，但在"命意发端处，却似有毫厘未协"②，实际是批评"随处体认天理"是"求之于外"，在事事物物上求其定理，不离朱子旧学即物穷理的范畴。甘泉则认为阳明误解了自己的本意，其所谓"体认"，如前所论，是心对事物的一种随感随应；其所谓"天理"，是心在感应的过程中所获得的"中正"之体；而其所谓的"心"则是"体物而不遗"的大心，是心物合一之心。因此，"随处体认天理"并不是"求之于外"，而是贯通内外。

阳明、甘泉皆为当时学坛盟主，但在为学宗旨上却不尽相同，因此在二人后学中产生了调和两家学说的倾向。王艮就是调和论者之一，他特作《天理良知说》以调和两家学说。在他看来，"学本无异，以人之所见者，各自为异耳"③，人们之所以对阳明的良知之学与甘泉的天理之学的认识

---

① ［明］湛若水著，钟彩钧、游腾达点校：《泉翁大全集》（一），台北："中央"研究院中国文史哲研究所，2017年版，第260页。

② ［明］王守仁撰，吴光等编校：《王阳明全集》（上），上海：上海古籍出版社，2011年版，第202页。

③ ［明］王艮撰，陈祝生等校点：《王心斋全集》，南京：江苏教育出版社，2001年版，第32页。

有所异同,就是因为各以自己所见者为是,而以他人所见者为非。这就像一个人有名有字,知其名而不知其字的人,则执其名为是,而以称其字者为非,知其字而不知其名的人,亦复如是。因此,只有既知自己所见为是,又知他人所见为是,才能于学洞然无疑,确乎无异。

王艮将阳明、甘泉两家在为学宗旨上的根本差异说成是一个人名与字的称呼的不同,以此调和两家的学说,不免过于简单化,极显说服力之不足。不过,王艮此文重点不在调和两家学说,而在借题发挥,阐发自己的本体观——"天理良知"。王艮指出:

> 天理者,天然自有之理也。良知者,不虑而知,不学而能者也。惟其不虑而知,不学而能,所以为天然自有之理。惟其天然自有之理,所以不虑而知,不学而能也。故孔子曰"知之为知之,不知为不知",是良知也。"入太庙,每事问",是天理也。惟其"知之为知之,不知为不知",所以"入太庙,每事问";惟其"入太庙,每事问",便是"知之为知之,不知为不知"。曰"致",曰"体认",知天理也,否则日用不知矣。①

在王艮看来,天理是"天然自有之理",良知是"不虑而知,不学而能者",天理和良知是同一的,"惟其不虑而知,不学而能,所以为天然自有之理。惟其天然自有之理,所以不虑而知,不学而能也"。他以孔子的"知之为知之,不知为不知"以及"入太庙,每事问"为例说明了良知与天理的这种同一性,认为不论是"致良知",还是"随处体认天理",其最终目的都在于"知天理"即自觉此"天然自有之理"。可知,王艮的"天理良知",旨在突出良知的"天然自有"的特质。从良知"天然自有"的属性出发,才能推导出王艮的现成良知论。因为良知是"天然自有"的,所以必然是"人人具

---

① ［明］王艮撰,陈祝生等校点:《王心斋全集》,南京:江苏教育出版社,2001 年版,第 31—32 页。

足"的,必然是"分分明明,亭亭当当"的,必然是"见见(现现)成成,自自在在"的,因此既不须防检,也不用安排思索。

王艮在著作中多次论述了良知的这种"天然自有"的特质,他说:"'天理'者,天然自有之理也,才欲安排如何,便是'人欲'。"①又说:"良知之体,与鸢飞鱼跃同一活泼泼地。当思则思,思通则已。……要之自然天则,不着人力安排。"②又说:"天性之体本自活泼,鸢飞鱼跃便是此体。"③又说:"良知在人,信天然自足之性,不须人为立意做作。"④等等。王艮一再强调,良知是"自然天则",是"天然自有之理",与"鸢飞鱼跃同一活泼泼地",不着人力安排,才欲安排便是"人欲"。这就像阳明所说的,心体上着不得一丝念头,不但是私念着不得,哪怕是善念也着不得,就像人眼之中容不得一点尘沙,哪怕是金屑玉屑也都是容不得的。

泰州后学普遍继承了心斋关于本体之"道"即"天理良知"的这种"天然自有"的属性。如东厓说:"鸟啼花落,山峙川流,饥飧渴饮,夏葛冬裘,至道无余蕴矣。"⑤又说:"性之灵明曰良知。良知自能感应,自能约心思,而酬酢万变,知之为知之,不知为不知,一毫不劳勉强扭捏,而用智者自多事也。"⑥等等。道体或性体(即良知)"自能感应,自能约心思",就像"鸟

---

① [明]王艮撰,陈祝生等校点:《王心斋全集》,南京:江苏教育出版社,2001年版,第10页。
② [明]王艮撰,陈祝生等校点:《王心斋全集》,南京:江苏教育出版社,2001年版,第11页。
③ [明]王艮撰,陈祝生等校点:《王心斋全集》,南京:江苏教育出版社,2001年版,第19页。
④ [明]王艮撰,陈祝生等校点:《王心斋全集》,南京:江苏教育出版社,2001年版,第49页。
⑤ [明]王艮撰,陈祝生等校点:《王心斋全集》,南京:江苏教育出版社,2001年版,第214页。
⑥ [明]王艮撰,陈祝生等校点:《王心斋全集》,南京:江苏教育出版社,2001年版,第216页。

啼花落,山峙川流,饥飧渴饮,夏葛冬裘"一样,自然而然,一毫不劳勉强扭捏。又如王栋所说:"良知无时而昧,不必加致,即明德无时而昏,不必加明也。"①又说:"吾人日用间只据见在良知,爽快应答,不作滞泥,不生迟疑,方是健动而谓之易。中间又只因物付物,不加一点安排意见,不费一毫劳攘工夫,方是顺静而谓之简。"②等等。良知"不加一点安排意见,不费一毫劳攘工夫",只是"爽快应答,不作滞泥,不生迟疑",因此,良知之前"不必加致"。

(四)"当下即是"——"百姓"行"道"的工夫

王东厓在概括其父王心斋的为学历程时指出,其父"见阳明翁而学犹纯粹,觉往持循之过力也,契良知之传,工夫易简,不犯做手,而乐夫天然率性之妙,当处受用"③。所谓"天然率性之妙,当处受用",就是自然而然,循性而为,用当时的前沿术语来说就是"当下即是"。这不仅是心斋契悟阳明良知之学后的简易直截的为学工夫,也是百姓在日用当中行"道"的简易直截的工夫。泰州学派诸学人对此种"当下即是"的工夫体验最真切,论述也最详尽。

1.王艮:童仆之往来即道

如前所引,心斋《年谱》四十六岁条下记载:"在会稽。集同门讲于书院,先生言百姓日用是道。初闻多不信,先生指童仆之往来,视听持行,泛应动作处,不假安排,俱自顺帝之则,至无而有,至近而神,惟其不悟,所以愈求愈远,愈作愈难。谓之有志于学则可,谓之闻道则未也。贤智之过与

---

① [明]王艮撰,陈祝生等校点:《王心斋全集》,南京:江苏教育出版社,2001年版,第146页。

② [明]王艮撰,陈祝生等校点:《王心斋全集》,南京:江苏教育出版社,2001年版,第179页。

③ [明]王艮撰,陈祝生等校点:《王心斋全集》,南京:江苏教育出版社,2001年版,第217页。

仁智之见俱是妄。一时学者有省。"①在王艮看来，童仆的"视听持行，泛应动作"乃是"至无而有，至近而神"的。所谓"至无而有"，是说童仆的良知虽是虚寂(无)的，但遇事触境自能感应(有)；所谓"至近而神"，是说童仆的良知虽是浅近易见(近)的，但发用流行则神妙莫测(神)。王艮以童仆的往来动作，不假安排，皆能顺应良知(帝)的法则为例，旨在说明百姓在日用当中行道的工夫——"当下即是"。

邹德涵对王艮《年谱》所论童仆往来之事也有记载："往年有一友问心斋先生云：'如何是无思而无不通？'先生呼其仆，即应，命之取茶，即捧茶至。其友复问，先生曰：'才此仆未尝先有期我呼他的心，我一呼之便应，这便是无思而无不通。'是友曰：'如此则满天下都是圣人了。'先生曰：'却是日用而不知，有时懒困着了，或作诈不应，便不是此时的心。'"②邹德涵所记，明确了王艮《年谱》所论童仆"视听持行"的具体所指，即"呼其仆，即应"(视听)，"命之取茶，即捧茶至"(持行)。在王艮看来，我一呼童仆便应，正是其良知"无思而无不通"的表现，"无思"说的是良知"无思无为"的本体状态，即《年谱》所说的"至无""至近"，"无不通"说的是良知"妙应无穷"的发用状态，即《年谱》所说的"至有""至神"。当然，在这两处记载中，王艮都强调了童仆的悟与不悟，觉与不觉，知与不知，此是另一话题，暂且不论。

王艮《年谱》中对百姓日用的这种"当下即是"的简易工夫的记载还有不少，如四十九岁条下记载："冬十一月，徐樾复来学。先生一夕步月下，指星文与语，樾应对间若恐失所持循，先生厉声曰：'天地不交，否！'又一夕，出游至小渠边，先生跃过，顾谓樾曰：'汝亦放轻快些。'樾持益谨，若遗

---

① ［明］王艮撰，陈祝生等校点：《王心斋全集》，南京：江苏教育出版社，2001 年版，第 72 页。

② ［清］黄宗羲著，沈芝盈点校：《明儒学案》(上)，北京：中华书局，2008 年版，第 352 页。

一物。既樾叹曰：'从前孤负此翁，为樾费却许多精神。'"①徐樾是王艮最得意的弟子。在拜入王艮门下之初，他在为学工夫上相当戒慎恐惧，应对之间唯恐失所持循，越过小溪也是若遗一物。对此，王艮则教他要放轻快些，"天地不交，否"。这其实就是告诫徐樾，为学工夫要"自然率性"，当下即是，不可在人性上添一物。

2.王东厓：饥来吃饭倦来眠，同一妙用也

东厓著《率性修道说》，其中有谓："窃以舜之事亲，孔之曲当，一皆出于自心之妙用耳，与饥来吃饭倦来眠，同一妙用也。人无二心，故无二妙用，得此，岂容一毫人力与于其间？"②在他看来，"饥来吃饭倦来眠"，都是此心妙用之所在，与舜之事亲，孔子之曲当，并无二致。"饥来吃饭倦来眠"，可以说是东厓对百姓在日用中"当下即是"工夫的一种形象说明。东厓对这种"当下即是"的工夫多有论述，如谓：

> 乌啼花落，山峙川流，饥飧渴饮，夏葛冬裘，至道无余蕴矣。③
>
> 良知本性，天之灵而粹精之体也。谁其弗具？谁其弗神？
>
> 而圣名者号也，得证则日用头头，无非妙动，而纤力不与，快乐难名。④
>
> 性之灵明曰良知。良知自能感应，自能约心思，而酬酢万

① ［明］王艮撰，陈祝生等校点：《王心斋全集》，南京：江苏教育出版社，2001 年版，第 73 页。

② ［明］王艮撰，陈祝生等校点：《王心斋全集》，南京：江苏教育出版社，2001 年版，第 217 页。

③ ［明］王艮撰，陈祝生等校点：《王心斋全集》，南京：江苏教育出版社，2001 年版，第 214 页。

④ ［明］王艮撰，陈祝生等校点：《王心斋全集》，南京：江苏教育出版社，2001 年版，第 215 页。

变,知之为知之,不知为不知,一毫不劳勉强扭捏,而用智者自多事也。①

才提起一个学字,却是便要起几层意思,不知原无一物,原自见成,顺明觉自然之应而已。自朝至暮,动作施为,何者非道? 更要如何,便是与蛇画足。②

在东厓看来,良知至道就流行于百姓日用之中,"日用头头,无非妙动",只要顺应明觉之自然即可,哪怕是"鸟啼花落,山峙川流,饥飧渴饮,夏葛冬裘",都是至道的表现,纤力也着不得,一毫也勉强不得。东厓如此强调工夫的"当下即是",自然顺应,以至于相当多的学者将他的学问概括为"自然主义",如嵇文甫就指出∶"东厓之学,完全是一种自然主义。"③当然,东厓所热衷于论述的"自然""现成",其意不在指向人的生理自然或自然界的自然现象,而是指向一种从容中道的道德境界,"鸟啼花落,山峙川流,饥飧渴饮,夏葛冬裘",就是《中庸》中为历代理学家所称颂的"鸢飞戾天,鱼跃于渊"的工夫境界,所谓"形色,天性也,惟圣人然后可以践形"(《孟子·尽心上》)。东厓所论,是否是"有德之言",姑且不论,但谓之"造道之言",则无疑义矣。

3.颜钧∶放心体仁

贺贻孙在《颜山农先生传》中对"放心体仁"说进行了具体的论述∶

始罗(按∶指近溪)为诸生,慕道极笃,以习静婴病,遇先生(按∶指颜钧)在豫章,往谒之。先生一见即斥曰∶"子死矣。子有

---

① [明]王艮撰,陈祝生等校点∶《王心斋全集》,南京∶江苏教育出版社,2001年版,第216页。
② [明]王艮撰,陈祝生等校点∶《王心斋全集》,南京∶江苏教育出版社,2001年版,第216页。
③ 嵇文甫∶《左派王学》,上海∶上海三联书店,2014年版,第44页。

物,据子心,为大病,除之益甚,幸遇吾,尚可活也。"罗公曰:"弟子习澄湛数年,每日取明镜止水,相对无二,今于死生得失不复动念矣。"先生复斥曰:"是乃子之所以大病也。子所为者,乃制欲,非体仁也。欲之病在肢体,制欲之病乃在心矣。心病不治,死矣。子不闻放心之说乎?人有沉病者,心怔怔焉,求秦越人决脉,既诊,曰:'放心,尔无事矣。'其人素信越人之神也,闻言不待针砭而病霍然已。有负官帑千金者入狱,遽甚。其子忽自商持千金归,示父曰:'千金在,可放心矣。'父信其子之有千金,虽荷校负铰铛,不觉其身之轻也。夫人心有所系则不得放,有所系而强解之又不得放。夫何故?见不足以破之也。蛇师不畏蛇,信咒术足辟蛇也。幻师不畏水火,信幻术足辟水火也。子惟不敢自信其心,则心不放矣。不能自见其心,则不敢自信,而心不放矣。孔子曰:'朝闻道,夕死可矣。'放心之谓也。孟子曰:'学问之道无他,求其放心而已矣。'但放心则萧然若无事人矣。观子之心,其有不自信者耶!其有不得放者耶!子如放心,则火然而泉达矣。体仁之妙,即在放心。初未尝有病子者,又安得以死子者耶?"罗公跃然,如脱缰锁,病遂愈。①

"放心"一词,出自《孟子·告子上》:"学问之道无他,求其放心而已矣。"本意是指放失的本心,但颜钧在这里赋予了"放心"一词以全新的意义,将其由对心的消极状态的描述改造成一种积极的实践工夫。颜钧的"放心说"与近溪的"制欲说"针锋相对。在颜钧看来,近溪以习静婴病,虽能于生死得失不复动念,但却是"制欲,非体仁也",而"制欲之病乃在心矣"。之所以如此,在颜钧看来,是因为近溪"不敢自信其心"。而颜钧的

———————————
① [明]颜钧著,黄宣民点校:《颜钧集》,北京:中国社会科学出版社,1996 年版,第 82—83页。

"放心说",首先就是要自见其心、自信其心,在此基础上,才能放心而行,"火然而泉达",故"体仁之妙,即在放心"。近溪的制欲体仁法,强调对欲念的抑制,将欲从多抑制到寡,再由寡抑制到无,走的是一条克制欲念以复礼归仁的路径;而颜钧的放心体仁法,则强调率任心体而行,自然能够"火然而泉达",沛然莫之能御也。颜钧的放心体仁说,完全是从"制欲非体仁"的反面出发,强调一种"当下即是"的日用实践工夫。

4.罗近溪:捧茶童子却是道

罗近溪常以"捧茶童子却是道"为例,说明百姓在日用中行道的"当下即是"的工夫:

> 问:"吾侪昨日请教,或言观心,或言行己,或言博学,或言守静,先生皆未见许,然则谁人方可以言道耶?"罗子曰:"此捧茶童子,却是道也。"众皆默然,有顷,一友率尔言曰:"终不然此小仆也能戒慎恐惧耶?"余(罗子)不暇答,但徐徐云:"茶房到此,有几层厅事?"众曰:"有三层。"余叹曰:"好造化! 过许多门限阶级,幸未打破一个钟子。"其友方略省悟曰:"小仆于此果也似解戒惧,但奈何他却日用不知?"余又难之曰:"他若不是知,如何会捧茶? 捧茶又会戒惧?"其友语塞。(余)徐为之解曰:"汝辈只晓得说知,而不晓得知有两样。故童子日用捧茶,是一个知,此则不虑而知,其知属之天也;觉得是知能捧茶,又是一个知,此则以虑而知,其知属之人也。天之知只是顺而出之,所谓顺则成人成物也;人之知却是返而求之,所谓逆则成圣成神也。故曰:'以先知觉后知,以先觉觉后觉。'人能以觉悟之窍而妙合不虑之良,使浑然为一而纯然无间,方是睿以通微,又曰'神明不测'也。"①

---

① [明]罗汝芳撰,方祖猷等编校整理:《罗汝芳集》(上),南京:凤凰出版社,2007 年版,第44—45 页。

在近溪看来,道就存在于童子捧茶这样的日用常行当中。从茶房到客厅,有三层厅事,但捧茶童子能顺着天道戒慎恐惧而行,所以能经过许多的门限台阶,而不曾打破一个茶杯,所以说"捧茶童子却是道"。不过近溪在这里区别了两种知,一种是不虑而知的"天之知",一种是以虑而知的"人之知"。童子日用捧茶,只是顺天之知而出之,但他自己却日用而不知,所以才需要反身而求,逆而觉之。只有使"觉悟之窍而妙合不虑之良",才能达到"睿以通微""神明不测"的境界。

可以看出,泰州学派诸学人都强调百姓在日用当中行道的"当下即是"的简易工夫。而这种"当下即是"的简易工夫背后的学理依据,则是泰州学派所奉行的"现成良知"论。耿天台曾概括当时讲学的两大端说:"吾人讲学,虽所见不同,约而言之,不出二端:论本体者有二,论工夫者有二。有云学须当下认识本体,有云百倍寻求研究始能认识本体。工夫亦然:有当下工夫直达、不犯纤毫力者,有百倍工夫研究始能达者。"①泰州学派的"现成良知"论,也可从本体与工夫两方面展开:本体上,强调的是"须当下认识本体",这就是王艮所一再强调的"以先知觉后知,以先觉觉后觉",一言之下,使人反求本心,识取良知;工夫上,则强调"当下工夫直达、不犯纤毫力者",本部分所详细论述的,从王艮的"童仆之往来即道",到王襞的"饥来吃饭倦来眠,同一妙用也",再到颜钧的"放心体仁",以至于罗近溪的"捧茶童子却是道",都是这种当下工夫。从识取当下本体,到奉行当下工夫,泰州学派走的是一条"顿悟""顿修"的修身之路。

综上所述,泰州学派"百姓日用即道"的思想命题,将"百姓日用"与"道"紧密联系在一起,"百姓日用"即是"道"的发用流行,"道"即寓于"百姓日用"之中。具体而言:一是肯定"百姓"即广大的"愚夫愚妇"作为行

---

① [明]王畿撰,吴震编校整理:《王畿集》,南京:凤凰出版社,2007年版,第89页。

"道"的主体地位;二是揭示"日用"即人伦日用或者说日用常行作为"百姓"行"道"的载体地位;三是指明"天理良知"即"天然自有之理"作为"百姓"行"道"的本体地位;四是强调"当下即是"即"自然率性"作为"百姓"行"道"的简易直截的工夫地位。

第三节 "百姓日用即道"评议

一、"百姓日用即道"的意义

"百姓日用即道"无论是对泰州学派来说,还是对整个儒学的发展而言,都具有重大的理论意义与实践意义。

(一)理论意义

"百姓日用即道"最大的理论意义在于奠定了泰州学派"觉民行道"的理论基石。无论是"觉民行道"的先觉者——"大成师",还是"觉民行道"的"实落处"——"孝弟慈",抑或作为"觉民行道"的保障——"乐学",以及"觉民行道"的实践探索,都是以"百姓日用即道"为基础的。

就"觉民行道"的先觉者——"大成师"而言,"百姓日用即道"与"百姓日用而不知"恰恰构成了一种理论的张力,"百姓日用即道",用罗近溪的话来说,乃是"顺帝之则",是"天之知",而"百姓日用而不知",则是"人之知",须反身识取。正因如此,才需要有先知先觉者去以先知觉后知,以先觉觉后觉,故王艮屡屡提到,"惟百姓日用而不知,故曰以先知觉后知,一知一觉,无余蕴矣"①。罗近溪则说,要"以觉悟之窍而妙合不虑之良"。这其实都有待先觉者即"大成师"来完成。就"觉民行道"的"实落

---

① [明]王艮撰,陈祝生等校点:《王心斋全集》,南京:江苏教育出版社,2001年版,第43页。

处"——"孝弟慈"而言,道固然存在于百姓日用之中,但如若只说"百姓日用即道",则如游骑大军,不知所之,亦盲荡无归,故又指示"觉民行道"的"实落处"——"孝弟慈"。盖人之一身,根于父母,连着兄弟,带着妻子,都是父母、兄弟、妻子之念固结维系,只有从此处入手,才亲切可行,又因孝悌乃血缘之爱,固须从亲亲向仁民爱物推扩,才可大可久。就"觉民行道"的保障——"乐学"而言,百姓在日用当中行道的工夫既是"当下即是",天然率性,则自然无所繁难,方有"乐学"可言,故王艮屡屡言之,学不是累人的,"乐是乐此学,学是学此乐。不乐不是学,不学不是乐。乐便然后学,学便然后乐。乐是学,学是乐。呜呼,天下之乐何如此学,天下之学何如此乐"!将乐与学打成一片,乐就是学,学就是乐,学便是学复此心体之乐,乐便是乐复此心体之学。就"觉民行道"的实践探索而言,只有确认了百姓在行道当中的主体地位,以及日用常行在百姓行道当中的载体地位,才能理解泰州学派诸学人为何汲汲于讲学,甚至视讲学为生命,因为只有讲学,才能以先知觉后知,以先觉觉后觉,才能真正为生民立命,才能弘道于天下,实现移风易俗、人人君子、比屋可封的社会理想。

(二)实践意义

"百姓日用即道"最大的实践意义在于促进了儒学的社会化进程,使儒学由士大夫之学向百姓之学转变。儒学的这种社会化进程,一方面是由于中国社会自十五、十六世纪以来,就开始了一个长期的社会变动的过程,出现了促使儒学社会化的各种因素;另一方面,是由于儒学在这种社会变动的历程中,并非无所作为,而是求变求通,努力实现自身的社会化。

关于十五、十六世纪以来出现的促使儒学社会化的各种因素,余英时先生已多有论述,如在社会方面,他指出,由于人口的激增,而科举名额又是有限的,因此使大量的士人不得不放弃举业,投身商业,从而使"弃儒就贾"成为一种普遍的社会运动,而士商的合流,不仅使商人拥有了属于自己的自足世界,也使他们通过财富向其他领域尤其是社会与文化领域扩张①。又如在政治方面,他指出,宋代士大夫之所以走"得君行道"的传统外王路线,客观上说,是因为宋王朝优容士大夫,主观上说,是因为宋代士大夫有高度的政治主体意识,即"以天下为己任"与"同治天下"的意识;而明代的政治生态则极为恶劣,朱元璋不仅废除了丞相之职,使"得君行道"从理论上不可行(此后虽有内阁,但批红之权实旁落于宦官之手),还设立了"寰中士夫不为君用"的罪名,并将廷杖发展为常典,这就使得"得君行道"的上行路线郁而不彰,迫使儒家士大夫寻求新的外王路线②。余英时的结论就是:"前者以财富开拓了民间社会,因而为儒家的社会活动创造了新的条件;后者则杜塞了儒家欲凭借朝廷以改革政治的旧途径。这两种力量,一迎一拒,儒学的转向遂成定局。"③

面对这样的社会变动,儒学并没有畏缩不前,更不是无所作为,而是"穷则变,变则通",不仅使儒学适应了这种社会变动,还使原始儒学社会化的精义重现于世,促进了儒学的社会化。在政治方面,余英时先生指出,明代恶劣的政治环境迫使阳明在龙场悟道之后,"他的眼光不再投向上面的皇帝和朝廷,而是转注于下面的社会和平民"④,希望通过唤醒每个人的良知来实现平治天下的理想,这就是说,阳明已不再奢望通过"得君行道"的上行路线来实现儒家平治天下的理想,转而开辟了一条"觉民行

① 余英时关于士商合流的具体论述,可参看其所著《现代儒学论》一书第二章《士商互动与儒学转向——明清社会史与思想史之表现》,上海:上海人民出版社,1998 年版,第 58—127 页。

② 余英时关于明代政治生态环境的具体论述,可参看其所著《宋明理学与政治文化》一书第六章第一节《明代政治生态与政治文化》,长春:吉林出版集团有限责任公司,2008 年版,第 158—175 页。

③ 余英时:《现代儒学论》,上海:上海人民出版社,1998 年版,第 60 页。

④ 余英时:《宋明理学与政治文化》,长春:吉林出版集团有限责任公司,2008 年版,第 190 页。

道"的下行路线来实现儒家平治天下的目的。而面对四民融合尤其是士商合流的社会现实,阳明则提出了"四民异业而同道"的理论,认为:"古者四民异业而同道,其尽心焉,一也。"①而所谓"尽心",不过是阳明"致良知"的另一说法罢了。这样,阳明就以其"致良知"之教,在社会上掀起了一场轰轰烈烈的讲学运动,适应了当时的社会变动。不过,阳明虽然在理论上奠定了儒学的社会化基础,但由于他出身士人,又忙于军政事务,且讲学也多限于士人团体(虽然他也对社会大众讲学),因此他在儒学社会化的实践中走得并不远。在这方面,真正继承阳明之学并将儒学的社会化精神发扬光大的,则属泰州学派。

　　泰州学派对阳明之学的继承,属于对当时社会变动的一种适应,而泰州一派更进于阳明者,则是从儒学内部出发,指出这种社会化的需求乃是儒学的本有之义,只是这种精神在后代丧失了,而泰州学派自王艮始,又接续上了这一传统。王栋指出:"自古士农工商,业虽不同,然人人皆共此学,孔门犹然。考其弟子三千,而身通六艺者才七十二,其余则皆无知鄙夫耳。至秦灭学,汉兴,惟记诵古人遗经者,起为经师,更相授受,于是指此学独为经生文士之业,而千古圣人原与人人共明共成之学,遂泯没而不传矣。天生我先师,崛起海滨,慨然独悟,真超孔子,直指人心,然后愚夫俗子不识一字之人,皆知自性自灵,自完自足,不假闻见,不烦口耳,而二千年不传之消息,一朝复明。"②王栋所论,不为无见。孔子以有教无类的精神开创私人讲学,将儒学开放给全社会,乃是儒学社会化的本义。而汉唐时期,儒学官方化,成为只有少数读书人才能接触的经生儒士之学。宋

---

① ［明］王守仁撰,吴光等编校:《王阳明全集》(中),上海:上海古籍出版社,2011 年版,第1036 页。
② ［明］王艮撰,陈祝生等校点:《王心斋全集》,南京:江苏教育出版社,2001 年版,第 161页。

明时期,儒学则经历了从士学到大众学的过渡。如前所引,清代焦循谓,"紫阳之学所以教天下之君子,阳明之学所以教天下之小人",为我们清晰勾勒出儒学从士阶层向农、工、商阶层扩展的进程。王艮则在阳明良知学的基础上,远绍孔子有教无类的教学精神,将良知学开放给普罗大众,不仅恢复了儒学社会化的精神,还促进了儒学的社会化进程。

二、"百姓日用即道"的局限性

"百姓日用即道"的理论虽有如此巨大的理论与实践意义,但也有其局限性。主要有两点：

一是过于强调"天理良知"的"天然自有",容易导致认情识为良知的弊病。如前所论,在宋明理学的视域里,天理是道德本体。大程子指出,天理中"百理具备",元不少欠,大行不加,穷居不损;程朱指出,"性即理也",天理是仁义礼智之性,并发用流行于人伦日用之间;阳明以良知融摄天理,强调良知作为"是非之心"的道德属性;甘泉以"随处体认天理"调和心学与理学,重视心在与事物感应过程中的中正即天理。可见宋明理学家们普遍认为天理是至善的,突出了天理的价值意义。

王艮以"天然自有"概括良知的属性,就"减杀"了良知作为道德本体的价值成分,而加强了现实人性中"生之谓性"的生理成分。告子曰"生之谓性"(《孟子·告子上》),这是先秦性论的一大传统,在这一意义上,"口之于味也,目之于色也,耳之于声也,鼻之于臭也,四肢之于安佚也,性也"(《孟子·尽心下》)。口、目、耳、鼻、四肢的种种"天然自有"(好美味、好好色、好美声、好香臭、好安佚)就是性。但这只是实然层面的生理之性。孟子并不否认人在生理层面的实然之性,但将其称之为"小体"(《孟子·告子上》)。与"小体"相对的是"大体"(《孟子·告子上》)。所谓"大体",就是根于心的仁义礼智之性,"仁之于父子也,义之于君臣也,礼之于宾主也,知之于贤者也,圣人之于天道也,命也,有性焉,君子不谓命也"

(《孟子·尽心下》)。这种"大体"才是应然层面的价值之性。所以孟子才说要"先立乎其大者"(《孟子·告子上》),养其"大体"而为大人。

王艮及其后学强调良知的"天然自有",就本体层面而言自然是没有问题的,良知本体是"天然自有之理",所以"与鸢飞鱼跃同一活泼泼地","乌啼花落,山峙川流,饥飨渴饮,夏葛冬裘,至道无余蕴矣","不加一点安排意见,不费一毫劳攘工夫"。但是就现实层面而言,人是"大体"与"小体"的合一,是应然与实然的合一,是道德与生理的合一,因此,所谓的"天然自有",到底是"大体"、应然、道德的"天然自有",还是"小体"、实然、生理的"天然自有",就成为一个最大的问题。龚杰认为,王艮的"天然自有之理""主要定位在人的生理生活本能上"①,这恐怕与王艮作为一位儒者所持有的道德至上的信念相矛盾。但正是在现实层面,"猖狂者参之以情识,而一是皆良"②,把"小体"、实然、生理层面的情识混同于"大体"、应然、道德层面的良知,最终导致肆情纵欲、狂放不羁、荡灭礼法的局面,走向了"天理良知"的反面。

二是过于强调"当下即是"的率性工夫,容易导致"情识而肆"的弊病,最终日趋于下流而跌落狂荡一路。如前所论,泰州学人在良知问题上持现成良知论,在本体上,主张当下本体;在工夫上,主张当下工夫。当下本体且不论,当下工夫,如前所论,其实是一种"不勉而中,不思而得,从容中道"的圣人工夫。泰州学派强调人人都具有这种当下工夫,实际是将"满街都是圣人"之论从一种潜在性变成了现实性,这等于取消了道德修养工夫的必要。在儒学史上,无论是孔子说的"仁者,人也"(《中庸》),孟子说的"人皆可以为尧舜"(《孟子·告子下》),还是荀子说的"涂之人可以为禹"(《荀子·性恶》),都是指一种成仁成圣的潜在性,而不是现实性,从

① 龚杰:《王艮评传》,南京:南京大学出版社,2011年版,第62页。
② [清]黄宗羲著,沈芝盈点校:《明儒学案》(下),北京:中华书局,2008年版,第1575页。

潜在到现实，是需要经过工夫这一桥梁的。泰州学派过于强调百姓日用中的这种"当下即是"的工夫及其所产生的弊病，当时就引起学者的警惕，其中，尤以"卫道"自居的耿天台为甚。

天台在《观生纪》万历二年（1574）条下记载："还过维扬，焦弱侯偕王东厓逆之真州。东厓为余述其父曰'童仆之往来及中'云。余诘之曰：'闻尊君少时偕侣商贩山东，因谒孔陵而奋发学孔之志。想当时商贩于山东，诸侣之往来道上，皆此中也，惟尊君发念谒孔陵，即今士绅之谒孔陵者亦众矣，往来道上亦此中也，惟尊君发念愿学孔子，何也？'与商切踰数宿而别。"[1]东厓克嗣家学，也强调"童仆之往来及中"的当下工夫，但天台却不这么认为，他指出，当年商贩于山东的诸侣，往来于道上皆是此中，但只有心斋"发念谒孔陵"，即今谒孔陵的士绅，往来于道上也是此中，但也只有心斋"发念愿学孔子"。天台如此反问，实际是在质疑东厓或者说泰州学派"当下即是"的工夫论，天台所强调的，乃是人们相同行为背后的动机、目的，用他自己的哲学术语来说，就是"慎术"。

与此类似，当近溪偕同志在南都大中桥上看见来来往往的行人时，指示诸同志说："试观此千万人者，同此步趋，同此来往。细细观之，人人一步一趋无少差失，个个分分明明未见确撞。性体如此广大，又如此精微，可默识矣。"[2]天台听闻后，一方面肯定这就是心斋所说的"满街都是圣人"之意，但另一方面又对近溪指示同志直下承担、默识本体的当下工夫表示质疑，认为"走者同而所以走则异也。即兹来往桥上者，或访友亲师，或贸迁交易，或借花随柳，或至淫荡邪僻者，亦漫谓一切皆是，混然无别，

---

① ［明］耿定向著，傅秋涛点校：《耿定向集》（下），上海：华东师范大学出版社，2015 年版，第 811 页。

② ［明］耿定向著，傅秋涛点校：《耿定向集》（上），上海：华东师范大学出版社，2015 年版，第 251 页。

此则默识之未真也。学先辨乎此矣,辨此而后可与论孔孟学脉、孔孟路径也"①。天台是要提醒学人,不可将"当下即是"的工夫与"一切皆是"的情识相混,否则将日趋于下达异流,最终将不可与之共学适道。

---

① ［明］耿定向著,傅秋涛点校:《耿定向集》(上),上海:华东师范大学出版社,2015 年版,第 251—252 页。

"大成师"：
"出则必为帝者师，处则必为
天下万世师"

第三章

——"觉民行道"的先觉者

第一节　师道与君道之间——儒家师道的政治沉浮

　　"师道"一词,最早见于《汉书·匡衡传》,萧望之举荐匡衡时说:"衡经学精习,说有师道,可观览。"[①]及至唐代,韩愈慨"师道之不传也久矣"[②],乃愤而著《师说》,倡师道,"师道"一词遂风靡天下。"师道"的具体含义,在儒家文化的学术背景之下,"师"指儒师,"道"指儒道、圣人之道、仁义之道,"师道"则是指身肩圣人之道的儒师"如何为师"之道。从政治文化的角度出发,与师道密切交织的莫过于君道。如果说师道代表的是道,君道代表的则是势;师道代表的是德,君道代表的则是位;师道代表的是道统,君道代表的则是治统;师道代表的是学术,君道代表的则是政治。因此,本节将具体考察历史上儒家师道的政治沉浮,以展现泰州学派"大成师"理论提出的政治文化背景。

---

① ［汉］班固撰:《汉书》(第十册),北京:中华书局,1962 年版,第 3332 页。
② ［唐］韩愈撰,马其昶校注,马茂元整理:《韩昌黎文集校注》,上海:上海古籍出版社,1986 年版,第 42 页。

一、先秦

在儒家的政治理想中,先秦时期,最迟从尧开始,中经舜、禹、汤,以迄文、武、周公,是为儒者们所梦寐以求的圣王合一的治世。虽然在政治上,尧、舜为禅让的公天下,禹、汤、文、武、周公为世袭的家天下,但师道与君道合一则是相同的。这些为后世儒者所追认的古圣先王,德为圣人,位为天子(王),以圣人行王道,开创了为后世所津津乐道的尧舜三代之治,其所表征的正是师道与君道的合一,道与势的合一,德与位的合一。

当圣王合一之时,师道与君道的关系,表现为三公即师、保、傅对天子或王的德行的保养之功。《礼记·文王世子》载曰:"《记》曰:'虞、夏、商、周,有师保,有疑丞。'"可知师保之任,虞舜之时已有之。尧舜揖逊禅让,传贤不传子,故得位则为圣人在位,但仍有"师保""疑丞"之设,于此可见圣贤保养之功。三代世袭罔替,传子(弟)不传贤,居位虽为天子,而德则非必为圣人,故师、保、傅之任,对天子之德性修养而言,尤显其意义之所在。《尚书·太甲中》即有"既往背师保之训,弗克于厥初"之语。《太甲》虽属古文《尚书》篇目,但揆之殷人重学的传统,则此处所谓"师保之训",当属史实。及至周代,师保制度乃成为常典。《周礼》载有"师氏"与"保氏"之官,师氏的职责是"掌以媺诏王"(《周礼·地官司徒》),即以善道告王,保氏的职责是"掌谏王恶"(《周礼·地官司徒》)。《周礼》所载虽止师、保二端,但《礼记·文王世子》则师、保、傅俱称,认为三王之教世子,"立大傅、少傅以养之,欲其知父子君臣之道也。……入则有保,出则有师,是以教喻而德成也。师也者,教之以事而喻诸德者也。保也者,慎其身以辅翼之而归诸道者也"。《大戴礼记·保傅》则载曰:"昔者,周成王幼,在襁褓之中,召公为太保,周公为太傅,太公为太师。保,保其身体;傅,傅其德义;师,导其教顺,此三公之职也。"可知《周礼》之缺"傅",极有可能是秦火之后遗漏所致。师、保、傅皆以道德著称,其职则在辅相天子、世子或国子之德业。可以说,以三公为代表的师道,与以天子、世子为代表的君道,此时可谓相辅相成、相得益彰。

春秋战国之际,师道与君道的关系则表现为"势"对"道"的依赖,"道"对"势"的辅助。平王东迁,典籍四散,官师合一的王官之学衰微,诸子百家则乘时而起,"士"乃成为道的代表。士本为封建贵族的最末一等,乃有职事之人,但在春秋战国之际,则逐渐发展成为无定主的游士。在这一过程中,孔子实为承前启后的关键。孔子当春秋之世,以圣人之德而不得其位,标志着圣王合一时代的终结。孔子以道自任,开私人讲学之风,将西周以来著于官学的文化传统(即道)播之四方,正表明道统与治统的分离。而正是孔子所开启的私人讲学之风,才使士有了与君相抗衡的精神凭借——道。

当此之时,士人阶层普遍有一种以道自任的主体自觉,采取一种以道自高、以道抗势的姿态。如子思就曾不悦于鲁缪公曰:"以位,则子君也,我臣也,何敢与君友也? 以德,则子事我者也,奚可以与我友?"(《孟子·万章下》)又如孟子说,"故将大有为之君,必有所不召之臣,欲有谋焉,则就之"(《孟子·公孙丑下》),甚至认为,"人伦明于上,小民亲于下。有王者起,必来取法,是为王者师也"(《孟子·滕文公上》)。以道自高、以道抗势之情态明白可见。这一情形在齐国稷下学宫发展至顶峰。盖齐君对稷下学士以礼相待,允许他们"不治而议论"①。所谓"议论",正是以道为标准对现实政治进行批评。

当士人阶层以道自高之际,正值春秋战国礼坏乐崩、天下无道之时,各诸侯国都迫切需要一套意识形态来论证自身权力的合法性,加强自身政治的号召力,如此因缘际会,遂使以道自任(虽然其所谓道不尽相同)的

————————

① 〔西汉〕司马迁撰:《史记》(第六册),北京:中华书局,1982 年版,第 1895 页。

士人阶层尤其是士人领袖,普遍受到诸侯国国君们的礼遇,享受到比国君更高的尊荣。如孟子,齐王就曾说:"我欲中国而授孟子室,养弟子以万钟,使诸大夫国人,皆有所矜式。"(《孟子·公孙丑下》)又如驺衍,不仅"重于齐。适梁,惠王郊迎,执宾主之礼。适赵,平原君侧行撇席。如燕,昭王拥彗先驱,请列弟子之座而受业,筑碣石宫,身亲往师之"①。可以说,春秋战国时期是君道依赖师道、师道辅相君道之时期。

二、秦汉

士阶层以道抗势,缘于春秋战国之际特定的政治与文化因素,但随着秦灭六国,实现大一统,终于使士阶层以道抗势的局面急转直下。大一统之"势"绝不会容许"道"的高扬,而只会以"势"钳"道"。秦朝以法家立国,以吏为师,以法为教,同时又实施焚书坑儒的文化政策,企图以治统全面压制道统,以君道钳制师道,最终激起以儒士为代表的师道的反抗,《史记·儒林列传》记载:"陈涉之王也,而鲁诸儒持孔氏之礼器往归陈王。于是孔甲为陈涉博士,卒与涉俱死。"②"孔氏之礼器"为师道之象征,孔子裔孙孔甲持之而"往归陈王",以抗暴秦,正是对以秦廷为代表的君道的反抗。

汉代秦后,师道与君道的关系呈现出一种复杂交织的情状。就君道而言,汉主对师道多采取一种为我所用的策略,故对儒家师道或抑之或扬之。如刘邦,打天下时极为鄙夷儒生,《史记》载:"沛公不好儒,诸客冠儒冠来者,沛公辄解其冠,溲溺其中。与人言,常大骂。"③这是君道对师道的公然践踏。但当天下已定,刘邦最后也不得不认可陆贾的观点:"居马上

---

① ［西汉］司马迁撰:《史记》(第七册),北京:中华书局,1982 年版,第 2345 页。
② ［西汉］司马迁撰:《史记》(第十册),北京:中华书局,1982 年版,第 3116 页。
③ ［西汉］司马迁撰:《史记》(第八册),北京:中华书局,1982 年版,第 2692 页。

得之,宁可以马上治之乎?"①这是君道在师道面前不得不就范了。虽然汉代帝王多有崇儒尊师之举,但君道是绝不肯屈尊于师道的,汉宣帝就明言:"汉家自有制度,本以霸王道杂之,奈何纯任德教,用周政乎!"②君道从自身治理的角度出发,定然会对师道有所损益取舍。汉初百废待兴,所利用之师道为清静无为之黄老;汉武之时,欲建功立业,所利用之师道为刚健有为之儒家;但汉承秦制,郡县制下之吏治,不得不沿袭嬴秦以吏为师、以法为教的传统。以吏为师、以法为教,缘于齐桓公任用管仲变法改革,故称为霸道。

就师道而言,在大一统之势下,师道从总体上来说处于为君道所压抑的状态。余英时先生早就指出:"和先秦时代相较,'道'在汉代的地位则已远不足与'势'相颉颃。"③这从汉景帝时辕固生与黄生争论汤武革命的性质就可见一斑。其时,黄生主篡弑,辕固生主受命。黄生以为冠加于首,履关于足,是因为有上下之分,桀纣为君上,纵然行有所失,汤武作为臣子,也只应正言匡过,而不应因过而诛,代立南面;辕固生则以为,若如黄生所云,则汉高祖代秦即天子位,也是篡弑而非受命了。二人既辩论到汉政权的合法性问题,景帝就不得不出面裁断,认为食肉者不食马肝,不为不知味;言学者不言汤武受命,不为愚。黄、辕二人这才作罢,"是后学者莫敢明受命放杀者"④。由此可见,汉代博士绝比不上战国之际的稷下学士。稷下学士与齐国君王义兼师友,更可"不治而议论";而汉代博士仅仅是一介儒臣,故对皇帝所不喜的受命放杀之论则"莫敢明"。

在这样一种师道不足以颉颃君道的政治环境中,师道该如何自处呢?

---

① [西汉]司马迁撰:《史记》(第八册),北京:中华书局,1982 年版,第 2699 页。
② [汉]班固撰:《汉书》(第一册),北京:中华书局,1962 年版,第 277 页。
③ 余英时:《士与中国文化》(上),上海:上海人民出版社,1987 年版,第 111 页。
④ [西汉]司马迁撰:《史记》(第十册),北京:中华书局,1982 年版,第 3123 页。

就汉代的情况而论,一是如叔孙通之流,曲学阿世,附和君道。《史记》记载:"叔孙通儒服,汉王憎之;乃变其服,服短衣,楚制,汉王喜。"①可以说是赤裸裸的曲学阿世。二是如公孙弘之流,以经术缘饰吏治。公孙弘和董仲舒在汉武帝独尊儒术的过程中起了关键的作用,但是他以经术缘饰吏治,也使儒学或者说师道丧失了主体性。三是如董仲舒之流,在以经术缘饰吏治的同时,不忘限制君道,以维护师道之尊严。董仲舒是通过其天人感应学说来限制无限膨胀的君权的。"凡灾异之本,尽生于国家之失。国家之失乃始萌芽,而天出灾害以谴告之;谴告之而不知变,乃见怪异以惊骇之;惊骇之尚不知畏恐,其殃咎乃至。"②在他看来,天子虽然是人间秩序的最高统治者,但天子却受命于天,若天子治理天下不当,天就会降下灾害、怪异来谴告、惊骇他,甚至革掉天子之"命"。董仲舒是要通过天来限制乃至威慑人间帝王的权力。因此,董仲舒的天人感应学说至少在理论上可以看作是师道对君道的一种制约,体现了师道的尊严。四是如循吏之流,在君道之下,通过教化来实现师道。诚如余英时先生所指出的,汉代的循吏兼有政治与文化两重功能,"循吏首先是'吏',自然也和一般的吏一样,必须遵奉汉廷的法令以保证地方行政的正常运作。但是循吏的最大特色则在他同时又扮演了大传统的'师'(teacher)的角色。……循吏便是以'师儒'的身份从事'教化'工作的"③。可以说,汉代的循吏是通过自己手上的地方大权来从事儒家的教化事业,以期实现儒家的德治秩序或礼乐秩序的。这是在君道笼罩之下,地方官实现儒家师道的普遍方式。

---

① [西汉]司马迁撰:《史记》(第八册),北京:中华书局,1982年版,第2721页。
② 曾振宇、傅永聚注:《春秋繁露新注》,北京:商务印书馆,2010年版,第186页。
③ 余英时:《士与中国文化》(上),上海:上海人民出版社,1987年版,第158页。

三、唐宋

东汉时期已形成士家大族,及至曹丕行九品中正制,门阀士族乃依托政治而绵延至隋唐。其间,士族子弟虽也有学,但所尊奉的是家学,而对师道相当鄙夷。唐代虽废除了九品中正制,但却改由官爵高低区分门第,而在一种官卑则足羞,官高则近谀的心理下,士大夫们也普遍耻于从师。及至中唐韩愈倡古文运动,慨师道之不传,乃发愤而作《师说》:从学者的角度来看,是"古之学者必有师",故不能耻于从师;从师者的角度来看,是"师者,所以传道受业解惑也",故授之书以习句读的童子之师是不足论的。如果说依九品中正制而存在的门阀或依官爵而产生的门第在一定程度上代表了君道(治道)的话,那么从魏晋南北朝以迄隋唐,君道之独大,师道之陵夷,不可谓不久。韩愈于此时而倡师道,抗颜而为师,对师道复兴之意义,不可谓不大。而韩愈对儒家师道复兴的特殊贡献,乃在于他倡论师道之首要意义在于传道。虽然《师说》中并未明言师者所传之道为何道,但揆之《原道》一文即可知,其所谓道,非老非佛,而是儒家的仁义之道。他又参之以佛门谱系,勾勒出儒家的传道谱系:"尧以是传之舜,舜以是传之禹,禹以是传之汤,汤以是传之文武周公,文武周公传之孔子,孔子传之孟轲,轲之死,不得其传焉。"[1]韩愈所确立的儒家之道以及儒家道统传承谱系,基本为宋明理学家所认可。

宋明理学家中,最先倡扬师道者为周子。周子一方面强调"道义由师友有之"[2],道德虽至尊至贵,但若不能亲师聚友以讲习切磋,亦无以有诸己;另一方面则指出,要以师道来成就善人,进而匡正朝廷,平治天下。《通书》谓:"或问曰:'曷为天下善?'曰:'师。'……故先觉觉后觉,暗者求

---

① [唐]韩愈撰,马其昶校注,马茂元整理:《韩昌黎文集校注》,上海:上海古籍出版社,1986年版,第18页。

② [宋]周敦颐著,陈克明点校:《周敦颐集》,北京:中华书局,1990年版,第34页。

于明,而师道立矣。师道立,则善人多;善人多,则朝廷正,而天下治矣。"①
周子希望通过师道来辅正君道("朝廷"即是君道的代称)。师道乃天下之
善,可以通过自下而上的方式,先成就善人,进而匡正朝廷,平治天下。可
以看出,周子的师道观乃是内圣外王的师道观,即不仅通过师友以使道德
实有诸己(内圣),还通过师道以造就善人,匡正朝廷,平治天下。周子所
说的"师道立,则善人多;善人多,则朝廷正,而天下治矣",得到了泰州学
人的普遍认可,并以此来从事"觉民行道"的讲学实践,影响可谓深远。

周子之后,理学家们普遍希望以"道"导"势",用师道来引导君道,具
体则是通过经筵说书或奏对封事来正君心、正朝廷、正天下。小程子说:
"谈经论道则有之,少有及治体者。'如有用我者',正心以正身,正身以正
家,正家以正朝廷百官,至于天下,此其序也。"②只有通过格君心之非,才
能一正君而国定矣。君心既正,则家正、朝廷正、天下正。因此,正君之心
才是"治体"之所在。而要格君心之非,就非帝王师(或曰经筵讲官)不可。
理学家们普遍希望通过经筵说书来感发君心,成就君德。如小程子在担
任崇政殿说书之职时,力争讲官"坐讲","所以养主上尊儒重道之心"③,
极尽师道之尊严,意图以此降杀君道之威严。在论经筵劄子的贴黄中,小
程子更是指出:"天下重任,唯宰相与经筵:天下治乱系宰相,君德成就责
经筵。"④经筵官为帝者师,职在成就君德。这明显是要以师道引导君道。
又如朱子,不仅建立了以四书为核心的理学体系,还建立了以《大学》为本
的"帝王之学",希望通过"诚意正心"的儒家正学,正君心、立纲纪,他在

---

① [宋]周敦颐著,陈克明点校:《周敦颐集》,北京:中华书局,1990年版,第20—21页。
② [宋]程颢、程颐著,王孝鱼点校:《二程集》(上),北京:中华书局,1981年版,第20页。
③ [宋]程颢、程颐著,王孝鱼点校:《二程集》(上),北京:中华书局,1981年版,第539页。
④ [宋]程颢、程颐著,王孝鱼点校:《二程集》(上),北京:中华书局,1981年版,第540页。

《庚子应诏封事》中指出,天下之本"在于正心术以立纪纲"①,只有君心公平正大,无觉无私,才能闭塞私邪,树立纪纲,而当淳熙十五年(1188)上《戊申延和奏剳》时,有人劝他"正心诚意"之论为君上所厌闻,不要以此为言时,他断然拒绝说:"吾平生所学,惟此四字,岂可隐默以欺吾君乎?"②仍然希望从权力的源头处下手,通过正君心以正朝廷,正百官,正万民,正四方。虽然程朱在经筵官或上封事时欲以师徒关系来化解自己与君主的君臣关系,但乾纲独断的君主是绝不会允许一介儒臣以帝王师自居,并对君道及朝廷大政方针指指点点的,所以程朱二人最后都被排挤出朝廷。由此可见,哪怕在两宋这样优容士大夫的良好政治生态环境下,师道对君道的引导,其影响力也是微乎其微的。

　　及至明代,政治生态环境极度恶化,君道亢厉,师道沦落。直到阳明出而以良知相讲学,才使师道复明于民间社会。泰州学派的"大成师"理论,正是在阳明任师讲学的风尚中形成的。

第二节　　"大成师"的提出及其发展

　　邓志峰指出:"王守仁以师道自任,但却不敢明显以师道自居,这与他本人的政治处境有关,不必苛求。真正以昌言师道耸动学林的是其弟子王艮所领导的泰州师道派。"③邓志峰将泰州学派分为师道派(王艮、王栋)、狂侠派(颜钧、何心隐)和乐学派(王襞、韩贞),这对我们了解泰州学

---

① [宋]朱熹撰:《朱子全书》(第二十册),上海:上海古籍出版社,合肥:安徽教育出版社,2002年版,第585页。
② [元]脱脱撰:《宋史》(第36册),北京:中华书局,1985年版,第12757页。
③ 邓志峰:《王学与晚明的师道复兴运动》,北京:社会科学文献出版社,2004年版,第50页。

派在历史上的发展流衍颇有助益,但也给人一种错误的观感,即狂侠派与乐学派似乎就不重师道,然而事实并非如此,狂侠派和乐学派对讲学的热忱,丝毫不逊于师道派,颜钧、何心隐、韩贞等,都以师道自任,周流讲学。因此,本书将不再关注泰州内部的分派,而着眼于泰州学人对师道的普遍重视,进而探索泰州学派的师道观。又由于师道观侧重于一种理论的叙述,故其师道实践即讲学活动将放在本书最后一章《"觉民行道"的实践探索》中予以展开,本节只选取王艮、王栋、何心隐、罗近溪四位泰州学人的师道理论进行论述。

一、王艮——"大成师"

王艮指出,"出不为帝者师,是漫然苟出,反累其身,则失其本矣;处不为天下万世师,是独善其身,而不讲明此学,则遗其末矣,皆小成也"①。"小成"出而失本,处而遗末,"大成"正与此相对,进不失本,退不遗末,"出则必为帝者师,处则必为天下万世师。出不为帝者师,失其本矣;处不为天下万世师,遗其末矣。进不失本,退不遗末,'止至善'之道也"②。可见,王艮的"大成"最终指向的是师道,故从师道的角度出发,笔者将王艮的"大成"之道称为"大成师"。同时,无论是"大成"还是"小成",都指向"本""末"这两个关键词。因此,在展开"大成师"的具体论述之前,非常有必要对王艮"物有本末"的格物论进行一番交代。

王艮的格物论被后世称为淮南格物论。他指出,"《大学》首言'格物致知'说,破学问大机括"③,但《大学》本文并未明言何谓格物、何谓致知,

---

① [明]王艮撰,陈祝生等校点:《王心斋全集》,南京:江苏教育出版社,2001年版,第21页。

② [明]王艮撰,陈祝生等校点:《王心斋全集》,南京:江苏教育出版社,2001年版,第13页。

③ [明]王艮撰,陈祝生等校点:《王心斋全集》,南京:江苏教育出版社,2001年版,第35页。

这给后世的思想家们以无尽的诠释空间,王艮通过对《大学》的长期研读,
最后在长子王衣的启发下,悟得《大学》"格物致知"之旨:

> "自天子以至于庶人"至"此谓知之至也"一节,乃是释"格
> 物致知"之义。身与天下国家一物也,惟一物,而有"本末"之谓。
> "格",絜度也,度于本末之间,而知"本乱而末治者否矣",此"格
> 物"也。"格物","知本"也;"知本","知之至"也。故曰"自天
> 子以至于庶人,一是皆以修身为本"也。"修身","立本"也;"立
> 本","安身"也。①

《大学》曰:"自天子以至于庶人,一是皆以修身为本。其本乱而末治
者否矣,其所厚者薄,而其所薄者厚,未之有也。此谓知本,此谓知之至
也。"王艮认为,这段文字就是历代注疏家所认为缺失的"格物致知"传。
所谓"物",就是经文中所说的"物有本末"之"物",通身与家、国、天下而
言。仁者以天地万物为一体,己身与家、国、天下原是一物,惟其为一物,
所以有本末之分。所谓"格",乃是"絜度"之意,即絜度于本末之间。所谓
"格物",就是絜度于本末之间而知身为本,家、国、天下为末。"格物"之后
才"知本",即知"自天子以至于庶人,一是皆以修身为本","其所厚者薄,
而其所薄者厚,未之有也"。这才是"知之至"也。修身(格物)工夫则在
反求诸己,"吾身是个'矩',天下国家是个'方',絜矩则知方之不正,由矩
之不正也,是以只去正矩,却不在方上求。矩正则方正矣"②。因此,凡行
有不得,皆当反求诸己,正己而物正,其身正而天下归之。格物致知而知
修身为本,修身只是手段,最终指向的是安身,安身才是目的。"'安身'

---

① [明]王艮撰,陈祝生等校点:《王心斋全集》,南京:江苏教育出版社,2001 年版,第 34
页。
② [明]王艮撰,陈祝生等校点:《王心斋全集》,南京:江苏教育出版社,2001 年版,第 34
页。

者,'立天下之大本'也。本治而末治,正己而物正也。'大人之学'也。……身未安,本不立也。'本乱而末治者,否矣'。本先乱,治末愈乱也。"①

王艮的"格物致知"论既不同于朱子所说的即物穷理的格物致知论,也不同于阳明所说的"正其不正以归于正"或"致良知于事事物物而使事事物物皆得其理"的格物致知论,而是从《大学》本文出发,将格物致知解释为絜度于身、家、国、天下而知身为本,家、国、天下为末,故"自天子以至于庶人,一是皆以修身为本",修身而安身,安身而立本,本治而末治,真正做到了"不用增一字解释,本义自足"②,故刘宗周高度评价其格物论说:"后儒格物之说,当以淮南为正。"③

在了解了王艮以本末观为核心的格物论之后,我们才能更深刻地理解其"大成师"理论何以强调要"进不失本,退不遗末",因为本末原是一物,而以身为本,故不能进而失本,危身而出,而是要待时而动,"出则必为帝者师";因为本末原是一物,而以家国天下为末,故不能退而遗末,独善其身,而是要修身讲学以立于世,"处则必为天下万世师"。

（一）"出则必为帝者师"

如前所论,王艮指出,出不为帝者师,是漫然苟出,反累其身,而要做到"出则必为帝者师",必须具备以下条件:

> 故"出必为帝者师",言必尊信吾"修身立本"之学,足以起人
> 君之"敬信","来王者之取法",夫然后"道可传",亦"可行"矣,

---

① ［明］王艮撰,陈祝生等校点:《王心斋全集》,南京:江苏教育出版社,2001年版,第33页。
② ［明］王艮撰,陈祝生等校点:《王心斋全集》,南京:江苏教育出版社,2001年版,第33页。
③ ［明］刘宗周著,吴光主编:《刘宗周全集》(第三册),杭州:浙江古籍出版社,2012年版,第403页。

庶几乎"己立"后,"自配之于天地万物",而非"牵以相从"者也。①

欲出为帝者师,前提是修身立本,实有诸己。若不曾修身立本,又好为人师,则是以己昏昏使人昭昭,不可得也明矣。在此基础上,王者必须"尊信"此安身立本之学,致敬尽礼前来取法,学焉而后臣之,如此才能言听计从。如不能言听计从,则可见几而作,不俟终日,故或仕、或止、或久、或速,避世、避地、避言、避色,如神龙变化,莫之能测。若不能起人君之敬信,便"牵以相从",炫玉求售,则是不能自作主宰、以道从人的妾妇之道。及君有过,谏而不听,辱且危矣。当此之时,身且不保,遑论行道,可谓虽出亦徒出也。

其实王艮此意孟子早已道尽。孟子曰:"学则三代共之,皆所以明人伦也。人伦明于上,小民亲于下。有王者起,必来取法,是为王者师也。"(《孟子·滕文公上》)修身明伦以为法,是为"王者师"的前提。在此基础上,"故将大有为之君,必有所不召之臣。欲有谋焉,则就之。其尊德乐道,不如是不足与有为也。故汤之于伊尹,学焉而后臣之,故不劳而王"(《孟子·公孙丑下》)。大有为之君必须"尊德乐道","学焉而后臣之",如此才能保证"出则必为帝者师"。

王艮认为,孔孟明"安身立本"之学,故"出则必为帝者师",而绝不会漫然轻出以致以道殉人:

孔子曰:"沽之哉,沽之哉,我待价者也。"待价而沽,然后能格君心之非。故惟大人然后能。——"利见大人"。②

---

① [明]王艮撰,陈祝生等校点:《王心斋全集》,南京:江苏教育出版社,2001 年版,第 39—40 页。

② [明]王艮撰,陈祝生等校点:《王心斋全集》,南京:江苏教育出版社,2001 年版,第 15 页。

  "卑礼厚币以招贤者",而孟轲至梁,即"求而往,明也"。①

  孔子待价而沽,即是不想炫玉求售、以道殉人,而是等待尊信此道的君王。只有君王尊信此道,才能格君心之非,故曰"惟大人然后能"。王艮认为这就是《乾》卦九五爻所说的"飞龙在天,利见大人"。《乾》卦九五爻居尊位而为君,只有尊信有德之"大人",才有利于实现王业。孟子认为梁惠王"卑礼厚币以招贤者",即是对贤者"致敬尽礼",故不远千里而至梁。王艮认为,这就是《屯》卦六四爻《象》传所说的"求而往,明也"。此爻本是指六四之阴欲求初九之阳而婚配,喻义在位者"知己不足,求贤自辅而后往,可谓明矣"②,但王艮反用其意,认为贤者应待在位者对其致敬尽礼之后出而辅之才是明智之举。

  王艮以孔孟为师,"出则必为帝者师"。嘉靖十六年(1537),御史吴悌(号疏山)向朝廷疏荐王艮,而王艮则认为,"求之在我,必有一定之道,当量而后入,不可入而后量也"③。在他看来,吴悌虽有为国举贤之意,但其位仅属"百执事"之列,即此而出,若君相不能重用,仅授予一官半职,则不过尽力臣职而已,于行道无所补益。只有君相求之,百执事荐之,然后出焉,才是明智之举,才能"出则必为帝者师",吾道才可望得行。

(二)"处则必为天下万世师"

  余英时通过对宋明两朝政治文化与政治生态环境进行比较后指出："明代的政治文化不能容许'得君行道'观念的存在。王阳明在顿悟之后

---

① ［明］王艮撰,陈祝生等校点:《王心斋全集》,南京:江苏教育出版社,2001年版,第16页。
② ［宋］程颢、程颐著,王孝鱼点校:《二程集》(下),北京:中华书局,1981年版,第717页。
③ ［明］王艮撰,陈祝生等校点:《王心斋全集》,南京:江苏教育出版社,2001年版,第44页。

另辟一条'觉民行道'的新路。"①面对吴悌的疏荐,王艮之所以坚辞不出,与他对当时政治环境的考量息息相关。在他看来,当时并没有一个"得君行道"(于王艮而言就是做"帝者师")的良好政治生态环境(下文论"大成师"之成因时将有详述),因此他沿着阳明开创的"觉民行道"的新外王路线继续前进,并提出要"处则必为天下万世师":

> "处必为天下万世师",言必与吾人讲明"修身立本"之学,使为法于天下,可传于后世,夫然后"立"必俱"立","达"必俱"达",庶几乎修身"见"世而非"独善其身者"也。②

"处则必为天下万世师",是说即使退处江湖之远,也不应独善其身,而是要修身现于世,与吾人讲明"修身立本"之学,传法于天下后世。若独善其身,而不讲明此学,则是退而遗末(家、国、天下)的"小成学"。正因为如此,所以王艮对宋明以来理学家普遍认可的"志伊学颜"的宗旨表示了异议,认为"我而今只说志孔子之志,学孔子之学"③。在他看来,伊尹自任以天下之重,志在成末(家、国、天下),故不免失本;颜渊克己复礼以归仁,学在立本,故不免遗末;孔子之志与孔子之学则与二人不同,乃是进不失本、退不遗末的至善之道,故他说要"志孔子之志,学孔子之学"。王艮正是以进不失本、退不遗末的"大成学"为理据,所以当有人以伊尹、傅说称赞他时,他却说:"伊、傅之事我不能,伊、傅之学我不由。"④在他看来,伊尹、傅说以奇遇而得君行道,这种事情他是遇不到了;但伊尹、傅说二人若不遇于君,则是穷则独善其身,所以他不学二人退而遗末的"小成学"。王

① 余英时:《宋明理学与政治文化》,长春:吉林出版集团有限责任公司,2008 年版,第 209 页。
② [明]王艮撰,陈祝生等校点:《王心斋全集》,南京:江苏教育出版社,2001 年版,第 40 页。
③ [明]王艮撰,陈祝生等校点:《王心斋全集》,南京:江苏教育出版社,2001 年版,第 4 页。
④ [明]王艮撰,陈祝生等校点:《王心斋全集》,南京:江苏教育出版社,2001 年版,第 5 页。

艮所要学的是孔子进不失本、退不遗末的"大成学","处则必为天下万世师",修身讲学以现于世:

> 孔子谓"二三子以我为隐乎",此"隐"字对"见"字说。孔子在当时虽不仕,而"无行不与二三子",是修身讲学以"见"于世,未尝一日"隐"也。"隐"则如丈人、沮、溺之徒,绝人避世,而与鸟兽同群者是已。①

王艮此处所说"见""隐",典出《周易·乾卦》。"初九,潜龙勿用"(《周易·乾卦》),就全卦而言,是指事物在发展的最初阶段,位卑力薄,故宜养精蓄锐,而不应外展施用。"九二,见龙在田,利见大人"(《周易·乾卦》),是指阳刚渐长,初露头角,且居下卦中爻而有中正之德,故利于出现大人。但王艮此处撇开《乾》卦六爻的整体语境,特意拈出"见""隐"二义进行对比,意在表彰德为圣人的孔子,虽不居王位,但却并没有像桀溺之徒一样绝人避世,"隐"而不"见",而是"见龙在田",修身讲学以现于世。

将《乾》卦九二爻"利见大人"与孔子修身讲学联系起来,孔颖达之前已然如此。孔颖达指出:"'利见大人',以人事托之,……故先儒云:若夫子教于洙泗,利益天下,有人君之德,故称'大人'。"②但前此诸儒并未将孔子的修身讲学提到"觉民行道"这一新外王路线的高度,王艮则旗帜鲜明地指出,孔子以师道自任的修身讲学之道乃是至易至简的新外王路线,是圣人平治天下的根本大道,是孔子"贤于尧舜远矣"之所在:

> 宰我曰:"以予观于夫子,贤于尧舜远矣。"子贡曰:"自生民以来,未有夫子也。"有若曰:"自生民以来,未有盛于孔子也。"孟子亦曰:"自生民以来,未有孔子也。"是岂厚诬天下者哉? 盖尧舜之治天下,以德感人者也,故民曰:"帝力于我何有哉!"故有此

---

① ［明］王艮撰,陈祝生等校点:《王心斋全集》,南京:江苏教育出版社,2001年版,第7页。
② 《十三经注疏》整理委员会:《周易正义》,北京:北京大学出版社,2000年版,第3页。

位,乃有此治。孔子曰:"吾无行而不与二三子者,是丘也。"只是"学不厌,教不倦",便是"致中和","位天地","育万物",便做了尧舜事业,此至简至易之道,视天下如家常事,随时随处无歇手地,故孔子为独盛也。①

在王艮看来,孔子之所以"贤于尧舜远矣",是因为尧舜之治乃是有此位始有此治("出则必为帝者师"则须君相尊信此学),因此是有待于外的致治路线,而以师道自任,修身讲学,则可"不袭时位",不待君相,真正做到了无待外求,只是学不厌、教不倦便能成己成物,便能致中和、位天地、育万物。故以师道自任,修身讲学乃是平治天下的"至简至易之道","视天下如家常事,随时随地无歇手地,故孔子为独盛也"。

王艮晚年作《大成学歌寄罗念庵》,更是极力发挥修身讲学("觉民行道")这一简易的新外王路线:

> 我将大成学印证,随言随悟随时跻。只此心中便是圣,说此与人便是师。至易至简至快乐,至尊至贵至清奇。随大随小随我学,随时随处随人师。掌握乾坤大主宰,包罗天地真良知。自古英雄谁能此?开辟以来惟仲尼。仲尼之后惟孟子,孟子之后又谁知?广居正路致知学,随语斯人随知觉。自此以往又如何?吾侪同乐同高歌。随得斯人继斯道,太平万世还多多。我说道,心中和,原来个个都中和。我说道,心中正,个个人心自中正。常将中正觉斯人,便是当时大成圣。②

在王艮看来,"大成学"有两个方面的内容:一是"致知学"。但此"致

---

① [明]王艮撰,陈祝生等校点:《王心斋全集》,南京:江苏教育出版社,2001年版,第17页。

② [明]王艮撰,陈祝生等校点:《王心斋全集》,南京:江苏教育出版社,2001年版,第55页。

知学"非阳明"致良知"之学,而是王艮自己创发的"格物致知"论。在他看来,阳明"致良知"之学虽启作圣之功,但却不与孔子"大成学""格物致知"之旨。王艮有两次明确表述其师阳明不与孔子之"大成学"。一次是在《答王龙溪》一文中指出："先生知我之心,知先师之心,未知能知孔子之心否? 欲知孔子之心,须知孔子之学。"①一次是在《语录·答问补遗》第二条中指出："'明明德'以立体,'亲民'以达用,体用一致,阳明先师辨之悉矣。此尧舜之道也,更有甚不明? 但谓'至善'为心之本体,却与'明德'无别,恐非本旨。"②在王艮看来,"孔子之学"即是"大成学",而其师阳明将"至善"释为"明德"本体,与孔子"大成学"的"至善"即"安身立本"不同,所以说阳明不与"孔子之学"。"大成学"之"格物致知"论以安身立本为宗旨,而身与道一样尊贵,故"至尊至贵至清奇"。二是以师道自任,修身讲学。在王艮看来,只要明安身立本之学,则无入而非行道也。人可"随大随小随我学",我可"随时随处随人师",只是"随言随悟随时跻",故"至易至简至快乐"。但由于明代的政治环境不允许"出则必为帝者师",故王艮汲汲于实践的乃是"处则必为天下万世师",修身讲学以现于世。阳明在世时(嘉靖元年),王艮就怀着强烈的万物一体之念,服古冠服,制蒲轮车,北上京师,宣扬阳明的"致良知"之学。阳明卒后,王艮开门授徒,更是终身以讲学为职志,其徒"上至师保公卿,中及疆吏司道牧令,下逮士庶樵陶农吏,几无辈无之"③,真正做到了"随大随小随我学,随时随处随人师",而他自己也因"常将中正觉斯人,便是当时大成圣"。

---

① [明]王艮撰,陈祝生等校点:《王心斋全集》,南京:江苏教育出版社,2001 年版,第 52 页。
② [明]王艮撰,陈祝生等校点:《王心斋全集》,南京:江苏教育出版社,2001 年版,第 33 页。
③ [明]王艮撰,陈祝生等校点:《王心斋全集》,南京:江苏教育出版社,2001 年版,第 109 页。

二、王栋——"任师家法"

邓志峰指出,王栋乃是泰州学派中"师道派的嫡传"①,此论诚为有见,王栋对王艮的"大成师道"是体认最为深刻,辨证最为精当,因而也是最能发挥师说的泰州后学。

(一)体认与辨证

王艮的"大成师"理论高扬师道,强调要"出则必为帝者师,处则必为天下万世师",不免起人疑窦,对此,王栋指出:"先师此语本无可疑,'出则必为帝者师',言人不可轻出,必君相信之,果有尊师其道之意方可言出,否则恐有辱身之悔,非止至善之道也;'处则必为天下万世师',言当以兴起斯文为己任,讲学明道以淑斯人,若息交绝游,徒为无用之隐,非大人不袭时位之学也。"②观王栋所论,言"出"则不可有"辱身之悔",言"处"则不可"徒为无用之隐",正是王艮"大成师"进不危身、退不遗末之旨。可见王栋对"大成师"的体认是非常精准的。

正因王栋对"大成师"的要旨体认精准,所以他对各种"大成"之论,不仅能辨异中之同,也能辨同中之异。辨异中之同,如他辨伊尹之"觉民自任",虽看似与王艮所说的"伊、傅之学我不由"相抵牾,但却不悖"大成师道"的精神。他指出:"伊尹以觉民自任……此是实见得天生本性,万物一原,故谓之天使。天从何处使之? 以其性使之也。故从古圣贤,才有所觉便欲觉人。孔子学不厌教不倦,通作一件事干。凡曰'且只了我自家',皆是未明本性,未尝有觉者也。伊尹可谓彻底一悟,真可以言觉矣。"③王艮

<hr />

① 邓志峰:《王学与晚明的师道复兴运动》,北京:社会科学文献出版社,2004 年版,第 213 页。

② [明]王艮撰,陈祝生等校点:《王心斋全集》,南京:江苏教育出版社,2001 年版,第 157 页。

③ [明]王艮撰,陈祝生等校点:《王心斋全集》,南京:江苏教育出版社,2001 年版,第 167 页。

所说的"伊、傅之学我不由",乃是伊尹"悟"前之事,故伊尹处畎亩之中而乐尧舜之道,乃是"只了我自家"的自了汉,所以王艮批评他退而遗末,独善其身;王栋所说的"觉民自任",则是伊尹"悟"后之事,一悟"天生本性,万物一原",便欲"觉民自任",故王栋说伊尹之悟乃是"彻底一悟","才有所觉便欲觉人"。虽然二王立论的角度不同,以致结论截然相反,但立论的根据却是相同的,即二人都认可的"大成学"。

辨同中之异,则如他辨孔孟所说之"大成",见出此"大成"非彼"大成"也。《会语》记载:"先师说:'孔子大成与孟子别,孟子只以其集合群圣兼全众理为大成。'师则曰:'常将中正觉斯人,便是当时大成圣。'盖言孔子当时以师天下为己任,拳拳欲与天下同底于道,则是成不独成,合天下之成,而为一大成也。今学者苟知随处觉人,不徒善善一身而已,虽不能为大成之圣,是亦大成之学也。此先师扩孟子所未发处。"①在王栋看来,孟子所说的孔子之"大成",是集伯夷之清、伊尹之任以及柳下惠之和而成的,所以说是"集合群圣兼全众理为大成";而其师王艮所说的孔子之"大成",乃是孔子以师天下为己任,"成不独成,合天下之成,而为一大成也"。孟子和王艮都赞孔子为"大成",但"大成"之内涵却不同。

(二)发明与创作

王栋不仅能够体认与辨证王艮的"大成师道",而且"退而省其私,亦足以发"(《论语·为政》),还能有所发明与创作,主要表现为:一是构建了以王艮为继任的师道谱系,二是提倡孔孟任师家法,以兴起斯文为己任。

---

① [明]王艮撰,陈祝生等校点:《王心斋全集》,南京:江苏教育出版社,2001年版,第192页。

1.师道谱系

《会语正集》记载：

> 或问：《大成学歌》以师道自任，何也？曰：天生烝民，作之
> 君，作之师，自古帝王君天下，皆只师天下也。后世人主不知修
> 身慎德为生民立极，而君师之职离矣。孔子悯天下之不治，皆缘
> 天下之无师，故遂毅然自任无位而擅帝王师教之大权，与作《春
> 秋》同一不得已之志。况不俟时位，随人接引，则把柄在手，而在
> 在成能，此其所以贤尧舜而集大成者，凡以任师道故也。观其汲
> 汲周流，无非欲与斯人共明斯道。或上而君卿大夫，下而士农工
> 贾，苟可以得其人，斯足以慰其望矣。孔孟既没，世鲜能师。至
> 宋周子曰："师道立而善人多。"程子曰："以兴起斯文为己任。"真
> 得孔孟任师家法，但不力主其说，以为运世承统第一事功，吾先
> 师所以不得不自任也，而亦岂所得已哉！①

在王栋看来，上古时期君师合一，帝王君天下皆是师天下；后世帝王
不知修身立德，君师之职乃相分离。当此之时，孔子乃以无位之身而任师
教大权，不俟时位，随人接引，又汲汲周流，席不暇暖，欲与斯人共明斯道。
孔子乃是以师道自任的第一人。可惜孔孟之后，世鲜能师。直到一千多
年后，周子倡言师道，认为"师道立则善人多"，大程子说，要"以兴起斯文
为己任"，才算是接上了孔孟的任师家法，可惜二人并不力主其说，故其师
王艮不得不出头做继承孔孟师道的第一人，倡言出入为师的"大成师道"。
王栋此论，实际上是从师道的角度出发，以其师王艮为接续孔孟道统的第
一人。这其实是理学家们通过追溯道统谱系来确立本学派正统地位的常
用方法，并不足怪。不过，王栋所追溯的道统谱系，至少使泰州学派以师

---

① ［明］王艮撰，陈祝生等校点：《王心斋全集》，南京：江苏教育出版社，2001 年版，第156—
157 页。

道自任的做法有了历史的依据,而且渊源有自,给人一种理论与实践的自信。

2.孔孟任师家法:以兴起斯文为己任

王艮的"大成师","出则必为帝者师,处则必为天下万世师",其实就是以师道自任之意,此意也为儒者所共许,但王艮之表述,则显得颇为高亢,极易引起他人的质疑;而王栋论师道,则只取王艮"大成师"之精义,在表述上颇为平实,如上引师道谱系中所论,名之曰"孔孟任师家法",而其实质内容则为"以兴起斯文为己任"。

王栋指出,孔孟论治,皆是要将乾坤世界重新镕铸一番,镕铸天下之志虽同,但方式却有难易之不同,《会语正集》记载:

> 或曰:"使子为政亦能镕铸乎?"曰:"镕铸天下,必君相同德同心,方可整顿,此孔孟所以不得行其志者也。若使得宰一邑而镕铸一邑,理亦有之,但恐监司者挚其手足,与迁转之速则不能耳。然终是田制之偏,赋役之重,刑统滥于罚赎,学校弊于文辞,凡此皆关大政,镕铸夫岂易?然古人之学,不袭时位,以兴起斯文为己任,使师道立而善人多,朝廷正而天下治,此吾所以镕铸天下之一大炉冶,而非时位所能限也。"①

在王栋看来,要镕铸天下,上行路线其实是有待于外的路线,因为"必君相同德同心,方可整顿",这就是孔孟不得行其所志的根本原因。而镕铸一乡一邑,又受监司、迁转及田制、赋役、刑统、学校等因素影响,也殊为不易。因此,只有走下行路线,"不袭时位,以兴起斯文为己任",这样才能以师道造就善人,善人多则朝廷正而天下治也。以师道自任,则把柄在我,不必非要得君得位才可镕铸天下,而是如王艮在《大成学歌》中所说

---

① ［明］王艮撰,陈祝生等校点:《王心斋全集》,南京:江苏教育出版社,2001年版,第159页。

的,"随大随小随我学,随时随处随人师",可不俟时位,随时随人而接引。王栋指出,这才是圣贤经世家法之所在,"今虽匹夫之贱,不得行道济时,但各随地位为之,亦自随分而成功业。苟得移风易俗,化及一邑一乡,虽成功不多,却原是圣贤经世家法,原是天地生物之心"①。"圣贤经世家法",原不是要袭时位以镕铸天下,而是以师道自任,以兴起斯文为己任。

三、何心隐——"原学原讲"

何心隐在"聚和会"(详见第六章《"觉民行道"的实践探索》)失败后,后半生便在周流讲学中度过,及至万历七年(1579)被捕时,仍坚持认为自己是"为讲学被毒事"②,他在狱中写了长达万余言的《原学原讲》一文,以此剖白自己一生的讲学实践,阐发自己坚信的讲学理念,可以看作是何心隐独特的师道观。

首先,心隐开门见山地指出,学必有讲,不容不讲学:"学则学矣,奚必讲耶? 必学必讲也,必有原以有事于学于讲,必不容不学不讲也。"③究其原因:自学而言,学原于貌:"自有貌必有事,必有学也,学其原于貌也。"④貌类于有形之类,若无恭、肃之学,则不能圣其貌,而与有形之类无异。自讲而言,讲原于言:"自有言必有事,必有讲也,讲其原于言也。"⑤言类于有声之类,若无从、乂之讲,则不能圣其言,而与有声之类无异。自讲学而言,有貌必有言,故有学必有讲,"不有所学,则不有所聚,而不有所统矣。而容不有学耶? 有貌必有学,以聚以统于学也。不有所讲,则不有所诲,

---

① [明]王艮撰,陈祝生等校点:《王心斋全集》,南京:江苏教育出版社,2001 年版,第 186 页。
② [明]何心隐著,容肇祖整理:《何心隐集》,北京:中华书局,1960 年版,第 85 页。
③ [明]何心隐著,容肇祖整理:《何心隐集》,北京:中华书局,1960 年版,第 1 页。
④ [明]何心隐著,容肇祖整理:《何心隐集》,北京:中华书局,1960 年版,第 1 页。
⑤ [明]何心隐著,容肇祖整理:《何心隐集》,北京:中华书局,1960 年版,第 1 页。

而不有所传矣。而容不有讲耶？有言必有讲,以诲以传于讲也"①。学有所聚,乃不失其统;讲有所诲,方不失其传。

心隐又指出,貌、言、视、听、思五事,之所以叙貌于第一事,叙言于第二事,叙视、听、思于第三、四、五事,是因为:人之初生即有其形其貌,而事又统于其貌,故不容不以貌为第一,而即形即貌,即貌即学,故原学于貌。人之初生即呀呀其声,又训人以言,而事又传于言,故以言为第二,而讲与声俱,声即言也,故原讲于言。视、听、思之于貌与言,虽不有先后而有视、听、思,必有貌有言即有视有听有思,但视之于事,听之于事,不容不第之于三、于四也,而思之于事,思曰睿,睿作圣,乃事之终,故不容不第之于五。故心隐得出结论说:"即事即学也,即事即讲也。"②

其次,心隐追溯了孔子以前讲学的历史。心隐指出,讲学实源于禹受天之所锡之洪范九畴五事,禹既叙于貌、言、视、听、思五事而有事于此,故即事即学,即事即讲。虽未始以讲学名禹之即事即学,即事即讲,而禹之即叙即事即畴即范,就是讲学。而洪范九畴五事,武王又尝访之于箕子,箕子又尝陈之于武王,虽未始以讲学名武王之访、箕子之陈,但武王之访即是讲学,箕子之陈即是讲学。

在心隐看来,讲学的历史可以上溯至伏羲之时。伏羲虽以画、以卦、以《易》而学,以画、以卦、以《易》而讲,但未始以学名其画、卦、《易》,亦未始以讲名其画、卦、《易》,故其讲学乃是隐隐学而隐隐讲。尧、舜虽以执中精一之学相统相学,而以都、俞、吁、咈相传相讲于禹,但未始以学名其执中精一,亦未始以讲名其都、俞、吁、咈,故尧、舜、禹之讲学也是隐隐学而隐隐讲。商汤虽缵禹之旧服而有誓、诰,伊尹虽乐尧舜之道而有训、戒,但

---

① ［明］何心隐著,容肇祖整理:《何心隐集》,北京:中华书局,1960年版,第1页。
② ［明］何心隐著,容肇祖整理:《何心隐集》,北京:中华书局,1960年版,第4页。

未始以学名其所服、所缵、所道、所乐,亦未始以讲名其所誓、所诰、所训、所戒,故汤、伊之讲学也是隐隐学而隐隐讲。高宗显显学于甘盘而隐隐讲于傅说,且欲傅说绍美于伊尹,傅说显显学于古训而隐隐讲于高宗,且欲高宗鉴宪于商汤,故其讲学乃是显显学而隐隐讲。文王以学名其缉熙之学,周公以学名其官学,而显显学于文王、周公者,未必不隐隐讲于文王、周公,故文王、周公之讲学乃是显显学而隐隐讲。

　　再次,心隐论述了孔子之讲学,认为孔子之讲学乃是讲学之集大成者。心隐指出,伏羲、尧、舜、禹、汤、伊尹、高宗、傅说、文武、箕子、周公,都是自有生民以来之圣人,但都未有盛于孔子,而孔子乃是以讲学名家以尽乎前此诸圣人之未尽者,以讲学名家以盛乎前此诸圣人之未盛者。孔子之讲学是以仁、《易》《范》而讲学:仁乃是孔子之仁,而非尧之仁、舜之仁、汤之仁、伊尹之仁;《易》乃是孔子之《易》,而非伏羲之《易》、文王之《易》、周公之《易》;《范》乃是孔子之《范》,而非大禹之《范》、箕子之《范》、武王之《范》;学乃是孔子之学,而非高宗之学、傅说之学。故孔子其仁、其《易》、其《范》、其学,乃是"以易乎《易》之所未尽易,以范乎《范》之所未尽范"①,而讲学亦是讲学乎前此诸圣人所未尽之讲学,故自有生民以来,未有盛于孔子者也。"必孔子其学其讲,乃学乃讲,乃显显以学以讲名家,其原也。乃不容不学不讲,其原也。乃必学必讲,其原也。且孔子与颜、与曾、与二三子自无一事而无有乎不学不讲也。"②

　　孔子既以显显之讲学而独盛,却仍有学之不讲之忧。心隐指出,孔子之忧必非泛然之忧,亦必非徒然之忧,而是忧人不修孔子之德,即是德之不修,即是学之不讲;忧人不徙孔子之义,即是闻义不能徙,即是学之不讲;忧人不能改孔子之不善,即是不善不能改,即是学之不讲;忧人之显显

---

① ［明］何心隐著,容肇祖整理:《何心隐集》,北京:中华书局,1960 年版,第 14 页。
② ［明］何心隐著,容肇祖整理:《何心隐集》,北京:中华书局,1960 年版,第 8 页。

隐隐之讲学虽若高宗、傅说、文武、周公之相统相传之讲学,但仍忧人之讲学非其与颜、曾、二三子之讲学,故仍是学之不讲。

最后,心隐论述了孟子之讲学,认为孟子之讲学乃是对孔子讲学的继承与发扬。心隐指出,"惟孟子性于孔子,而愿而学而名家者,亦惟原于孔子其统其传,以易乎《易》之所未尽易,以范乎《范》之所未尽范,以统以传之万世不世之世,相统相传于其学其讲其名家,而愿而学而名家者也"①。因此,孟子之讲学,乃是将仁义礼智天道归之于性,声色臭味安逸归之于命,而以仁义礼智天道御于父子君臣宾主贤者圣人,以御乎耳目鼻口四肢之声色臭味安逸;乃是辨伯夷之清、柳下惠之和,虽似与孔子班列,而忧清之流必隘,和之流必不恭,故深析其不得与孔子班列;乃是辨杨子之为我,墨子之兼爱,虽似于孔子之仁义,而孟子明仁以亲亲者,实是不容以似仁贼仁之流于无父,以贼亲亲之道若墨者,而孟子明义以尊尊者,实是不容似义贼义之流于无君,以贼尊尊之道若杨者。故心隐总结道,"前乎孟子,其前以学以讲名家之著而盛于前者,莫盛于孔子也。后乎孔子,其后以学以讲名家之著而盛于后者,莫盛于孟子也"②。

综上所述,可以看出,心隐的讲学理论据以立论的根据明显是源于《尚书·洪范》。《洪范》篇载九畴之二曰"敬用五事",分别是:"二、五事:一曰貌,二曰言,三曰视,四曰听,五曰思。貌曰恭,言曰从,视曰明,听曰聪,思曰睿。恭作肃,从作乂,明作哲,聪作谋,睿作圣。"在心隐看来,人既有貌、言、视、听、思,则不容不有恭肃、从乂、明哲、聪谋、睿圣之学之讲以圣其貌、言、视、听、思。孟子曰:"形色,天性也;惟圣人然后可以践形。"(《孟子·尽心上》)心隐的讲学理论可谓"践形"之论,有形即有学,有形即有讲,通过讲学以"践形",而后乃可跻入圣域。

---

① [明]何心隐著,容肇祖整理:《何心隐集》,北京:中华书局,1960 年版,第 19 页。
② [明]何心隐著,容肇祖整理:《何心隐集》,北京:中华书局,1960 年版,第 25 页。

　　心隐强调,自有生民以来,未有盛于孔子之讲学者,泰州学派创始人王艮也强调,孔子贤于尧舜远矣,但二人立论的角度却不同。王艮认为尧舜是有此位始有此治,而孔子则不袭时位,修身讲学以现于世,故贤于尧舜远矣;心隐则认为,孔子以讲学名家,易乎《易》之所未尽易,范乎《范》之所未尽范,讲学乎前此诸圣人所未尽之讲学,故孔子之讲学为生民以来所独盛。由此可见,泰州学派虽为一学术流派,其内部的学术传承却比较松散,甚至如张学智教授所指出的,缺乏"一个大致相近的学术趋向"①,但仅就王艮与何心隐对师道的论述来看,则我们未尝不可以说,心隐的讲学理论,丰富了泰州学派师道理论的面向,深化了泰州学派的师道理论。

四、罗近溪——"以先知觉后知"

　　近溪曰:"盖此身与天下,原是一物,物之大本,只在一个讲学招牌。"②又曰:"朋友讲学一节,真是人生救性命大事,非寻常等伦也。"③近溪类似的说法还有很多,旨在表明讲学的重要性,乃是成己成物的枢纽,修身立命的关键。

　　近溪对讲学的理论探讨,则名之曰:"以先知觉后知。""以先知觉后知"有两层含义:一是以后天觉悟之知,反身默识先天德性之知,从而使后天觉悟之知与先天德性之知妙合无间,常知常觉以为圣人;一是以先知先觉之圣贤去觉悟那些"行之而不著焉,习矣而不察焉,终身由之而不知其道"(《孟子·尽心上》)的后知后觉的民众。这两层"以先知觉后知"的含义是相辅相成的,圣贤觉悟民众,并不能远人而为道,而只能"以人治人"(《中庸》),使民众觉悟自身本有的德性之知;民众对于道,本是行之不著,

---

① 张学智:《明代哲学史》,北京:中国人民大学出版社,2012年版,第234页。
② [明]罗汝芳撰,方祖猷等编校整理:《罗汝芳集》(上),南京:凤凰出版社,2007年版,第119页。
③ [明]罗汝芳撰,方祖猷等编校整理:《罗汝芳集》(上),南京:凤凰出版社,2007年版,第125页。

习矣不察,故须先知先觉的圣贤来启发觉悟,才能经由后天觉悟之知反身
求得先天德性之知。

就先天之知与后天之知而言,近溪在其著作中一再强调"知有两样",
如在论证"捧茶童子却是道"时就指出:

> 汝辈只晓得说知,而不晓得知有两样:故童子日用捧茶,是
> 一个知,此则不虑而知,其知属之天也;觉得是知能捧茶,又是一
> 个知,此则以虑而知,其知属之人也。天之知只是顺而出之,所
> 谓顺则成人成物也;人之知却是返而求之,所谓逆则成圣成神
> 也。故曰:"以先知觉后知,以先觉觉后觉。"人能以觉悟之窍而
> 妙合不虑之良,使浑然为一而纯然无间,方是睿以通微,又曰"神
> 明不测"也。①

在论述生而知之、学而知之、困而知之时也指出:

> 知有两样,有本诸德性者,有出诸觉悟者。此三个"知"字,
> 当属觉悟上看,至于三个"知之"的"之"字,却当属之德性也。盖
> 论德性之良知良能,原是通古今、一圣愚,人人具足而个个圆成
> 者也。然虽圣人亦必待感触觉悟,方才受用得。即如尧舜亦谓:
> 闻一善言,见一善行,沛然若决江河而不能御。可见也是从感触
> 而后觉悟。但以其觉悟之速,便象生成使然,其次则稍迟缓,故
> 有三等不同。至谓"及其知之一也",则所知的德性,皆是不待学
> 而能,不待虑而后知,即困知之所知者,亦与生知之所知者,更无
> 毫发不同。②

---

① [明]罗汝芳撰,方祖猷等编校整理:《罗汝芳集》(上),南京:凤凰出版社,2007 年版,第
45 页。

② [明]罗汝芳撰,方祖猷等编校整理:《罗汝芳集》(上),南京:凤凰出版社,2007 年版,第
93 页。

"知有两样"之论,张载早在《正蒙·大心》篇中就进行了区分:"见闻之知,乃物交而知,非德性所知;德性所知,不萌于见闻。"①张载所说的"见闻之知"是指通过感官接触外界而获得的知识;"德性所知"与此相对,是指"不萌于见闻"的,天所赋予人的本有的道德之知。近溪所说的"知有两样",虽在概念上源于张载所作的区分,但也有自己的特色:其一,将张载所说的"德性所知"等同为"良知良能"。此德性之知能属之于天,不虑而知,不学而能,人人具足,个个圆成。这其实是对"德性所知"作了一种心学的诠释。其二,将张载所说的"见闻之知"的知觉能力,由向外知觉转为向内知觉,如此,则属之于人的后天的知觉能力就不仅能够通过"物交"的方式形成"见闻之知",还能通过反身向里的逆觉方式去知觉先天的德性之知。这就为我们前面所说的第一层含义的"先知觉后知"奠定了理论基础。

就先知先觉的圣贤启发觉悟后知后觉的民众而言,近溪则有"炼矿之喻"。他指出,将圣人之学譬喻为"点石为金",则石与金原不相同,不免视圣贤太高而视己身太卑,"不如譬之炼矿,则浑然更无分别,但矿则体质硬脆、色不明润,不能成用;金则体质柔滑、精采光莹,随人用之,皆可行使,此其间只争锻炼之功而已"②。

> 良知良能,明白圆妙,真是人人具足,个个完全。但天生圣神,则能就中先觉先悟,于天命此个圣体,直下承当受用,正如矿石过火,便自融化透彻,更无毫发窒碍间隔,却即叫做圣人。然究其所觉悟的东西,则只是吾人现在不虑不学之良知良能而已。吾人只少了圣人此一觉悟,则便如一片精金,空只藏在矿中而不

① [宋]张载著,章锡琛点校:《张载集》,北京:中华书局,1978年版,第24页。
② [明]罗汝芳撰,方祖猷等编校整理:《罗汝芳集》(上),南京:凤凰出版社,2007年版,第104页。

成受用。虽是时时习之,而却不著;虽是日日行之,而却不察,即终身去爱亲敬长,食饭穿衣,与圣贤原无两样,而甘心做个凡夫,而不得名为知道也。故圣人之教天下,不是能令吾人于良知良能之外,别有增益,只是以先知觉后知、以先觉觉后觉,如用火锻矿,则矿一过火,便即是金。吾人既觉,则即我本性,便即是圣。①

在近溪看来,所谓"锻炼之功"(即"炼矿"),就是以先知先觉的圣贤去觉悟教导后知后觉的民众。在近溪之前,阳明学派最著名的金矿之喻莫过于阳明的"精金之喻"。在阳明看来,"圣人之所以为圣,只是其心纯乎天理而无人欲之杂,犹精金之所以为精,但以其成色足而无铜铅之杂也"②。成圣就像锻炼精金,炼去铜铅之杂而得精金,祛除人欲之杂而得纯心。可见阳明的"精金之喻"重在祛除人欲。近溪的"炼矿之喻"与此不同,重在"觉"与"不觉"。这种区别根源于二人的良知观。阳明的良知论,虽强调现在良知,但致良知实有去人欲以复良知本体之意;而近溪的现成良知论,则认为"今受用的,即是现在良知,而圣体具足"③,百姓们只是日用而不知,行之不著,习之不察,终身由之而不知其为道,故只争"觉"与"不觉"。矿石一过火,便即是金;先知先觉一启发,便能以后天觉悟之知反身默识先天德性之知,便能转凡夫而为圣人。而"炼矿"的工夫或者说先知觉后知的工夫,在近溪看来是极为简易的,"其觉悟工夫,又只顷刻立谈,便能明白洞达"④。正所谓立谈之下,感发人心,虽看似简易,却是其

---

① [明]罗汝芳撰,方祖猷等编校整理:《罗汝芳集》(上),南京:凤凰出版社,2007 年版,第104—105 页。

② [明]王守仁撰,吴光等编校:《王阳明全集》(上),上海:上海古籍出版社,2011 年版,第31 页。

③ [明]罗汝芳撰,方祖猷等编校整理:《罗汝芳集》(上),南京:凤凰出版社,2007 年版,第105 页。

④ [明]罗汝芳撰,方祖猷等编校整理:《罗汝芳集》(上),南京:凤凰出版社,2007 年版,第105 页。

"知有两样"及现成良知论的一种必然推论。

近溪之所以如此重视通过讲学来"以先知觉后知",固然是"仁者以天地万物为一体"的仁心所致,但深层的学理依据则是其"物有本末"的格物论。如前所论,泰州学派创始人王艮的"淮南格物论"就是以本末来诠释"物有本末"之"物",认为天下本为一物,惟其为一物,所以有本末之分,其中身为本,家、国、天下为末,故不仅要修身而安身以立天下国家之大本,还要正己而物正,絜矩于家国天下,使之皆归于正,以至家齐、国治而天下平。近溪的格物论与心斋的格物论在本末观上是一致的,也认为"古之明明德于天下者,由本以及末,而善斯至焉者也。……物有本末,是意、心、身为天下国家之本也;事有终始,是齐、治、平之始于诚、正、修也"①。正是在此基础上,近溪特别强调通过先知先觉的修身立本,进而经由讲学,以先知觉后知,以先觉觉后觉,依本而成末,明明德于天下。

第三节　　"大成师"评议

无论是何心隐的"原学原讲",还是罗近溪的"以先知觉后知",都没有逾越"大成师道"的理论预设边界,因此都可以看作是对心斋"处则必为天下万世师"的一种变相论述,都可以归入王艮的"大成师道"当中。泰州学派的"大成师道"有着深刻的形成原因,同时也具有巨大的理论与实践意义,虽然从一开始就遭致"南面抗颜"与"好为人师"之讥。

---

① ［明］罗汝芳撰,方祖猷等编校整理:《罗汝芳集》(上),南京:凤凰出版社,2007年版,第2页。

一、"大成师"之成因

王艮创立"大成师道"的根本原因在于明代恶劣的政治生态环境。"大成师道"指出,要"出则必为帝者师,处则必为天下万世师",但明代的政治生态环境能否允许王艮"出则必为帝者师",则绝非王艮所能决定。就明朝立国以来的政治大环境来说,与宋皇优容士大夫及不杀大臣与言事官的良好政治环境相比,明皇自朱元璋始就不仅制定了"寰中士夫不为君用"的罪刑,而且还将"廷杖"发展为常典,最后还废除了行之千年的丞相之职,政治环境是极为恶劣的①,儒家士大夫的地位是极其卑微的,并不存在"出则必为帝者师"的"得君行道"的可能性。其师阳明在龙场悟道之前,也和宋儒一样,希望"得君行道",正君心以行道,但上封事而诏下狱,继而谪居贵州龙场驿,经由龙场一悟,终于使他放弃了传统的"得君行道"的上行外王路线,转而开辟了"致良知"这一全新的"觉民行道"的下行路线②。

王艮出身"灶丁",未尝立身于朝廷,且在拜师阳明之前,对阳明的这一段生死经历并无了解,故当他于正德十五年(1520)初见阳明之时,仍然抱着"尧舜君民"③的理想,并在嘉靖即位之初欲尊其生父兴献王为皇考时,甚至一度以为"尧舜其君"的机会终于来临,认为"今闻主上有纯孝之心,斯有纯孝之行,何不陈一言为尽孝道而安天下之心,使人人君子,比屋

---

① 关于明代恶劣的政治生态与政治文化,具体可参看余英时所著《宋明理学与政治文化》一书第六章第一节《明代政治生态与政治文化》,长春:吉林出版集团有限责任公司,2008 年版,第160—175 页。

② 关于阳明致良知之学的政治文化意义,具体可参看余英时所著《宋明理学与政治文化》一书第六章第二节《王阳明龙场顿悟与理学转向》及第三节《"致良知"与觉民行道》,长春:吉林出版集团有限责任公司,2008 年版,第175—211 页。

③ [明]王艮撰,陈祝生等校点:《王心斋全集》,南京:江苏教育出版社,2001 年版,第70 页。

可封"①？及至"左顺门"事件爆发,王艮才真正认识了这位有"纯孝之心"的嘉靖皇帝。其时,反对嘉靖皇帝立生父兴献王为皇考的反对派共230余名官员,集体伏跪于皇宫左顺门以示抗议,嘉靖一怒之下,竟将其中134人逮捕下狱,杖五品以下180余人,死者多达17人。这是明史上仅有的集体官员被杖事件,惨烈程度可谓空前绝后。王艮《年谱》记载,"时同志在宦途,或以谏死,或谴逐远方"②。这终于让王艮清醒地认识到,当时并没有"得君行道"或"出则必为帝者师"的良好政治生态环境。因此,当泰州知府王瑶湖北上时,他作《明哲保身论》赠之,指出"吾身不能保,又何以保天下国家哉"③？而面对御史吴悌的疏荐,他也是坚辞不出。王艮强调要"出则必为帝者师",不能危身而出,进而失本,只有从这样的政治大背景出发,才能深刻理解其意义。从君道与师道的角度来说,明代的君道高亢凌厉,其外在表现就是高度集权的君主专制体制,对师道采取的是一种绝对打压与利用的姿态,因此是绝对不能容忍师道对君道从旁指指点点,也绝对不会让这种情况发生的。

"出则必为帝者师"既不可行,则王艮所竭力践行的就是"处则必为天下万世师",通过自任师道,修身讲学以平治天下。王艮之所以如此重视讲学,与他的治平观息息相关。在王艮看来,平治天下就是讲明圣学,以道化民,使人人君子,比屋可封。而这既可以通过"飞龙在天",圣人治于上的途径(包括圣王之治、得君行道)来实现,也可以通过"见龙在田",圣人治于下的方式来实现,而修身讲学这一"见龙在田"的方式,因"不袭时

---

① [明]王艮撰,陈祝生等校点:《王心斋全集》,南京:江苏教育出版社,2001年版,第50页。
② [明]王艮撰,陈祝生等校点:《王心斋全集》,南京:江苏教育出版社,2001年版,第72页。
③ [明]王艮撰,陈祝生等校点:《王心斋全集》,南京:江苏教育出版社,2001年版,第29页。

位",无待外求,更具简易性。王艮的治平观,已类于顾炎武对"亡国"与"亡天下"的区分:"有亡国,有亡天下,亡国与亡天下奚辨? 曰:易姓改号,谓之亡国;'仁义充塞',而至于'率兽食人,人将相食',谓之亡天下。……保国者,其君其臣,'肉食者谋之';保天下者,匹夫之贱,与有责焉耳矣。"①在顾炎武看来,"亡国"只是政权的更迭,"易姓改号";"亡天下"则是文化的衰亡,"仁义充塞"。故保国乃是君臣之责,而保天下则匹夫有责。王艮的治平观乃是顾炎武所说的以文化保天下的治平观,所以才特别重视师道,希望通过讲学以倡明圣学,"觉民行道"。而且师道的功用不仅表现在能够直接在下而"保天下",还能间接在上而"保国"。王艮指出,"'六阳'从地起,故经世之业,莫先于讲学以兴起人才"②。人才是治国、平天下的关键,而人才的培养则依靠老师,所以王艮特别推崇前引周敦颐所提倡的师道观,"师道立则善人多,善人多则朝廷正,而天下治矣"。"保国"或者说"正朝廷"虽然是"肉食者谋之",但师为天下善,通过讲学可以造就善人,从而使朝廷中善人越来越多,这样朝廷也就自然正立起来。

王艮之后,泰州后学在治平观上基本都持以文化保天下的观点,如前所论,师道派的嫡传王栋,就说要不袭时位,而要以兴起斯文为己任,以陶铸天下;何心隐的原学原讲,乃是要通过讲学,使人人都能"践形"以跻圣域;罗近溪的"以先知觉后知,以先觉觉后觉",也是通过先知先觉以讲学的方式去觉悟后知后觉,转凡夫而为圣贤。这说明以师道自任的泰州学人,实际使师道绕开高高在上的君道,在民间社会开辟了一条崭新的治平之路;而保国经世之论,则仍保留着师道对君道的辅弼之情。

---

① [明]顾炎武撰,张京华校释:《日知录校释》,长沙:岳麓书社,2011年版,第557—558页。
② [明]王艮撰,陈祝生等校点:《王心斋全集》,南京:江苏教育出版社,2001年版,第18页。

二、"大成师"之意义

(一)理论意义

与宋代师道的高扬形成鲜明的对比,明代由于君道日趋专制,政治生态环境极度恶化,师道亦因之沦落。尤著者,则为明初朱元璋删定《孟子节文》。《明史·钱唐传》记载,"帝尝览《孟子》,至'草芥''寇仇'语,谓'非臣子所宜言',议罢其配享"①。朱元璋对孟子所说的"君之视臣如手足,则臣视君如腹心;君之视臣如犬马,则臣视君如国人;君之视臣如土芥,则臣视君如寇仇"(《孟子·离娄下》)一语极为憎恶,认为"非臣子所宜言",因此罢了孟子在孔庙的配享。虽然不久后迫于各方压力,又恢复了孟子的配享,但却令刘三吾作《孟子节文》。据刘三吾《题辞》云:"《孟子》一书,中间辞气之间抑扬太过者八十五条。……自今八十五条之内,课士不以命题,科举不以取士,一以圣贤中正之学为本。"②而这些所谓的"辞气之间抑扬太过者",就有"君仁莫不仁,君义莫不义,君正莫不正。一正君而国定矣"(《孟子·离娄上》)之类的语句,可见朱元璋对孟子欲以师道匡正君道憎恨切齿。可以说,在整个明初期,师道在君道的打压下显得黯然无光。

在君道的严威之下,明初诸大儒大多走了一条决意远离仕途、独善其身的人生之路。如吴与弼在省、郡交荐之下仍然坚辞不赴,这倒不是因为他不愿意"兼善天下",而是因为他看清了当时的政治形势,并没有"得君行道"的可能;他的学生陈献章,号称"真儒复出",但却为科举所困,又严于出处进退之道,故一生与仕途无缘。及至阳明龙场悟道,发明良知之学,掀起讲学风尚,欲以良知平治天下,才使师道绕开君道,在民间社会复

① [清]张廷玉等撰:《明史》(第十三册),北京:中华书局,1974 年版,第 3982 页。
② 见刘三吾:《孟子节文·题辞》,转引自余英时:《宋明理学与政治文化》,长春:吉林出版集团有限责任公司,2008 年版,第 170 页。

活光大。

泰州学派的师道观,正是在阳明以良知讲学的风尚中形成起来的。王艮的"大成师"理论主张"出则必为帝者师,处则必为天下万世师",可以说是明代师道复兴的最强音。他宣扬"孔子贤于尧舜远矣",认为师道超迈于君道,可以不袭时位,通过讲学就能平治天下。王栋倡扬的孔孟任师家法,以兴起斯文为己任,以及罗近溪的以先知觉后知,以先觉觉后觉,都从理论上为儒家的师道复兴奠定了基础,也为泰州学人以师道自任树立了自信。

(二)实践意义

如前所论,阳明的良知之学开启了"觉民行道"的先河,当时有人称赞他说:"古之名世,或以文章,或以政事,或以气节,或以勋烈,而公克兼之。独除却讲学一节,即全人矣。"阳明却笑着说:"某愿从事讲学一节,尽除却四者,亦无愧全人。"①可见阳明对讲学的重视。阳明乃是以一种人溺己溺、人饥己饥的恻隐之心来从事讲学活动的,因此哪怕天下之人皆"相与非笑而诋斥之,以为是病狂丧心之人"②也在所不惜。正是这种万物一体的仁心,使阳明甘冒天下之非诋,遑遑不忘讲学,唯恐斯人不闻斯道。可以说,阳明的讲学活动使师道在明代得以复活,并且使师道找到了新的立足点——民间社会。不过阳明一生忙碌于政务军务,虽在军事倥偬之际仍不忘讲学,但毕竟时间精力有限,且对象多以士大夫阶层的子弟为主,故阳明的讲学在"觉民行道"的道路上并没有走得太远。

真正使师道在民间社会生根发芽,并将中晚明的讲学活动推向高潮

---

① [明]王守仁撰,吴光等编校:《王阳明全集》(下),上海:上海古籍出版社,2011年版,第1739页。

② [明]王守仁撰,吴光等编校:《王阳明全集》(上),上海:上海古籍出版社,2011年版,第91页。

的是泰州学派。泰州学派的"大成师"理论为泰州学人以师道自任奠定了理论基础,同时也指引泰州学人推动了中晚明的讲学活动。王艮以布衣儒者的身份,终身以讲学为职志,如前所论,其徒"上至师保公卿,中及疆吏司道牧令,下逮士庶樵陶农吏,几无辈无之",真正做到了他在《大成学歌》中所说的"随大随小随我学,随时随处随人师"。王栋一生虽然只做了一些县训导、州学正之类的小官,但却以孔孟师法自任,"集布衣为会,兴起益众"①,虽成功不多,只化及一乡一邑,但却是"大成学"经世家法。颜钧则认为心斋"穷探大成,中兴师道",自己"及门授禅,弃身操印"②,乃在豫章、安丰、南北二都等地周流讲学,急救世人心火;何心隐后半生周流讲学,"从之游者,诸方技及无赖游食者咸集焉"③;罗近溪以身讲学,其讲学的对象既有官僚士大夫、士子诸生,也有平民百姓、僧侣道人,甚至还让囚犯在一旁听讲,"至若牧童樵竖,钓老渔翁,市井少年,公门将健,行商坐贾,织妇耕夫,窃屦名儒,衣冠大盗,此但心至则受,不问所由也"④。他们都以师道自任,以一种有教无类的精神将儒学推广至社会各阶层,不仅扩大了儒学的受众面,也推动了讲学的发展。

三、"大成师"之讥刺

如前所论,阳明以师道自任,遑遑讲学,尚有"病狂丧心"之讥,泰州学人多以布衣而身任师道,尤遭人非议,而以"南面抗颜"与"好为人师"为代表。

王艮"出则必为帝者师"的提法,在泰州学派内部尚能被同情地了解,

① [明]王艮撰,陈祝生等校点:《王心斋全集》,南京:江苏教育出版社,2001年版,第143页。

② [明]颜钧著,黄宣民点校:《颜钧集》,北京:中国社会科学出版社,1996年版,第49页。

③ [明]耿定向著,傅秋涛点校:《耿定向集》(下),上海:华东师范大学出版社,2015年版,第630页。

④ [明]李贽撰,陈仁仁校释:《焚书·续焚书校释》,长沙:岳麓书社,2011年版,第212页。

如前所论,王栋就指出,此语本无可疑,只是说吾人不可轻出,必待君相尊师其道方可言出,否则恐有辱身之悔。但在泰州学派之外,哪怕是在心学内部,这一提法也让人难以接受,如胡直就认为有"南面抗颜"①之嫌;心学之外,则管志道辟之尤甚,认为这是"欲驾学术于帝王之上……无乃以师道蔽臣道"②。然而仔细分析,王艮此论并未越出儒家轨范之外:一、"出则必为帝者师"其实是对"惟大人为能格君心之非"(《孟子·离娄上》)传统的继承。在君主制时代,由于帝王为权源之所在,故历代儒家士大夫都希望通过端正君心,以期实现"君仁莫不仁,君义莫不义,君正莫不正。一正君而国定矣"(《孟子·离娄上》)的政治理想。王艮的"帝者师",往远了说,其实就是对孟子"格君心之非"的"大人"的另一种称呼,往近了说,也是对宋代以迄明代经筵讲师的一种响应,只是在称呼上更为直接罢了。二、"帝"与"师"的关系实际代表着"君道"(势)与"师道"(道)的关系。如果说在战国争霸的时代,各诸侯国还需要"道"来支持"势",并对士人领袖礼敬有加(如魏文侯师子夏,鲁缪公师子思)的话,那么在秦汉一统之后、君主集权的专制时代,"君道"则更多地凌驾于"师道"之上。胡直与管志道所论,正是这一现实情状的反映;而王艮所论则是对战国时代"师道"尊于"君道"的游士精神的回归,是对"师道"的高扬、"君道"的限制。三、"出则必为帝者师",实质上讲的仍是士大夫的出处进退之道。王艮在其大成学安身立本的宗旨下,突出强调要进不失本,必须等待帝王尊信此学才可安身而出,否则不免进而失本,有危身、辱身之险。此意也是儒家士人所共许的。

自王艮自任师道周流讲学以来,泰州学人便受到了"好为人师"之讥。

---

① ［明］胡直撰,张昭炜编校:《胡直集》,上海:上海古籍出版社,2015年版,第217页。
② ［明］管志道:《师门求正牍》卷中《奉答天台先生〈测易蠡言〉》,转引自吴震:《泰州学派研究》,北京:中国人民大学出版社,2009年版,第186页。

王栋《会语》中记载:"今海内有话柄云:凡出心斋门下,大抵好为人师。"①
可见以师道自任,乃泰州学人的共识,亦为当世之人所诟病。面对好为人
师之讥,王艮往往以《礼记》"人师"为训,认为"学也者,学为人师也。学
不足为人师,皆'苟道'也"②。此固然为法语之言,但并不能消除人们对
其"好为人师"的质疑。真正有针对性地回应此一质疑的是王栋。王栋指
出,泰州学派之所以受此讥刺,主要有三个方面的原因:一是以讲学博取
名声,而不是与人为善。"吾辈讲学,朋侪勤勤恳恳,与人为善,岂不是好?
然或就中幻出一点热闹心肠,酝酽爱乐,不知朋来之乐。孔子是甚心肠?
他是直从忧世之志、恻隐闵念底根上发来,故谓之尽心尽性。吾辈若不是
这心肠,则便是赶热闹,便是精神逐外,便是人欲之私。"③以邀名的"热闹
心肠"讲学,而不是尽心尽性与人为善,自然受人质疑。二是自身操养欠
真,不能服人。以讲学自任固然难得,但前提是修身为师,若"自责不厚,
操养欠真,或于进退辞受察伦明物之间,不免气习用事,多不服人,而成功
亦因以鲜也。"④三是急于开讲立教,不能信而后言。"任师锡类,固吾儒经
世之动,而修己俟时,不汲汲焉以耘人之田,自挠自累,亦所宜审,此中真
有毫厘千里之几,不可不察也。"⑤既修身可为师,仍须俟时而动,信而后
言,否则宜遭"好为人师"之讥。在这三方面原因中:第一点"热闹心肠"与

---

① ［明］王艮撰,陈祝生等校点:《王心斋全集》,南京:江苏教育出版社,2001 年版,第 170
　页。
② ［明］王艮撰,陈祝生等校点:《王心斋全集》,南京:江苏教育出版社,2001 年版,第 39
　页。
③ ［明］王艮撰,陈祝生等校点:《王心斋全集》,南京:江苏教育出版社,2001 年版,第 178
　页。
④ ［明］王艮撰,陈祝生等校点:《王心斋全集》,南京:江苏教育出版社,2001 年版,第 170
　页。
⑤ ［明］王艮撰,陈祝生等校点:《王心斋全集》,南京:江苏教育出版社,2001 年版,第 170
　页。

真讲学无关，固无足论；第二点修身为师是任师之前提，若自己仍属昏昏，
又焉能使人昭昭；第三点"信而后言"则涉及任师讲学之时机。子夏曰：
"君子信而后劳其民，未信，则以为厉己也；信而后谏，未信，则以为谤己
也。"（《论语·子张》）讲学亦复如是，君子信而后讲学，未信则以为好为
人师也。

"孝弟慈":
"民间一日只有三场事:
奉父母、处兄弟、养妻子"
——"觉民行道"的"实落处"

　　《明儒学案》记载："先生(指王心斋,笔者注)拟上世庙书,数千言金言孝弟也。江陵阅其遗稿,谓人曰:'世多称王心斋,此书数千言,单言孝弟,何迂阔也。'罗近溪曰:'嘻!孝弟可谓迂阔乎?'"①心斋所拟上嘉靖皇帝书洋洋数千言而"单言孝弟",这从一个侧面反映出心斋思想重视孝悌的特色。耿天台在《王心斋先生传》中也认为,心斋之学"以孝弟为实"②,指出心斋思想重视孝悌的实际情况。其实不仅心斋,其所开创的泰州学派,也都表现出重视孝悌的思想风貌,呈现出一种重视孝悌的家风。从"觉民行道"的角度来看,孝悌可以说是"觉民行道"的"实落处"③,因为人生在世,人人都有亲可孝,有兄可悌,从孝悌入手,才能贴近普罗大众的日常生活,才能使极高明之道显现于庸常之生活当中。

---

①　[清]黄宗羲著,沈芝盈点校:《明儒学案》(下),北京:中华书局,2008 年版,第 718 页。
②　[明]耿定向著,傅秋涛点校:《耿定向集》(下),上海:华东师范大学出版社,2015 年版,第 549 页。
③　[明]罗汝芳撰,方祖猷等编校整理:《罗汝芳集》(上),南京:凤凰出版社,2007 年版,第 188 页。

第一节　先秦儒家孝观念的演变发展
——从孝德到孝道再到孝治

儒家文化与其他文化相比，一个根本区别就是儒家重视家（宗族、家族、家庭），并由重家而发展出与之相适应的家庭伦理——孝。儒家的孝观念，在先秦时期经历了一个从孝德到孝道，再到孝治的漫长的发展演变过程。

一、孔子：孝德

汪受宽指出，"孝这一道德意识，是原始先民生殖崇拜和祖先崇拜的发展"①。曾振宇教授则指出，"孝观念形成于父系氏族社会"②。《尚书·尧典》记载，舜就是以孝行著称的："瞽子，父顽，母嚚，象傲；克谐以孝，烝烝乂，不格奸。"夏商周三代皆有养老的传统，《孟子·滕文公上》记载："庠者，养也；校者，教也；序者，射也。夏曰校，殷曰序，周曰庠，学则三代共之，皆所以明人伦也。"及至春秋时期，孝成为礼之诸德之一。晏子曰："礼之可以为国也久矣，与天地并。君令臣共，父慈子孝，兄爱弟敬，夫和妻柔，姑慈妇听，礼也。君令而不违，臣共而不贰，父慈而教，子孝而箴，兄爱而友，弟敬而顺，夫和而义，妻柔而正，姑慈而从，妇听而婉，礼之善物也。"（《左传·昭公二十六年》）可以看出，春秋时期，礼成为一种大本大源的存在，孝悌等只是礼之诸德之一。

时人虽欲以礼来拨乱反正，重整社会秩序，但郁郁周文已疲弊不堪，

---

① 汪受宽撰：《孝经译注·前言》，上海：上海古籍出版社，2004年版，第2页。
② 曾振宇、齐金江：《中华伦理范畴　孝》，北京：中国社会科学出版社，2006年版，第10页。

礼乐逐渐成为一种虚文，孔子乃引仁入礼，指出："人而不仁，如礼何？人而不仁，如乐何？"（《论语·八佾》）欲以鲜活的仁撑起疲弊的礼乐。仁在孔子的思想中具有本体的地位，是诸德之本，孝只是仁的诸种德行之一，"弟子入则孝，出则弟"（《论语·学而》）。不过，孝在仁之诸德之中，地位又非常特殊，子曰："仁者人也，亲亲为大。"（《中庸》）有子也指出："孝弟也者，其为仁之本与！"（《论语·学而》）孝（或孝悌）是仁的基础，仁从孝（或孝悌）推扩开来，"亲亲而仁民，仁民而爱物"（《孟子·尽心上》）。

孔子的孝德思想，主要有以下几个要点：

一是孝以仁为基。"樊迟问仁。子曰：'爱人。'"（《论语·颜渊》）仁最基本的属性就是"爱人"，而爱人的原点或起点则是"亲亲"，"仁者人也，亲亲为大"（《中庸》）。孝这种仁爱之情，因父母子女之间天然的血缘纽带，就显得格外动人。因此，当宰我欲将三年之丧改易为一年之丧，并且对一年之丧后吃稻米、穿锦衣表示心安时，孔子就严厉地批评他说："予之不仁也！子生三年，然后免于父母之怀。夫三年之丧，天下之通丧也。予也有三年之爱于其父母乎？"（《论语·阳货》）在孔子看来，君子守丧之时之所以"食旨不甘，闻乐不乐，居处不安"（《论语·阳货》），就是因为他们对父母怀有深深的爱意；而宰我对一年之丧后吃稻米、穿锦衣表示心安，根本原因就在于他对父母的仁爱之心不足。因此，仁爱是孝的根基，离开对父母的爱，就根本谈不上孝。

二是孝以礼为节。孝以仁为根基，而行孝则须以礼节之。《论语》记载："孟懿子问孝。子曰：'无违。'樊迟御，子告之曰：'孟孙问孝于我，我对曰"无违"。'樊迟曰：'何谓也？'子曰：'生，事之以礼；死，葬之以礼，祭之以礼。'"（《论语·为政》）子女爱亲之情虽无限，但孝亲之行须有节，即以礼节之。父母生时，依礼侍奉；父母殁后，则依礼入葬，依礼祭祀。

三是孝以敬为别。《论语》记载："子游问孝。子曰：'今之孝者，是谓能养。至于犬马,皆能有养。不敬,何以别乎?'"(《论语·为政》)世俗之人皆以能养为孝,但孔子认为,哪怕是犬马都能得人饲养,如果在供养父母之时没有一片恭敬之心,那供养父母和饲养犬马又有什么分别呢? 恭敬之心是孝养父母与饲养犬马的区别所在。

四是孝以色为难。《论语》记载:"子夏问孝。子曰:'色难。有事,弟子服其劳,有酒食,先生馔,曾是以为孝乎?'"(《论语·为政》)在孔子看来,孝敬父母以和颜悦色为难。人的面色是其内心情感的真实流露,"孝子之有深爱者,必有和气;有和气者,必有愉色;有愉色者,必有婉容"(《礼记·祭义》)。正所谓诚于中,形于外,只有深爱父母之人,才会对父母和颜悦色。

五是孝以"几谏"为能。《论语·里仁》篇记载孔子之言曰:"事父母几谏。见志不从,又敬不违,劳而不怨。"《礼记·坊记》篇也记载了孔子类似的话语:"从命不忿,微谏不倦,劳而不怨,可谓孝矣。"在孔子看来,子女不能盲目顺从父母的所命所为,父母所命所为若有不合理处,则须"几谏""微谏",怡色柔声,委婉讽谏。

此外,孔子对孝德还有不少论述,如说"三年无改于父之道,可谓孝矣"(《论语·学而》),以子承父志为孝,又说"父母唯其疾之忧"(《论语·为政》),以修身慎行,使父母唯忧不可免之疾病为孝,还说"父母在,不远游。游必有方"(《论语·里仁》),以父母在时不轻易远游及远游必有方所为孝,等等。

二、曾子:孝道

曾子以孝行著称,他将孝由孝德(仁之诸德之一)发展为孝道(以孝为本),开创了儒学史上影响深远的孝道派。曾子的孝道思想集中表现在《曾子十篇》中的《曾子本孝》《曾子立孝》《曾子大孝》《曾子事父母》这四篇文章中。具体而言,有以下几个要点:

一是以孝为道德本体。如前所论,孔子思想以仁为本,孝只是仁之诸德之一,曾子则将孝德发展为孝道,以孝代仁,孝成为道德本体。"夫孝者,天下之大经也。夫孝,置之而塞于天地,衡之而衡于四海,施诸后世而无朝夕,推而放诸东海而准,推而放诸西海而准,推而放诸南海而准,推而放诸北海而准。《诗》云:'自西自东,自南自北,无思不服',此之谓也。"(《大戴礼记·曾子大孝》)孝是"天下之大经",是超越时空的道德本体,"塞于天地","衡于四海","施诸后世而无朝夕"。正因如此,"故居处不庄,非孝也;事君不忠,非孝也;莅官不敬,非孝也;朋友不信,非孝也;战陈无勇,非孝也"(《大戴礼记·曾子大孝》)。孝贯注于日常生活的方方面面,"居处""事君""莅官""朋友""战阵",等等,都是我们行孝的所在。同时,孝又是诸德之本,"夫仁者,仁此者也;义者,宜此者也;忠者,中此者也;信者,信此者也;礼者,体此者也;行者,行此者也;强者,强此者也。乐自顺此生,刑自反此作"(《大戴礼记·曾子大孝》)。孝为总德,仁、义、忠、信、礼、行、强等德目,都是孝道的具体表现。

二是以忠心爱敬为行孝之本。"忠者,其孝之本与"(《大戴礼记·曾子本孝》),阮元释"忠"曰:"事父母以忠实为本,不以虚饰干誉。"[1]"君子立孝,其忠之用,礼之贵"(《大戴礼记·曾子立孝》),阮元释曰:"忠则无伪,故能爱;礼以行爱,故能敬。"[2]"君子之孝也,忠爱以敬,反是乱也"(《大戴礼记·曾子立孝》),阮元释曰:"忠则必爱,有礼故敬。"[3]"单居离问于曾子曰:'事父母有道乎?'曾子曰:'有。爱而敬。'"(《大戴礼记·曾子事父母》)可知,忠心爱敬为孝之本。孔子以仁、礼论孝,仁主爱,礼主敬;曾子以爱敬论孝是对孔子孝论的一种继承。曾子论孝的独特之处在

---

① [清]阮元注释:《曾子十篇》,北京:中华书局,1985 年版,第 25 页。
② [清]阮元注释:《曾子十篇》,北京:中华书局,1985 年版,第 30 页。
③ [清]阮元注释:《曾子十篇》,北京:中华书局,1985 年版,第 31 页。

于他强调"忠"，爱要忠，敬也要忠，忠心诚意的爱敬才是真正的孝。

三是孝须"全生全归"。"天之所生，地之所养，人为大矣。父母全而生之，子全而归之，可谓孝矣。不亏其体，可谓全矣。"(《大戴礼记·曾子大孝》)这就是儒学史上著名的"全生全归"论。《论语》记载曾子自己重病时的启足启手，就是其"全生全归"之论的最好注脚。从"全生全归"出发，我们才能理解为什么说"孝子不登高，不履危，库亦弗凭"(《大戴礼记·曾子本孝》)，就是因为"身者，亲之遗体也。行亲之遗体，敢不敬乎"(《大戴礼记·曾子大孝》)，既不敢也不忍有亏于父母之遗体。"故君子一举足不敢忘父母，一出言不敢忘父母。一举足不敢忘父母，故道而不径，舟而不游，不敢以先父母之遗体行殆也；一出言不敢忘父母，是故恶言不出于口，忿言不及于己，然后不辱其身，不忧其亲，则可谓孝矣。"(《大戴礼记·曾子大孝》)

四是孝须"谏而不逆"(《大戴礼记·曾子大孝》)。曾子继承了孔子侍奉父母的"几谏"传统，提出"父母有过，谏而不逆"(《大戴礼记·曾子大孝》)的思想。在曾子看来，"孝之于亲也，生则有义以辅之"(《大戴礼记·曾子本孝》)，若父母所言所行不合中道，孝子就要进行劝谏，但应"谏而不逆"，就是说劝谏父母应怡吾色，柔吾声，下吾气，要恭敬而不能抵触他们。若是父母不肯听从自己的意见，则要"微谏不倦"(《大戴礼记·曾子立孝》)。所谓"微谏"，就是"几谏"的意思，要委婉劝谏父母。父母若不听从，则当悦而复谏。在另一处，曾子又说："父母之行，若中道则从，若不中道则谏……孝子之谏，达善而不敢争辨。争辨者，作乱之所由兴也。"(《大戴礼记·曾子事父母》)在曾子看来，孝子的劝谏，使父母达于善道就可以了，而不能强争强辨。

五是将孝区分为不同的等级。首先是依据孝子的身份将孝区分为王者之孝、卿大夫之孝、士之孝、庶人之孝。《大戴礼记·曾子本孝》载曰：

"君子之孝也,以正致谏;士之孝也,以德从命;庶人之孝也,以力恶食;任善,不敢臣三德。"阮元引卢仆射之论,认为君子指卿大夫,"不敢臣三德"是指王者之孝①。《大戴礼记·曾子大孝》载曰:"孝有三:大孝不匮,中孝用劳,小孝用力。博施备物,可谓不匮矣;尊仁安义,可谓用劳矣;慈爱忘劳,可谓用力矣。"阮元引孔检讨之论,认为"博施备物"为"王者之孝","尊仁安义"为"大夫士之孝","慈爱忘劳"为"庶人之孝"②。孝子的身份不同,孝就有不同的规定和表现。其次是依据孝行的难易程度将孝区分为不同的等级。《大戴礼记·曾子大孝》载曰:"孝有三:大孝尊亲,其次不辱,其下能养。"孝子之至,莫大于尊亲,故尊亲为大孝;孝子扬名以显父母,故不辱为次孝;孝子爱亲忘劳以养父母,故能养为下孝。《大戴礼记·曾子大孝》又载曰:"民之本教曰孝,其行之曰养。养可能也,敬为难;敬可能也,安为难;安可能也,久为难;久可能也,卒为难。父母既殁,慎行其身,不遗父母恶名,可谓能终也。"作为"民之本教"的孝,有"养""敬""安""久""卒"等难易差别。

三、《孝经》:孝治

《孝经》一书晚出,其论孝"皆是后人缀辑而成"③,对早期儒家各派的孝思想都进行了有益的借鉴,而"以曾子思想为主体"④。因此,《孝经》的孝论和孝道派的孝论就有许多相同之处,如孝道派认为孝是超越的道德本体,为天下之大经,《孝经》作者也认为孝是天经地义的本体,"夫孝,德

---

① ［清］阮元注释:《曾子十篇》,北京:中华书局,1985 年版,第 29 页。
② ［清］阮元注释:《曾子十篇》,北京:中华书局,1985 年版,第 39 页。
③ ［宋］黎靖德编,王星贤点校:《朱子语类》(第六册),北京:中华书局,1986 年版,第 2142 页。
④ 刘光胜:《由孝道到孝治:先秦儒家孝道观发展的两次转进——以〈曾子〉十篇与〈孝经〉比较为中心的考察》,载曾振宇主编:《曾子学刊》(第一辑),北京:社会科学文献出版社,2018 年版,第 54 页。

之本也,教之所由生也"(《孝经·开宗明义章》),"夫孝,天之经也,地之义也,民之行也。天地之经,而民是则之"(《孝经·三才章》),"天地之性,人为贵。人之行,莫大于孝"(《孝经·圣治章》)。又如孝道派认为,孝应该要"全生全归",不能亏损父母的遗体,《孝经》作者也认为,"身体发肤,受之父母,不敢毁伤,孝之始也"(《孝经·开宗明义章》)。再如孝道派认为,父母所言所行若不中道,则要予以劝谏,要"谏而不逆""微谏不倦",《孝经》作者也认为,"父有争子,则身不陷于不义。……故当不义,则争之。从父之令,又焉得为孝乎"(《孝经·谏诤章》),等等。总之,《孝经》论孝,汲取了孝道派的许多重要思想。这是《孝经》对孝道派继承的一面。

《孝经》对孝道派发展的一面,则是将孝由孝道发展为孝治,即将孝由一种伦理学说发展为一种政治学说。黄开国指出:"孝道派的孝理论讲求孝在道德伦理中的根本地位,以探求子女对父母如何尽孝及其怎样评判孝行为重点,几乎没有谈及孝的政治功用。孝治派虽然也引用孝道派关于孝为天经地义一类说法,实际上却是以政治为轴心,将孝视为治理政治的手段或工具,把如何运用孝来致治作为主要的内容。"[1]这既是孝道派与孝治派的根本差别,也是孝治派对孝道派的发展所在。

孝治派论孝治思想,主要集中在以下两点:

一是"以孝治天下"。关于孝悌与政治的关系,《论语》记载:"或谓孔子曰:'子奚不为政?'子曰:'《书》云:"孝乎惟孝,友于兄弟,施于有政。"是亦为政,奚其为为政?'"(《论语·为政》)在孔子看来,不一定要做官才算从政,在家孝顺父母,友爱兄弟,推广此心以影响政治,也就是参与政治了。"孔子论政,常以政治为人道中一端,故处家亦可谓有家政。孔门虽

---

[1] 黄开国:《论儒家的孝道学派——兼论儒家孝道派与孝治派的区别》,载《哲学研究》2003年第3期,第51页。

重政治,然更重人道。苟失为人之道,又何为政可言?"①"政者,正也"
(《论语·颜渊》),以家政之正(孝悌)影响政治之正,就是从事政治了。
孝道派则认为:"孝子善事君,弟弟善事长。君子一孝一弟,可谓知终矣。"
(《大戴礼记·曾子立孝》)孝悌君子不一定会做官从政,但孝子善于事君,
悌弟善于事长,所以作为家庭伦理的孝悌可以转化为政治伦理的忠顺。

　　孝治派论孝,吸收了孔子以孝悌影响政治及孝道派移孝作忠的倾向,
提出"以孝治天下"的政治主张,以孝作为治理天下的根本手段和根本工
具。《孝经·开宗明义章》指出,"夫孝,德之本也,教之所由生也",孝是先
王治理天下的"至德要道",能"以顺天下,民用和睦,上下无怨",第二至第
六章论"五孝",指出孝对不同等级的人有不同的要求,故有天子、诸侯、卿
大夫、士人及庶人五等之孝,"自天子至于庶人,孝无终始,而患不及者,未
之有也"(《孝经·庶人章》)。第七至第九章,阐明孝对政治的作用,集中
论述了孝治论。第七章《三才章》指出,孝为天经地义的法则,若民众能效
法天地的法则,则"其教不肃而成,其政不严而治"。第八章《孝治章》则明
确指出,"昔者明王之以孝治天下也",无论是天子,还是诸侯、卿大夫、士
人、庶人,只要依孝治理,就能收到"天下和平,灾害不生,祸乱不作"的效
果。第九章《圣治章》则以周公为例,说明圣人是如何以孝治理天下,从而
收到"四海之内,各以其职来祭"的治平效果的。

　　二是"移孝作忠",或者说"以孝劝忠"。关于孝与忠的关系,《论语》
记载:"季康子问:'使民敬、忠以劝,如之何?'子曰:'临之以庄,则敬;孝
慈,则忠;举善而教不能,则劝。'"(《论语·为政》)在孔子看来,在上位者
若能尊老爱幼,就能赢得民众的忠诚。可见,孝和忠是相互的,君君则臣
臣,父父则子子,"孝慈,则忠"。曾子则指出:"未有君而忠臣可知者,孝子

---

① 　钱穆:《论语新解》,北京:生活·读书·新知三联书店,2012年版,第42页。

之谓也;未有长而顺下可知者,弟弟之谓也;未有治而能仕可知者,先修之谓也。故曰:孝子善事君,弟弟善事长。君子一孝一弟,可谓知终矣。"(《大戴礼记·曾子立孝》)在孝道派看来,"孝子善事君,弟弟善事长",哪怕没有君没有长,也能知道"孝子"可作"忠臣","弟弟"可以"顺下"。这可谓开了孝治派"移孝作忠"的先河。但孝道派所说的忠,如"忠者,其孝之本与"(《大戴礼记·曾子本孝》),"君子立孝,其忠之用,礼之贵"(《大戴礼记·曾子立孝》),"君子之孝也,忠爱以敬,反是乱也"(《大戴礼记·曾子立孝》),基本是道德实践中所说的忠实、忠心、诚意的意思,而不是政治实践中所说的"忠君"之"忠"。

《孝经》则不遗余力地倡导"移孝作忠"或者说"以孝劝忠"。《孝经·士章》载曰:"资于事父以事母,而爱同;资于事父以事君,而敬同。故母取其爱,而君取其敬,兼之者父也。故以孝事君则忠,以敬事长则顺。忠顺不失,以事其上,然后能保其禄位,而守其祭祀。盖士之孝也。"这是说士要移事父之敬以事君,"以孝事君则忠,以敬事长则顺",忠顺不失,以事其上,才能保禄位、守祭祀。《孝经·广扬名章》载曰:"君子之事亲孝,故忠可移于君。事兄悌,故顺可移于长。居家理,故治可移于官。是以行成于内,而名立于后世矣。"君子移孝作忠,移悌作顺,移理家作治官,不仅能治理好家庭,还能在政治上建功立业,扬名于后世。

《孝经》将儒家的孝由一种伦理学说发展为一种政治学说,突出了孝在国家治理中的重要作用,因而受到历代统治者的重视。汉代将"以孝治天下"作为治国政策,唐玄宗亲自为《孝经》作注,明代在基层治理中极力推行以"孝顺父母"为首的"圣谕六条",等等,都表现出统治者对孝的政治功能的重视。

第二节　泰州学派的孝悌观："孝弟慈"

泰州学派的孝悌观,继承了先秦儒家传统的孝德论、孝道论以及孝治论,并用本学派所特有的本末观(以身为本,以家、国、天下为末)改造了传统的孝悌观念,使孝悌成为一种内圣外王即修己率人之道。同时,泰州学派还以乡约为平台,以讲学为手段,大力阐扬以孝悌为首的"圣谕六条",实践"孝弟慈"的思想。

一、"孝弟慈"的理论奠基:王艮的身本孝道观

如引言所论,王艮思想的一个重要特色就是重视孝悌。不过,王艮的孝悌思想,有一个从传统孝德观到身本孝道观的转变。前者以《孝弟箴》为代表,后者以《孝箴》为转折,而以《与南都诸友》一书为代表。

王艮的《孝弟箴》载曰:

> 事亲从兄,本有其则。孝弟为心,其理自识。爱之敬之,务至其极。爱之深者,和颜悦色。敬之笃者,怡怡侍侧。父兄所为,不可不识。父兄所命,不可不择。所为若是,终身践迹。所为未是,不可姑息。所命若善,尽心竭力。所命未善,反复思绎。敷陈义理,譬喻端的。陷之不义,于心何择? 父兄之愆,子弟之责。尧舜所为,无过此职。①

全《箴》分为三个部分:首句为第一部分,以"事亲从兄,本有其则"总领全《箴》;第二至第五句为第二部分,讲孝悌之道当以爱敬存心;第六至第十五句为第三部分,讲孝悌之道不是盲目顺从,规谏也是应有之义。

---

① [明]王艮撰,陈祝生等校点:《王心斋全集》,南京:江苏教育出版社,2001年版,第54页。

"父兄所为，不可不识。父兄所命，不可不择"，父兄所命、所为若是对的，当然要终身践迹，尽心竭力；父兄所命、所为若有不是之处，则不可姑息，陷亲于不义，而要"敷陈义理，譬喻端的"。可见，王艮在此《箴》中阐述的孝悌之道，不外乎以爱敬之道事亲从兄，及对父兄所为应当有所规谏。这两点其实是儒家传统孝德思想的题中之义，并没有新的理论建构。

王艮的孝悌观，在《孝箴》中开始由传统孝德观向身本孝道观转变。《孝箴》载曰：

> 父母生我，形气俱全。形属乎地，气本乎天。中涵太极，号人之天。此人之天，即天之天。此天不昧，万理森然。动则俱动，静则同焉。天人感应，因体同然。天人一理，无大小焉。一有所昧，自暴弃焉。惟念此天，无时不见。告我同志，勿为勿迁。外全形气，内保其天。苟不得已，杀身成天。古有此辈，殷三仁焉。断发文身，泰伯之天。采薇饿死，夷齐之天。不逃待烹，申生之天。启手启足，曾子之全。敬身为大，孔圣之言。孔曾斯道，吾辈当传。一日克复，曾孔同源。[1]

全《箴》分为三大部分：第一至第七句为第一部分，重点阐述的是"天人感应，因体同然"；第八至第十二句为第二部分，着重论述的是要"外全形气，内保其天"；第十三句至最后为第三部分，举了大量的古代事例以证成"苟不得已，杀身成天"。全《箴》虽然没有出现一个孝字，但却把"外全形气，内保其天"的孝道观诠释得淋漓尽致且通俗易懂。

所谓"外全形气，内保其天"，就是曾子所说的"全生全归"论。《礼记·祭义》载曾子之言曰："父母全而生之，子全而归之，可谓孝矣。不亏其体，不辱其身，可谓全矣。"朱子释"全生全归"曰，"当保其所受之身体，

---

[1] ［明］王艮撰，陈祝生等校点：《王心斋全集》，南京：江苏教育出版社，2001年版，第54页。

全其所受之德性"①。王艮所说的"外全形气"就是指"保其所受之身体","内保其天"就是指"全其所受之德性"。

从"全生全归"的角度看,王艮的《孝箴》并没有超越传统的孝道观,但此《箴》引人注意的是箴言倒数第三句"敬身为大,孔圣之言"一语。王艮有一篇著名的《明哲保身论》,强调要明哲保身。王艮所谓的"身"是本末一贯的身,以己身为本,天下国家为末,所谓"保身"就是进不危身,退不遗末,必至于内不失己,外不失人,成己成物而后已。在该《论》的最后,王艮指出:"孔子曰'敬身为大',孟子曰'守身为大',曾子'启手''启足',皆此意也。"②这与《孝箴》当中所说的"启手启足,曾子之全。敬身为大,孔圣之言",其实是一个意思。由此可见,王艮在《孝箴》当中所说的"吾辈当传"的"孔曾斯道",就是"明哲保身"之道。在王艮那里,"敬身""守身",都是"保身"之意,三者是一致的。由此可知,王艮在《孝箴》当中所表达的孝悌观已经由传统孝德观转向了身本孝道观。

王艮在《与南都诸友》一书中,详细阐述了这种身本孝道观。王艮认为:"尧舜君民之道,必有至简、至易、至乐存焉,使上下乐而行之,无所烦难也。"③

王艮指出,在仁、义、礼、智、信这五德中,具有根源意义的乃是仁、义二德,他引用孟子的话说:仁之实,事亲是也;义之实,从兄是也;礼之实,节文斯二者是也;智之实,知斯二者弗去是也;乐之实,乐斯二者。在他看来,仁即是事亲之孝,义即是从兄之悌,所以说,"尧舜之道,孝弟而已矣。"

---

① [宋]黎靖德编,王星贤点校:《朱子语类》(二),北京:中华书局,1986年版,第472页。
② [明]王艮撰,陈祝生等校点:《王心斋全集》,南京:江苏教育出版社,2001年版,第30页。
③ [明]王艮撰,陈祝生等校点:《王心斋全集》,南京:江苏教育出版社,2001年版,第50页。

　　王艮又指出，孝悌不仅是家庭伦理，可以和睦家庭，还是政治伦理，可以治国平天下：若在上位者能够老吾老以及人之老，则可以使人人亲其亲，长其长，而天下平；在下位者若能事父孝，就可以以孝事君，移孝作忠。因此，王艮得出结论说，"上下皆当以孝弟为本也"①。而以孝悌之道来尧舜君民，关键在于把握好人己、本末关系：

　　　　无诸己而求诸人，是其本乱而末治者，否矣；有诸己而不求诸人，是独善其身者也。②

　　这里提到的本、末，涉及王艮的格物论。王艮指出，身与家国天下本为一物，惟其为一物，才有本末之别，其中，身为本，家国天下为末，故要修身以立天下国家之大本。因此，若自己不孝不悌，无诸己而求诸人，就是《大学》所说的"其本乱而末治者，否矣"；若自己已孝已悌，有诸己却不求诸人，就是孟子所说的"独善其身"。王艮尧舜君民的孝悌之道正是以其身本论为关捩，既要自己孝悌，修身以立本，又要人人都孝悌，而非独善其身。而若要天下皆入于孝悌，则须在上位者"尽其术"：

　　　　求诸人而天下之有不孝者，未能尽其术者也。不取天下之孝者立乎高位治其事，是未能尽其术也。取之在位，所以劝天下以孝也；立乎高位，所以尊天下之孝也；使之治事，所以教天下以孝也。③

　　在王艮看来，"盖孝者，人之性也，天之命也，国家之元气也"④，而要培

① ［明］王艮撰，陈祝生等校点：《王心斋全集》，南京：江苏教育出版社，2001 年版，第 50 页。
② ［明］王艮撰，陈祝生等校点：《王心斋全集》，南京：江苏教育出版社，2001 年版，第 50 页。
③ ［明］王艮撰，陈祝生等校点：《王心斋全集》，南京：江苏教育出版社，2001 年版，第 50—51 页。
④ ［明］王艮撰，陈祝生等校点：《王心斋全集》，南京：江苏教育出版社，2001 年版，第 51 页。

植元气,就必须"尽其术",即取天下之孝者立乎高位、治其事,以劝天下以孝、尊天下之孝、教天下以孝。而取天下之孝者又须"取之有道",即取之以渐、取之以专。所谓取之以渐,即一月颁取天下之孝者,二月颁取在各司之次位,三月颁赏爵禄,四月任以官事,五月颁以举之司徒,六月颁取进诸朝廷,颁诸天下。所谓取之以专,即要月月颁诏,使天下皆听其谆谆之教,而知在上者用心之专也,又得以宣畅其孝心,使无间断也。只有这样,才能使作为国家元气的六阳之孝壮盛起来,才能使六阴之不孝渐渐转化,如此则天下之不孝者鲜矣。在王艮看来:

> 在上者果能以是取之,在下者则必以是举之,父兄以是教之,子弟以是学之,师保以是勉之,乡党以是荣之,是上下皆趋于孝矣。然必时时如此,日日如此,月月如此,岁岁如此,在上者不失其操纵鼓舞之机,在下者不失其承流宣化之职,遂至穷乡下邑愚夫愚妇皆可与知与能,所以为至简至易之道,然而不至于人人君子、比屋可封者,未之有也。①

据此可知,王艮所说的尧舜君民之道,其实就是孔孟所说的孝悌之道,而孝悌之道就是此书开篇所说的尧舜君民的至易、至简、至乐之道。"尧舜之道,孝弟而已矣",若"在上者不失其操纵鼓舞之机,在下者不失其承流宣化之职",使父兄、子弟、乡党皆知当以孝悌为本,则必至于"穷乡下邑愚夫愚妇皆可与知与能",从而实现"人人君子、比屋可封"的尧舜之治。

二、"孝弟慈"的实践奠基:颜钧、王栋阐发"圣谕六条"

王艮的身本孝道观虽然为泰州学派的"孝弟慈"思想奠定了理论基础,但他在《与南都诸友》一书中所探讨的外王路线,却仍然走的是"得君

---

① [明]王艮撰,陈祝生等校点:《王心斋全集》,南京:江苏教育出版社,2001年版,第52页。

行道"的传统路线，观其书中所言"今闻主上有纯孝之心，斯有纯孝之行，何不陈一言为尽孝道而安天下之心，使人人君子，比屋可封"①，即可知其心目中论述的理想对象乃是刚即位的嘉靖皇帝，他这是要"出则必为帝者师"，为嘉靖皇帝提供平治天下的治国纲领。然而明代的政治生态环境极为恶劣，并不存在"得君行道"的良好君臣关系②，嘉靖初年的"大礼议"事件③，正式宣告了王艮所奉行的这一传统外王路线的失败。

不过事情并没有那么悲观，王艮在该书中还提到，"钦惟我太祖高皇帝《教民榜文》，以孝弟为先，诚万世之至训也"④。所谓"以孝弟为先"，就是指朱元璋所颁布的《教民榜文》中著名的"圣谕六条"。明太祖朱元璋非常重视地方基层的治理，并为此颁布了一系列诏书，采取了一系列措施，其中最为著名的就是洪武三十年（1397）九月颁布的"圣谕六条"："上命户部下令，天下民每乡里各置木铎一，内选年老或瞽者，每月六次持铎徇于道路，曰：孝顺父母，尊敬长上，和睦乡里，教训子孙，各安生理，毋作非为。"⑤"圣谕六条"对有明一代的地方基层治理产生了深远的影响，可以说是明代"基层教化的指导思想"⑥。上至皇帝，下至各级官员，都极为重

① ［明］王艮撰，陈祝生等校点：《王心斋全集》，南京：江苏教育出版社，2001 年版，第 50 页。

② 关于此点，具体可参看余英时所著《宋明理学与政治文化》第六章第一节"明代政治生态与政治文化"的相关论述，长春：吉林出版集团有限责任公司，2008 年版，第 160—175 页。

③ 明世宗即位后，坚持要尊称生父兴献王为皇考，230 余名官员集体伏跪于皇宫左顺门以示抗议，世宗一怒之下竟将 134 人逮捕入狱，杖五品以下 180 余人，死者多达 17 人。这是明史上仅有的集体官员被杖事件，惨烈程度可谓空前绝后。

④ ［明］王艮撰，陈祝生等校点：《王心斋全集》，南京：江苏教育出版社，2001 年版，第 50 页。

⑤ "中央"研究院历史语言研究所：《明太祖实录》卷第 255，洪武三十年辛亥条，见《明实录》，台北："中央"研究院历史语言研究所，1968 年版，第 3677 页。

⑥ 陈时龙：《圣谕的演绎：明代士大夫对太祖六谕的诠释》，载《安徽师范大学学报（人文社会科学版）》2015 年第 5 期，第 611 页。

视"圣谕六条"在基层教化中的作用。王阳明最早将"圣谕六条"与乡约结合,他在《南赣乡约》中提出要以"孝尔父母,敬尔兄长,教训尔子孙,和顺尔乡里,死丧相助,患难相恤,善相劝勉,恶相告戒,息讼罢争,讲信修睦"①十条乡约来协和乡民。其中,前四条明显是从"圣谕六条"化用而来,后六条则是从《吕氏乡约》"德业相劝,过失相规,礼俗相交,患难相恤"中化出。而自嘉靖八年(1529)起,明廷开始要求地方官推行乡约,宣讲"圣谕六条",由此乡约开始在全国范围内盛行开来,更进一步促成了乡约和"圣谕六条"的融合。可以说,明代的地方基层治理,处处都可见"圣谕六条"的影响。

阳明之后,心学一系中最为重视孝悌,进而大力弘扬"圣谕六条"的,莫过于泰州学派。如前所论,王艮对"圣谕六条"推崇备至,甚至将其提到"万世至训"的高度。不过王艮现存的遗集中并未看到任何有关"圣谕六条"的阐释文字,这极有可能是文稿散逸所致,不得不说是一大憾事。王艮一传弟子中,颜钧和王栋都非常重视阐发"圣谕六条",颜钧著有《箴言六章》,王栋则著有《乡约谕俗诗六首》与《又乡约六歌》。

(一)颜钧:《箴言六章》

颜钧的《箴言六章》以诗歌的形式进行说理,阐发"圣谕六条"的胜义。其结构为:主体部分为四言古诗,或长或短,重在阐发各条所蕴含的道理;附录部分则为"附诗"二首,为七言古诗,再次强化各条的主题,这极有可能是在举乡约时供童子歌诗所用。由于全《箴》较长,此处只举"孝顺父母"一条为例进行说明:

---

① [明]王守仁撰,吴光等编校:《王阳明全集》(中),上海:上海古籍出版社,2011年版,第665页。

孝顺父母

天地生民,人各有身。身从何来,父母精神。形化母腹,十月艰辛。儿生下地,万般殷勤。儿饥啼食,儿冷啼衣。乳抱缝浣,惕惕时时。儿渐长大,择师教儿。儿长大矣,求妇配儿。人有此身,谁不赖亲。幼赖养育,长赖教成。

儿幼赖亲,儿幼恋亲。娶妻生子,何忍忘亲!父母衰老,舍儿谁亲?儿不孝顺,亲靠谁人?亲不忍我,我忍忍亲。忍亲饥寒,饥寒我身。亲不逆我,我忍逆亲。我逆亲心,天逆我心。我若不孝,子孙效行。阳受忤逆,阴受零丁。

儿幼亲怜,施德施恩。亲老儿痛,报德报恩。摩痛搔痒,喘息忧惊。老人多病,顺志体情。思之痛之,泪血淋淋。孝顺父母,圣谕化民。

附诗曰:

孝顺父母好到老,孝顺父母神鬼保。孝顺父母寿命长,孝顺父母穷也好。

父母贫穷莫怨嗟,儿孙命好自成家。勤求不遂大家命,孝顺父母福禄加。[1]

颜钧对"孝顺父母"一条的阐释,主体部分大致可分为三部分:第一部分从人身得于父母精神说起,历述父母养儿教儿的艰辛,以此说明人有此身,全赖双亲"养育""教成"的道理。第二部分从儿女幼时"赖亲""恋亲"说起,指出即使娶妻生子了,也不能忘了生养自己的父母,若不孝顺父母,就会"子孙效行""阳受忤逆,阴受零丁"。第三部分从儿女幼小时父母"施德施恩"说起,讲父母年老时,儿女要"报德报恩""顺志体情"。附录

---

① [明]颜钧著,黄宣民点校:《颜钧集》,北京:中国社会科学出版社,1996年版,第39页。

部分为两首七言古诗,再次强化本条的主题,极有可能是在举乡约时供童子歌诗所用。不过这两首诗掺杂了佛教的因果报应,带有明显的劝善意味。

可以看出,颜钧对"圣谕六条"的诠释,诉诸人们的日常生活经验,很能引起人们的情感共鸣;语言也通俗易懂,让人一看便知,一听便懂;而采用诗歌的形式,朗朗上口,很容易就能让人们记住,以至传颂开来。

其实在颜钧的家乡江西吉安府永新县,早在颜钧之前,当时的永新知县陆粲就于嘉靖十二年(1533)制定过《永新乡约》。不过《永新乡约》采取的是疏之为目的方式来诠释"圣谕六条"的。虽然该约原目不存,但据邹守益《叙永新乡约》,"凡为孝顺之目六,尊敬之目二,和睦之目六,教训之目五,生理之目四,毋作非为之目十有四"①,可以看出,陆氏此约注重的还是乡约的规范功能,而颜钧的《箴言六章》,通过诗歌的形式来说理,则重在乡约的教导功能。

(二)王栋:《乡约谕俗诗六首》与《又乡约六歌》

王栋对"圣谕六条"的阐发,从现存的文集来看,主要有《乡约谕俗诗六首》和《又乡约六歌》两首组诗。其中,《乡约谕俗诗六首》缺第一条"孝顺父母"的诗文,只保存了后五首;《又乡约六歌》散佚更多,只保留了"孝顺父母"和"尊敬长上"这两条的诗文,其余四条的诗文不存。因文字不多,故全引如下:

乡约谕俗诗六首

天地生人必有先,但逢长上要谦谦。鞠躬施礼宜从后,缓步

随行莫僭前。庸敬在兄天所叙,一乡称弟士之贤。古今指傲为

---

① [明]邹守益撰,董平编校整理:《邹守益集》(上),南京:凤凰出版社,2007年版,第55页。

凶德，莫学轻狂恶少年。（右尊敬长上）

生来同里共乡邻，不是交游是所亲。礼尚往来躬自厚，情关休戚我先恩。莫因小忿伤和气，遂结深仇起斗心。报复相戕还自累，始知和睦是安身。（右和睦乡里）

子孙有教是诒谋，失教还为祖父忧。不独义方昭训迪，更寻师友择交游。才须学也夸贤嗣，爱勿劳乎等下流。骄惰养成为不肖，败家荡产是谁尤？（右教训子孙）

士农工贾各勤劳，自有荣华自富饶。好是一心攻本业，莫垂双手待明朝。精神到处天心顺，术艺成□□□□。勿漫起贪登垄断，羡鱼还恐失檐樵。（右各安生理）

凡百非为不可为，为非何日不招非。无端自作风波恶，有犯休嗟命运亏。起念一差何所忌，回头万悔不能追。□□□□□君子，我不欺人人怎欺。（右毋作非为）①

又乡约六歌

父天母地兮五伦之纲，生我育我兮其恩莫忘。饥寒痒痛兮求切彷徨，推干受湿兮辛苦备尝。儿失学兮急义方，儿远出兮萦柔肠。呜呼一歌兮歌正长，为子不孝兮孰若豺狼！

爱兄敬长兮人性之良，悖逆犯上兮生民之殃。凡尊我兮父之齿，凡长我兮兄弟之行。徐行后长兮谓之弟，疾行先长兮谓之狂。呜呼再歌兮歌不忘，学敬不失兮邦家其昌。②

---

① ［明］王艮撰，陈祝生等校点：《王心斋全集》，南京：江苏教育出版社，2001年版，第199—200页。

② ［明］王艮撰，陈祝生等校点：《王心斋全集》，南京：江苏教育出版社，2001年版，第200页。

可以看出,王栋对"圣谕六条"的阐发也和颜钧一样,是通过诗歌的形式来进行说理,不仅朗朗上口,而且也通俗易懂,非常容易为"愚夫愚妇"所接受。此处需要着重指出的一点是,如前所论,王阳明的《南赣乡约》首创《吕氏乡约》和"圣谕六条"相结合的乡约模式,而前面所提到的陆粲制定的《永新乡约》,据陈时龙所论,则是"最早以六谕为核心建构的乡约"①,此处王栋对"圣谕六条"的阐发,则径直以《乡约谕俗诗六首》和《又乡约六歌》命名,更可见当时明代乡约已走出《吕氏乡约》的影响,形成了自己的特色,即以"圣谕六条"为主要内容的乡约模式。

三、罗近溪:以"孝弟慈"为"觉民行道"的"实落处"

从学术传承的角度看,从王艮到颜钧,再从颜钧到罗近溪,重视孝悌可谓一脉相承。其中,王艮的身本孝道观为近溪的"孝弟慈"思想奠定了理论基础,而颜钧、王栋对"圣谕六条"的阐释则为近溪的"孝弟慈"思想奠定了实践基础。在此基础上,罗近溪提出"孝弟慈"的思想并进行乡约实践,可谓水到渠成。

明儒讲学,喜言宗旨。关于近溪思想的宗旨,其得意弟子杨起元谓:"罗子之学,实祖述孔子而宪章高皇。"②所谓"祖述孔子",是说近溪之学远绍孔子,以求仁为宗旨。近溪在文集中对孔门宗旨言之再三,如在《近溪子集·卷礼》中说,"孔门之学在于求仁"③;在《近溪子集·卷射》中说,"孔门宗旨,惟是一个'仁'字"④;等等。所谓"宪章高皇",是说近溪之学

---

① 陈时龙:《圣谕的演绎:明代士大夫对太祖六谕的诠释》,载《安徽师范大学学报(人文社会科学版)》2015 年第 5 期,第 614 页。

② [明]杨起元撰,谢群洋点校:《证学编》,上海:上海古籍出版社,2016 年版,第 141 页。

③ [明]罗汝芳撰,方祖猷等编校整理:《罗汝芳集》(上),南京:凤凰出版社,2007 年版,第 8 页。

④ [明]罗汝芳撰,方祖猷等编校整理:《罗汝芳集》(上),南京:凤凰出版社,2007 年版,第 92 页。

近法明太祖高皇帝"圣谕六条"，以孝悌为实功。在近溪看来，"盖天下最大的道理，只是仁义。殊不知仁义是个虚名，而孝弟是其名之实"①。可见，杨起元所论述的近溪的为学宗旨，即"祖述孔子而宪章高皇"，看似两个，实是一个：仁义是名，"是个虚名"；孝悌是实，是"名之实也"。近溪思想就是以"孝弟"为宗旨，以朱元璋"圣谕六条"为其宗旨之实践。

（一）"孝弟慈"理论——修己率人的絜矩之道

近溪讲学，"纯以孝弟慈立教"②，"夫孩提之爱亲是孝，孩提之敬兄是弟，未有学养子而嫁是慈。保赤子，又孩提爱敬之所自生者也"③。可见，近溪是从发生学的角度将"慈"与"孝弟"联系在一起的，认为父母之慈是孩提之孝悌之所由生，父母以慈心保赤子，赤子才能以孝悌之心爱亲敬兄。

近溪指出，"孝、弟、慈三事，是古今第一件大道、第一件善缘、第一件大功德，在吾身可以报答天地父母生育之恩，在天下可以救活万物万民万事之命"④。不过近溪对"孝弟慈"的理解，却有一个从"寻常人情"到"归会孝弟"的深化过程。他在早年只把孝悌当作寻常人情，以为并不紧要，直到后来在省中逢着大会，与闻同志师友发挥，才幡然醒悟，孝悌才是做好人的路径。他从此回头，将《论语》细细再读，真觉字字句句重于至宝，又看《孟子》《大学》《中庸》，更无一字一句不相照映，哪怕是五经之源的《易经》，也只是究极孝悌的本源而已。自此以后，"一切经书皆必归会孔

---

① ［明］罗汝芳撰，方祖猷等编校整理：《罗汝芳集》（上），南京：凤凰出版社，2007 年版，第135 页。

② ［明］罗汝芳撰，方祖猷等编校整理：《罗汝芳集》（上），南京：凤凰出版社，2007 年版，第389 页。

③ ［明］罗汝芳撰，方祖猷等编校整理：《罗汝芳集》（上），南京：凤凰出版社，2007 年版，第108 页。

④ ［明］罗汝芳撰，方祖猷等编校整理：《罗汝芳集》（上），南京：凤凰出版社，2007 年版，第152 页。

孟,孔孟之言皆必归会孝弟"①。

　　近溪的"孝弟慈"思想,一言以蔽之,即以本末观贯穿"孝弟慈",修己立本,率人达末,从而实现平治天下的理想。具体而言:一方面是以"孝弟慈"修己立本。近溪指出,孔门宗旨,惟在求仁,而"孔子自己说仁,平生只有'仁者人也,亲亲为大',是他正解"②。所谓"修身以道,修道以仁"(《中庸》),人以仁修身,人亦以仁而立,而仁道之大端,则在"亲亲"即孝悌。故孝悌是修身立本之要。另一方面是以"孝弟慈"率人达末。近溪指出,"仁者浑然与物同体,故大人联属家、国、天下以成其身"③。在近溪看来,仅仅以孝悌修身立本是不够的,仁者浑然与物同体,故大人还要以"孝弟慈"率人达末,使家、国、天下都归于孝悌,以实现天下太平的社会理想。而治平的机括则在以絜矩之道率人达末:"老吾老以及人之老,而莫不兴孝,长吾长以及人之长,而莫不兴弟,即明德达之天下,而人人亲其亲、长其长,治且平焉者也。"④

　　近溪之所以提出以"孝弟慈"为宗旨来修己率人、平治天下,主要有以下三个方面的原因:

　　一是家学渊源的启发。近溪曾向其孙辈转述其父罗锦之言说,人的家业想要兴旺,需要培养"三条大根":"盖我此身,父母分胎,父母其一也;此身兄弟同胞,兄弟其一也;此身妻子传后,妻子又其一也。若能孝父母,

---

① 〔明〕罗汝芳撰,方祖猷等编校整理:《罗汝芳集》(上),南京:凤凰出版社,2007年版,第53页。
② 〔明〕罗汝芳撰,方祖猷等编校整理:《罗汝芳集》(上),南京:凤凰出版社,2007年版,第102页。
③ 〔明〕罗汝芳撰,方祖猷等编校整理:《罗汝芳集》(上),南京:凤凰出版社,2007年版,第8页。
④ 〔明〕罗汝芳撰,方祖猷等编校整理:《罗汝芳集》(上),南京:凤凰出版社,2007年版,第213—214页。

和兄弟,善妻子,三根得培,而身家产业有不发越者哉!"①其中,善事父母为孝,善处兄弟为悌,善待妻子为慈。因此,近溪以"孝弟慈"立宗,可谓渊源有自。近溪承其父"孝弟慈"之说而予以发越曰:"我此人身,从何所出?岂不根着父母,连着兄弟,而带着妻子也耶? 二夫子乃指此个人身为仁,又指此个人身所根、所连、所带以尽仁,而曰:仁者人也,亲亲长长幼幼,而天下可运之掌也。"②认为"孝弟慈"不仅仅可以兴旺家业,更能平治天下,使治天下可运于掌。

二是个人见闻坚定了他以"孝弟慈"为论学宗旨。近溪说:"予叨仕进,自极北边陲,率海而南,历涉吴、越、闽、广,直踰夜郎、金齿,其深山穷谷,岁时伏腊之所由为,未有一方一人而非孝弟慈和以行乎其间者,则其习虽殊,而其性固未甚相远也。"③这就使近溪更加坚定地相信,性之所以善者,即在于孩提之爱亲敬兄,而善之所以同者,也惟在此"孝弟慈"三者。"民间一家只有三样人,父母、兄弟、妻子;民间一日只有三场事,奉父母、处兄弟、养妻子。家家日日,能尽力干此三场事,以去安顿此三样人,得个停当,如做子的,便与父母一般的心;做弟的,便与哥哥一般的心;做妻的,便与丈夫一般的心,恭敬和美,此便是民三件好德行。"④因此,只要人人亲其亲,长其长,以至于其为父子兄弟足法,而人之父子兄弟自法之,便可天下太平。

三是悟《大学》"格物"宗旨以兼贯本末。《大学》"格物"之说,历来聚

① [明]罗汝芳撰,方祖猷等编校整理:《罗汝芳集》(上),南京:凤凰出版社,2007 年版,第 423 页。
② [明]罗汝芳撰,方祖猷等编校整理:《罗汝芳集》(上),南京:凤凰出版社,2007 年版,第 65—66 页。
③ [明]罗汝芳撰,方祖猷等编校整理:《罗汝芳集》(上),南京:凤凰出版社,2007 年版,第 316 页。
④ [明]罗汝芳撰,方祖猷等编校整理:《罗汝芳集》(上),南京:凤凰出版社,2007 年版,第 151 页。

讼纷纭,近溪早年也曾苦参格物之旨,直到 38 岁时才忽悟格物之旨,认为
"格物者,物有本末,于本末而先后之,是所以格乎物者也"①。意、心、身、
家、国、天下,本是一个大物,但物有本末,以身为本,而以家、国、天下为
末。诚意、正心、修身、齐家、治国、平天下,本是一件大事,但了结这件大
事,却有个先后,以诚意、正心、修身为始,而以齐家、治国、平天下为终。
欲明明德于天下,究竟这场物、事,只是以絜矩之道絜度于物之本末,"故
《大学》虽有许多功夫,然实落处,只是上老老而民兴孝,上长长而民兴弟。
故上老老、上长长,便是修身以立天下之本;民兴孝、民兴弟,便是齐、治、
平而毕修身之用也"②。只要人人能老吾老以及人之老,长吾长以及人之
长,幼吾幼以及人之幼,则其为父子兄弟足法,而人自法之,便能家齐、国
治而天下平。

可以看出,近溪以"孝弟慈"为论学宗旨,是其中年大悟格物之旨的必
然结果,但诚如近溪早年将孝悌当作寻常人情看待一般,近溪以"孝弟慈"
立宗,絜矩人物以平治天下,不免给人一种浅近甚而迂阔的观感。因此,
近溪不得不将"孝弟慈"与儒家的四书五经融会贯通,打通其与儒家诸多
玄妙精深的形而上概念(如易、仁、良知等)、命题(如"孝弟也者,其为人之
本与","尧舜之道,孝弟而已矣"等)之间的关系。

先看四书:就《论语》而言,近溪指出,《论语》开篇首言"学而时习",
继以"其为人也孝弟",即在表明"孔子之学,只是教人为人,孔子教人为
人,只要人孝弟"③,人固然要以孝悌为根本,但孝悌不难于知而难于行,不

①　[明]罗汝芳撰,方祖猷等编校整理:《罗汝芳集》(上),南京:凤凰出版社,2007 年版,第
　　27 页。
②　[明]罗汝芳撰,方祖猷等编校整理:《罗汝芳集》(上),南京:凤凰出版社,2007 年版,第
　　188 页。
③　[明]罗汝芳撰,方祖猷等编校整理:《罗汝芳集》(上),南京:凤凰出版社,2007 年版,第
　　179 页。

难于行而难于扩充,"人不善学,则虽孝弟,而终归于乡士之次;人能善学,则即孝弟,而终至于圣神之大"①。就《孟子》而言,近溪指出,《孟子》的宗旨也是孝悌。孟子说,"仁之实,事亲是也,义之实,从兄是也",正是"其最明白的一章"②。孟子说"人性皆善",正是于孩提之良知良能即爱亲敬兄处点破;孟子说"尧舜之道,孝悌而已矣",是见得尧舜之不思而得、不勉而中,正是从孩提之不虑而知、不学而能中扩充而来。就《大学》而言,近溪指出:"大人者,不失其赤子之心者也,此句便足以尽发《大学》之精蕴;大人者,正己而物正者也,此句便足以尽概《大学》之规模。"③所谓赤子之心,正是孩提不虑而知之良知(孝)、不学而能之良能(悌),故孝悌即是明德;所谓正己而物正,正是由本及末,以孝、悌、慈三者感乎联属,使人人亲其亲、长其长,而明明德于天下。就《中庸》而言,近溪指出:"仁者人也,亲亲之为大焉,其将《中庸》《大学》已是一句道尽。"④亲亲即是孝悌,但谓之"为大",则不独亲其亲,直至天下国家,人人都亲其亲、长其长、幼其幼,而后家齐、国治、天下平也。《中庸》首曰天命,天则莫之为而为,命则莫之致而至,此正是孩提不虑而知、不学而能之良知、良能,良知良能即是孝悌。孔子祖述尧舜,宪章文武,而尧舜之道,孝悌而已矣,故祖述即祖述其孝悌,宪章亦是宪章其孝悌也。

再看五经:就《周易》而言,近溪指出,《周易》宗旨"又不外前时孝弟

---

① [明]罗汝芳撰,方祖猷等编校整理:《罗汝芳集》(上),南京:凤凰出版社,2007 年版,第 297 页。
② [明]罗汝芳撰,方祖猷等编校整理:《罗汝芳集》(上),南京:凤凰出版社,2007 年版,第 100 页。
③ [明]罗汝芳撰,方祖猷等编校整理:《罗汝芳集》(上),南京:凤凰出版社,2007 年版,第 216 页。
④ [明]罗汝芳撰,方祖猷等编校整理:《罗汝芳集》(上),南京:凤凰出版社,2007 年版,第 233 页。

之良,究极本源而已"①。盖孔门求仁宗旨,究其所自,则得之"生生之谓易"一语。"生生"自其最浅而易见处,即是孩提之爱亲、敬长,故孩提不虑而知、不学而能之知、能,即是作为《周易》精髓的"乾以易知,坤以简能"之知、能。就《尚书》而言,近溪指出,孔孟孝悌之道,"是道也,惟尧舜实始之"②。"克明峻德,以亲九族;九族既睦,平章百姓;百姓昭明,协和万邦,黎民于变时雍。"(《尚书·尧典》)克明峻德,即是以孝悌之道修身立本;亲睦九族,平章百姓,协和万邦,即是由本及末,以孝悌之道齐家、治国、平天下。就《诗经》而言,近溪指出,"天生烝民,有物有则。民之秉彝,好是懿德"(《诗经·大雅·烝民》),所谓"懿德",就是人人所具之孝悌慈,故"一有戍役,一有征求,悲歌存恤,不是念其父母,便是念及兄弟;不是念其兄弟,便是念及妻孥,无非保合乎天和,而联属家国天下也"③。就《春秋》《礼记》而言,近溪指出,孔子一生话头,独重仁、礼二字,仁归重在《易》,礼则归重在《春秋》。礼之为礼,有经有曲,经纶天下,纲纪人物,惟在定其经礼,"必如《大学》规模广大,矩度森列,而血脉精神,周流贯彻,乃始足以当之"④。《大学》明明德于天下,只是以孝悌慈的矩,絜矩家国天下。

(二)"孝弟慈"实践——《宁国府乡约训语》

近溪不仅坐而论道,提出"孝弟慈"的理论,而且起而行之,大力实践"孝弟慈"的思想。近溪任官期间,常以乡约为平台,以讲学为手段,实践自己"孝弟慈"的思想。

---

① [明]罗汝芳撰,方祖猷等编校整理:《罗汝芳集》(上),南京:凤凰出版社,2007年版,第53页。
② [明]罗汝芳撰,方祖猷等编校整理:《罗汝芳集》(上),南京:凤凰出版社,2007年版,第4页。
③ [明]罗汝芳撰,方祖猷等编校整理:《罗汝芳集》(上),南京:凤凰出版社,2007年版,第234—235页。
④ [明]罗汝芳撰,方祖猷等编校整理:《罗汝芳集》(上),南京:凤凰出版社,2007年版,第9页。

　　《宁国府乡约训语》详尽阐发了"圣谕六条",可以看作近溪对自己"孝弟慈"思想的集中实践,故本小节以该乡约为中心,探讨近溪"孝弟慈"思想的实践。

　　在《宁国府乡约训语》序言中,近溪指出在宁国府推行乡约的原因和目的:在近溪看来,守令之设,职在亲民,但"今府属各县讼狱日烦,寇盗时警,家殊其俗,肆争竞以相高,人各其心,逞刁奸以胥虐"①,这不是因为原来的保甲制度立法不严,悬势不高,而是因为在上位者未崇礼教,所以才使在下位者"向方无定"。因此,近溪希望通过举乡约来实现保甲的目的,"爰循古人乡约之规,用敷今日保甲之意"②。而保障之功,机存易俗,要在敦德礼以洁治源,而立法章程在有所略;务须萃人心以端趋向,而悬势讥察则居其次。

　　《宁国府乡约训语》的主要内容,共有七条:一是将保甲门牌改立为乡约簿,城市以铺号,乡村以村落,挨户填注人口与职业,尽一铺一村为一簿。二是木铎老人每月六次,于申明等亭宣读《圣谕》,以警众听,并视情形进行旌赏、惩戒。三是建立乡约组织,城市人少则为一约,人多则四门分立,乡村则以大村为一约,小村附之。每一约内选年高有德者一人为约长,知礼读书者数人担任司礼、司讲、教读,其余士民则须如期赴约。四是同约之内父兄子弟,均须仰体《圣谕》,敦行孝友,务期和睦。士农工商,各勤职业,旧染污俗,咸共维新。五是要居安思危,发挥团保、义仓的作用。每约设保长一人,置锣、铳等武器,遇有寇急,互相救援。每约又须聚积义谷,以备水旱有急之时散赈。六是各约的约簿须加盖官印,约长等人可免

① ［明］罗汝芳撰,方祖猷等编校整理:《罗汝芳集》(下),南京:凤凰出版社,2007 年版,第750 页。
② ［明］罗汝芳撰,方祖猷等编校整理:《罗汝芳集》(下),南京:凤凰出版社,2007 年版,第750 页。

除徭役。七是约期聚会的程序,包括赞者唱排班、宣读圣谕、讲者进讲、声歌礼毕等,及其中须有的礼仪。

《宁国府乡约训语》的独特之处在于它着重演绎了朱元璋的"圣谕六条"。由于近溪的训语全文颇长,近两千字,故此处只选取"孝顺父母"一条为例进行说明:

> 臣罗汝芳演曰:"人生世间,谁不由于父母,亦谁不晓得孝顺父母。孟子曰'孩提之童,无不知爱其亲'者,是说人初生之时,百事不知,而个个会争着父母抱养,顷刻也离不得,盖由此身原系父母一体分下,形虽有二,气血只是一个,喘息呼吸,无不相通。况父母未曾有子,求天告地,日夜惶惶。一遇有孕,父亲百般护持,母受万般辛苦,十月将临,身如山重,分胎之际,死隔一尘。得一子在怀,便如获个至宝,稍有疾病,心肠如割,见儿能言能走,便喜欢不胜。人子受亲之恩,真是罔极无比,故曰'父即是天,母即是地'。人若不知孝顺,即是逆了天地,绝了根本,岂有人逆了天地,树绝了根本而能复生者哉?故凡为人子,当常如幼年时一心恋恋,生怕离了父母,冬温而夏清,昏定而晨省,出则必告,反则必面,远游则必有方。又当常如幼年时一心嬉嬉,生怕恼了父母,好衣与穿,好屋与住,好饭与吃,好兄弟姊妹同时过活。又要常如幼年时一心争气,生怕羞辱了父母,读书发愤,中举做好官,治家发愤生殖,置产业。间或命运不扶,亦小心安分,啜茶饮水,也尽其欢,也留个好名声在世上。凡此许多孝顺,皆只要不失了原日孩提的一念良心,便用之不尽,即如树木,只培养那个下地的一些种子,后日千枝万叶,千花万果,皆从那个果

子仁儿发将出来。"①

在近溪看来,孝顺父母乃是人的良知良能,正所谓"孩提之童,无不知爱其亲者"。具体而言:一是子女与父母有天然的血缘纽带,所谓"此身原系父母一体分下,形虽有二,气血只是一个";二是子女受亲之恩,罔极无比,父母从"未曾有子"到"一遇有孕",再到"得一子在怀",可谓备尝艰辛,子女若不知孝顺父母,便是"逆了天地,绝了根本"。子女要孝顺父母,"当常如幼年时一心恋恋,生怕离了父母";"又当常如幼年时一心嬉嬉,生怕恼了父母";"又要常如幼年时一心争气,生怕羞辱了父母"。这许多的孝顺,都只从"原日孩提的那一念良心"发端而来,只要不失了赤子良心,便可用之不尽。

在演绎完圣谕后,近溪又概括说,"圣谕六条"不过是欲人"为善事,戒恶事"②。基于此,近溪又将"圣谕六条"与《吕氏乡约》打成一块,认为"善恶得失相规,礼俗相交,患难相恤。这四句言语,虽则与圣谕不同,其实互相发明"③。所谓"德业相劝",是说同族、同乡、同会之人,都要以"圣谕六条"互相劝勉;所谓"过失相规",是说在践行"圣谕六条"的过程中,遇有过失,大家应互相规讽;所谓"礼俗相交",是说平常时节和睦乡里,大抵期于不失古礼,不悖时俗;所谓"患难相恤",是说患难之际和睦乡里,只有患难周急,才是彻底的好人。

从以上论述可以看出,近溪的《宁国府乡约训语》有以下三个特点:

一是以"圣谕六条"为核心。我国最早的成文乡约是《吕氏乡约》,但

---

① [明]罗汝芳撰,方祖猷等编校整理:《罗汝芳集》(下),南京:凤凰出版社,2007年版,第752—753页。

② [明]罗汝芳撰,方祖猷等编校整理:《罗汝芳集》(下),南京:凤凰出版社,2007年版,第755页。

③ [明]罗汝芳撰,方祖猷等编校整理:《罗汝芳集》(下),南京:凤凰出版社,2007年版,第755页。

它在两宋之际并未取得太大的实践效果①,直到明代它才在地方基层治理中发挥出作用。明太祖非常重视基层治理,并为此颁布了"圣谕六条"。明成祖则将《吕氏乡约》颁行天下,使之成为全国推行乡约的蓝本。阳明制定《南赣乡约》时,首次将"圣谕六条"与《吕氏乡约》结合起来。及至"嘉靖间,部檄天下,举行乡约,大抵增损王文成公之教"②。而近溪的《宁国府乡约训语》,则是"第一部明确地以《圣谕》为思想指导而制定的《乡约》"③。不仅如此,近溪还很好地处理了"圣谕六条"与《吕氏乡约》的关系,以"圣谕六条"为核心,而以《吕氏乡约》发明"圣谕六条",为明代以"圣谕六条"为核心的乡约实践提供了一个很好的理论说明。

近溪之所以在举乡约时以"圣谕六条"为核心,一是继承泰州学派重视孝悌的家风。如前所论,王艮特别推崇"圣谕六条",颜钧著有《箴言六章》,王栋著有《乡约谕俗诗六首》和《又乡约六歌》,专门阐发"圣谕六条",近溪在此基础上,着力阐扬"圣谕六条",可谓渊源有自。二是顺应明廷推行乡约的时势。明廷于嘉靖八年(1529)开始在全国范围内推行乡约,并很快与"圣谕六条"结合在一起。近溪在任内推行以"圣谕六条"为核心的乡约,既积极响应了朝廷的号召,也为讲学找到了合法的前提。此外最为重要的则是,"圣谕六条"与近溪自己的论学宗旨不谋而合。近溪思想归宗"孝弟慈",而"圣谕六条"首之以孝悌,故近溪认为"高皇帝真是

---

① 吕氏兄弟在自己的家乡蓝田推行该乡约,并一度取得良好的效果,可惜在当时就遭到一些士大夫的反对,加之北宋灭亡,《吕氏乡约》也就随之湮没无闻。南宋时期,朱子重新发现了这个乡约,并编写整理成《增损吕氏乡约》,可惜朱学一度被禁,故其实践也就无从谈起。

② [明]海瑞、叶春及撰:《备忘集　石洞集》,上海:上海古籍出版社,1993年版,第489页。

③ 吴震:《明末清初劝善运动思想研究》(修订版),上海:上海人民出版社,2016年版,第89页。

挺生圣神,承尧舜之统,契孔孟之传,而开太平于兹天下,万万世无疆者
也"①。有学者指出,"罗汝芳将太祖六谕提升到道统的地位上,与泰州学
派师道自任的取向是矛盾的,这标志着泰州学派师道自任思想的终结"②,
这种论断未免偏激,完全忽视了近溪自己的学术旨趣即"孝弟慈"。

二是以俗语训导,侧重说理教化。陈时龙研究员曾概括嘉靖年间士
大夫对"圣谕六条"的三种诠释方式,即纲目式、说理式、歌诗式。③ 其中,
纲目式是分条设目诠释六谕,列举同约之人必须遵守的行为规范,乃是受
《吕氏乡约》疏之为目的诠释方式的影响。说理式则是以浅近俗语诠释六
谕,《宁国府乡约训语》"可以说是说理式六谕诠解之经典"④。歌诗式是
以诗歌诠释六谕,如前举颜钧的《箴言六章》,既朗朗上口,又易于传诵。
从上举"孝顺父母"一条的演绎来看,近溪的用语可谓通俗易懂,既将抽象
的良知观念用浅显直白的语言传达出来,又将何以要孝顺父母以及如何
孝顺父母的大道理讲得生动感人,无怪乎黄宗羲评论说:"近溪舌胜笔。
顾盼咳欠,微谈剧论,所触若春行雷动,虽素不识学之人,俄顷之间,能令
其心地开明,道在现前。"⑤

近溪之所以用白话俗语进行说理,一是因为说理的对象大都是不识
文字的乡里村民,因此语言不得不通俗易懂。二是近溪作为一个儒家士
大夫,坚持为政以德,他在该乡约序语中说,易俗之机,惟在"敦德礼以洁

① ［明］罗汝芳撰,方祖猷等编校整理:《罗汝芳集》(上),南京:凤凰出版社,2007年版,第5页。
② 陈时龙:《师道的终结——论罗汝芳对明太祖〈六谕〉的推崇》,载《明史研究论丛》,2012年第10辑,第252页。
③ 陈时龙:《圣谕的演绎:明代士大夫对太祖六谕的诠释》,载《安徽师范大学学报(人文社会科学版)》2015年第5期,第620页。
④ 陈时龙:《圣谕的演绎:明代士大夫对太祖六谕的诠释》,载《安徽师范大学学报(人文社会科学版)》2015年第5期,第617页。
⑤ ［清］黄宗羲著,沈芝盈点校:《明儒学案》(下),北京:中华书局,2008年版,第762页。

治源""萃人心以端趋向"①,而章程与讥察则在有所略。故他在举乡约时,必然以说理的方式感发人心,引人向善。三是具有强烈的复兴礼乐的意识。这主要体现在近溪在行乡约的过程中注重乡饮酒礼这一点上。乡饮酒礼是周代乡人聚会宴饮的礼仪,具有尊贤与尊长养老两种功能。历朝历代都非常重视乡饮酒礼。及至明代,朱元璋又将乡饮酒礼与宣读"圣谕六条"结合在一起,突出了其在地方基层治理中的作用。不过在近溪这里,"酌酒"改为了"进茶"。这或许是因为酒可致人迷乱,茶则醒人心神。此外,近溪还特别重视歌诗,在乡约中引入诗教乐教。在该乡约中,歌唱的是《诗经·南山有台》。进讲者每演讲完两条圣谕,歌生班首就吟唱其中的一至两章。据《仪礼·乡饮酒礼》,该诗本是周代乡饮酒礼的歌唱曲目。此处近溪之所以选取此诗,乃是希望会众通过对"圣谕六条"的学习实践,成为有德君子,就像南山之下的有台、有桑等一样,都长成有用之材。

"移风易俗,莫善于乐;安上治民,莫善于礼。"(《孝经·广要道章》)通过复兴礼乐,以实现尧舜三代之治,是儒士群体共同的社会理想,近溪亦莫能外,故他特别重视通过乡约来复兴礼乐,以期实现移风易俗、安上治民的理想。

近溪在宁国府任上,"诚以讲会、乡约治郡"②,竭力表彰"圣谕六条","凡士民入府,则训以孝顺父母,尊敬长上"③。当时就有人质疑仅凭"圣谕六条"能否治理好宁国府,而事实证明,近溪的乡约实践取得了良好的

---

① [明]罗汝芳撰,方祖猷等编校整理:《罗汝芳集》(下),南京:凤凰出版社,2007年版,第750页。

② [明]罗汝芳撰,方祖猷等编校整理:《罗汝芳集》(下),南京:凤凰出版社,2007年版,第922页。

③ [明]罗汝芳撰,方祖猷等编校整理:《罗汝芳集》(上),南京:凤凰出版社,2007年版,第407页。

效果，"及经月，而鞭扑不闻，数月后，而教化大行，远迩向风"。不仅如此，近溪在宁国府的乡约实践，还对后世产生了不小的影响，如嘉靖四十四年（1565），徽州知府何东序在全府倡立乡约，其做法如选年高有德者为约正，通礼文者为约赞，童子歌诗等，都借鉴了近溪的乡约实践。又如隆庆时的一些宗族乡约，像徽州府休宁县的乡绅对"圣谕六条"的解释，甚至直接使用近溪的乡约训语①。

第三节 "孝弟慈"评议

泰州学派的"孝弟慈"思想，在晚明乃至整个儒学发展史上，都可谓别开生面，独树一帜，具有非常重大的理论与实践意义。

一、"孝弟慈"思想的理论意义

"孝弟慈"思想的理论意义在于：一方面，以"孝弟慈"贯通四书五经，为儒家的内圣外王之道提供了一种新的诠释方式。孝是否具有形而上的本体意义，可以孝与仁的关系为例进行探讨，具体表现为对"孝弟也者，其为仁之本与"（《论语·学而》）一语的阐释。有子虽然首先提出孝悌"为仁之本"的论断，但此语究竟何解，后儒却有不同的理解。汉唐儒者的主流观点认为，孝悌是仁的根本。皇侃指出："此更以孝悌解本，以仁释道也。言孝是仁之本，若以孝为本，则仁乃生也。"②而宋明理学家的主流观点则认为，仁才是孝悌的根本。朱子指出："论仁，则仁是孝弟之本；行仁，

---

① 关于此点，具体可参看董建辉教授所著《明清乡约：理论演进与实践发展》，厦门：厦门大学出版社，2008年版，第210—213页。

② 何晏集解，皇侃义疏：《论语集解义疏》，上海：商务印书馆，1937年版，第4页。

则当自孝弟始。"①可见,汉唐儒者虽然也说"本",但"本"之所指,则是根基、基础之意,并无形而上的意义,且根基意义上的孝悌,已被宋明理学家所谓的"行仁,则当自孝弟始"所涵摄;而宋明理学家所说的"本",则是体用意义上的本体之义,仁是形而上的本体,而孝悌则是形而下之用。不过,居于形而下层面的孝悌,在晚明则实现了向本体的升越。其中,近溪可谓代表。在近溪看来,"孝弟慈"就是《大学》的"明德",就是《中庸》的"天命",就是《论语》的"为仁之本",就是《孟子》的"良知""良能",就是《周易》的"生生"之道,就是《尚书》的"峻德",就是《诗经》的"懿德",就是《春秋》《礼记》的"经礼"。因此,"孝弟慈"作为一种普通的家庭伦理原则与伦理情感,在近溪这里,获得了内圣层面的形上意义如明德、天命、良知良能等,是人之所以为人的根本所在,是学者志学修身的头脑所在。

不仅如此,近溪在大悟格物之旨后,还指出"孝弟慈"具有外王层面的意义,即不仅以"孝弟慈"修身立本,还要以"孝弟慈"率人达末,齐家、治国、平天下,以明明德(明德即是"孝弟慈")于天下。在儒学史上,对孝道的外王功能最为推重的莫过于孝治派。孝治派在其代表著作《孝经》中指出,"先王有至德要道,以顺天下,民用和睦,上下无怨"(《孝经·开宗明义章》),对孝悌之道的外王功能推崇备至。汉代提倡以孝治天下,在全社会形成重视孝悌的风尚,在一定程度上实现了以孝治天下。如前所论,近溪在中年大悟格物之旨,认为意、心、身、家、国、天下本是一物,但以身为本,家、国、天下为末,而欲明明德于天下,只是以絜矩之道絜度于物之本末。絜矩之矩,就是"孝弟慈",絜矩之道,就是以"孝弟慈"絜度于上下左右,正所谓上老老而民兴孝,上长长而民兴悌,上恤孤而民不悖,只要以"孝弟

---

① ［宋］黎靖德编,王星贤点校:《朱子语类》(第二册),北京:中华书局,1986 年版,第 463页。

慈"的矩修身立本，自然能够率人而达末，正己而物正，老吾老以及人之老，长吾长以及人之长，幼吾幼以及人之幼，则其为父子兄弟足法，而人自法之，便能实现家齐、国治、天下平的社会理想。

另一方面，泰州学派的"孝弟慈"思想，也为"四民异业而同道"找到了更加坚实的理论依据。中晚明时期，随着四民的流通尤其是商人与士人的融合，士阶层对四民在社会中的作用有了全新的认识，最著者为王阳明所提出的"四民异业而同道"之论。王阳明指出："古者四民异业而同道，其尽心焉，一也。士以修治，农以具养，工以利器，商以通货，各就其资之所近，力之所及者而业焉，以求尽其心。其归要在于有益于生人之道，则一而已。"①阳明主要是从"尽心"的角度来论述"四民异业而同道"的。在他看来，士、农、工、商只要尽心于修治、具养、利器、通货，就都有益于"生人之道"。可见，这是从整个社会运转的角度对"尽心"的客观效果进行的一种抽象概括。问题在于，四民"尽心"于四民自身有何"同道"之处？这不能仅以"尽心"这一从业的精神状态来简单概括，而应深究"尽心"这一精神状态背后的动机。对此，近溪恰恰给出了完满的答案，那就是尽心四业以求尽此"孝弟慈"。近溪指出："由一身之孝弟慈而观之一家，一家之中未尝有一人而不孝弟慈者；由一家之孝弟慈而观之一国，一国之中未尝有一人而不孝弟慈者；由一国之孝弟慈而观之天下，天下之大，亦未尝有一人而不孝弟慈者；又由缙绅士夫，以推之群黎百姓。缙绅士夫，固是要立身行道，以显亲扬名，光大门户，而尽此孝弟慈矣，而群黎百姓，虽职业之高下不同，而供养父母，抚育子孙，其求尽此孝弟慈，亦未尝有不同者

---

① ［明］王守仁撰，吴光等编校：《王阳明全集》（中），上海：上海古籍出版社，2011 年版，第1036 页。

也。"①在近溪看来,"孝弟慈"才是通之于家国天下的"同道",无论是"缙绅士夫",还是"群黎百姓",虽职业有高低不同,但尽心本业以求尽此"孝弟慈"则无有两样,"总是父母妻子之念,固结维系,所以勤谨生涯,保护躯体,而自有不能已者"②。诚如吴震教授所指出的,"孝弟慈作为一种伦理学说,可以打通'缙绅士人'与'群黎百姓'的界限,也不受家族/社会、道德/政治的局限,而成为普遍性的道德法则"③。

二、"孝弟慈"思想的实践意义

"孝弟慈"思想最大的实践意义,在于为泰州学派"觉民行道"的新外王路线找到了"实落处"即落脚点。近溪将阳明心学抽象理性的良知观念发展成为具体感性的"孝弟慈",从而使圣人之道更加贴近普通百姓的生活。阳明从百死千难中悟得良知,是为对治儒门支离之病,极有功于圣门。阳明指出:"知是心之本体。心自然会知:见父自然知孝,见兄自然知弟,见孺子入井自然知恻隐,此便是良知,不假外求。"④可见阳明所说的良知,乃是指本体而言。这种本体良知对于不识文墨的普罗大众而言,未免显得过于抽象,虽然在指点良知的过程中可以深入浅出,事实上阳明确实也做到了,但与百姓日用不免还隔着一层。近溪正是有见于此,所以才评价阳明的良知之学说:"阳明先生乘宋儒穷致事物之后,直指心体,说个良知,极是有功不小。但其时止要解释《大学》,而于孟子所言良知,却未暇照管,故只单说个良知;而此说良知,则即人之爱亲敬长处言之,其理便自

---

① [明]罗汝芳撰,方祖猷等编校整理:《罗汝芳集》(上),南京:凤凰出版社,2007 年版,第232—233 页。

② [明]罗汝芳撰,方祖猷等编校整理:《罗汝芳集》(上),南京:凤凰出版社,2007 年版,第233 页。

③ 吴震:《泰州学派研究》,北京:中国人民大学出版社,2009 年版,第 340 页。

④ [明]王守仁撰,吴光等编校:《王阳明全集》(上),上海:上海古籍出版社,2011 年版,第7 页。

实落，而其工夫便好下手。"①近溪提出的"孝弟慈"思想，正是接续孟子良知良能之爱亲(孝)敬长(悌)而来，把阳明本体层面抽象理性的良知观念发展成为贴近百姓日用的具体感性的"孝弟慈"，不仅使良知在百姓日用中有了"实落处"，还揭示了百姓实践良知的"下手处"，"民间一家只有三样人，父母、兄弟、妻子；民间一日只有三场事，奉父母、处兄弟、养妻子。家家日日，能尽力干此三场事，以去安顿此三样人，得个停当，如做子的，便与父母一般的心；做弟的，便与哥哥一般的心；做妻的，便与丈夫一般的心，恭敬和美，此便是民三件好德行"②。

综上所述，"孝弟慈"是泰州学派"觉民行道"的"实落处"。"觉民行道"的关键之处，在于将极高明而又尽精微之道以一种通俗易懂的方式传达给"愚夫愚妇"，同时使普罗大众将这种高明、精微之道实践于庸常而又广大的人伦日用之中。"孝弟慈"正是具备这种特性，极高明而又道中庸，尽精微而又致广大，可以高明到天命之性，但又落实到百姓日用，可以精微至生生之易，但又达致天下而莫不尊亲。因此以"孝弟慈"讲学，既能贴近普罗大众的日常生活，又能为"愚夫愚妇"所乐于接受与践行。

---

① ［明］罗汝芳撰，方祖猷等编校整理：《罗汝芳集》(上)，南京：凤凰出版社，2007 年版，第86 页。
② ［明］罗汝芳撰，方祖猷等编校整理：《罗汝芳集》(上)，南京：凤凰出版社，2007 年版，第151 页。

"乐学"：
　"乐是学，学是乐"
　　　　——"觉民行道"的保障

第五章

儒家富有乐学的精神,《论语》开篇就说,"学而时习之,不亦说乎"
(《论语·学而》),将学与乐紧密联系在一起。此后历代儒者都对乐学思
想进行了阐发,形成了儒学史上独具特色的乐学传统。迨至阳明后学中
的泰州学派,直以"乐学"作家风,将儒家的乐学思想发展至顶峰。对泰州
学派来说,这种"乐学"家风有着特别重大的意义,即为其"觉民行道"的讲
学活动提供了坚实的保障。这种保障,不仅是对本体层面的"乐是心之本
体"的肯认,更是对工夫层面的"不乐不是学"的阐扬,从而使普通民众通
过简易快乐的工夫直探乐之本体,进而乐学不倦、不改其乐。

第一节　儒家传统的乐学思想

泰州学派之前,儒家传统的乐学思想,一言以蔽之,曰"学乐二分"。
尽管乐与学密切相关,但乐不即是学,学也不即是乐,乐是作为一种为学
的心理体验,或者为学的境界而存在的。

一、乐作为一种为学的体验

子曰："学而时习之,不亦说乎? 有朋自远方来,不亦乐乎? 人不知而不愠,不亦君子乎?"(《论语·学而》)师之所授,能时时思绎实习,则有所得而成己,能不"说"乎? 学有所成,则远近皆闻风而动,朋友讲习而成物,能不"乐"乎? 学所以为己,其要在成就自己的德行,故他人不知我又何"愠"? 可见儒者在成己成物的成德实践中,充满着一种悦乐的学习体验。这是《论语》开篇的首章,其所蕴含的乐学基调,是儒家文化与道家文化(虚静)、佛家文化(空寂)的重要区别。李泽厚先生甚至从此章突出的"说""乐"出发,认为与西方的"罪感文化"、日本的"耻感文化"相比,以儒学为骨干的中国文化的特征或精神乃是一种"乐感文化"①,强调了儒学所具有的浓厚的乐学观。

这种悦乐的学习体验,在学习过程中有两种重要的作用:一是作为学习的动力,激发与维持学习行为;二是作为学习的效验,检验是否学有所得。

(一)悦乐作为学习的动力

悦乐在学习活动中的第一种作用是作为一种动力因素激发与维持学习行为。

《论语》中有冉求画地自限的记载:"冉求曰:'非不说子之道,力不足也。'子曰:'力不足者,中道而废。今女画。'"(《论语·雍也》)冉求之所以中道而废,绝不是因为他力量不足,欲进而不能进,而是因为他画地自限,能进而不欲进。而他之所以画地自限,则是因为他在学习实践中缺乏悦乐这一动力激发与维持的因素:"使求说夫子之道,诚如口之说刍豢,则

---

① 李泽厚:《论语今读》,合肥:安徽文艺出版社,1998 年版,第 27—28 页。

必将尽力以求之,何患力之不足哉?"①

　　孟子对悦乐在学习中的动力激发作用作了形象生动的描述:

　　　　仁之实,事亲是也;义之实,从兄是也;智之实,知斯二者弗
　　去是也;礼之实,节文斯二者是也;乐之实,乐斯二者,乐则生矣;
　　生则恶可已也,恶可已,则不知足之蹈之、手之舞之。(《孟子·
　　离娄上》)

　　在孟子看来,乐的实质就是乐于事亲从兄。乐于事亲从兄,快乐就会
像草木的生意一样从内心油然生起,这种快乐一旦生起,就会像火之始
燃、泉之始达一样无法停止下来,最终在事亲从兄的义理之乐中手舞足蹈
起来。由此可见,悦乐激发与维系着人们从事于事亲从兄的仁义之学,是
使仁义之学沛然莫之能御的动力激发因素。

　　孟子之后,我国古代第一部教育与教学的专文论著——《学记》,对乐
学与苦学作了极为形象的对比论述:

　　　　不学操缦,不能安弦;不学博依,不能安诗;不学杂服,不能
　　安礼;不兴其艺,不能乐学。(《礼记·学记》)

　　　　今之教者,呻其占毕,多其讯,言及于数,进而不顾其安,使
　　人不由其诚,教人不尽其材,其施之也悖,其求之也佛。(《礼
　　记·学记》)

　　如果在学习的过程中,教者不能兴起操缦、博依、杂服之类的技艺,学
者就不能安于、乐于乐、诗、礼这样的正学。因此,教者只有兴其艺,学者
才能乐其学,乐其学则无论藏、修、息、游,都念兹在兹,故能安学亲师,乐
友信道。相反,如果教者只会照本宣科,多所问难,解说无定,只顾赶进度
而不顾学生是否理解,学习则毫无乐趣可言,学者只会"隐其学而疾其师,

---

① [宋]朱熹撰:《四书章句集注》,北京:中华书局,1983 年版,第 87 页。

苦其难而不知其益也"（《礼记·学记》）。

宋明理学家对悦乐在学习实践中的动力作用进行了大力阐发，如张载解释"乐则生矣"一语曰，"学至于乐则自不已，故进也"①，言简意赅地指出，学至于乐才能进学不已。小程子说："教人未见意趣，必不乐学。欲且教之歌舞，如古诗三百篇，皆古人作之。如《关雎》之类，正家之始，故用之乡人，用之邦国，日使人闻之。此等诗，其言简奥，今人未易晓。别欲作诗，略言教童子洒扫应对事长之节，令朝夕歌之，似当有助。"②他强调"意趣"在童子学习当中的作用，并欲效仿《诗经》别作诗歌使童子朝夕歌咏，以使其乐学。朱子在《小学·嘉言第五上》中辑录小程子此言，也强调"意趣"在学习中的动力作用。王阳明在《训蒙大意示教读刘伯颂等》中也强调说："大抵童子之情，乐嬉游而惮拘检，如草木之始萌芽，舒畅之则条达，摧挠之则衰痿。今教童子，必使其趋向鼓舞，中心喜悦，则其进自不能已。"③小程子、朱子、阳明所论，虽然都是针对童子而言，但却适用于所有的求学之人，只有"中心喜悦"，得见"意趣"，才能进学乐学。

（二）悦乐作为学习的效验

悦乐在学习活动中的第二种作用是作为一种效验，检验学者的学习是否实有所得。

子曰："兴于诗，立于礼，成于乐。"（《论语·泰伯》）在孔子看来，学有"兴""立""成"三个阶段：诗本于性情，能感发人善善恶恶之心，故始则兴起于诗；礼本于恭敬辞让，能固人之肌肤之会、筋骸之束，故中则卓立于礼；而"乐者乐也"（《礼记·乐记》），乐本于人心之所悦乐，君子乐得其

---

① ［宋］张载著，章锡琛点校：《张载集》，北京：中华书局，1978 年版，第 282 页。

② ［宋］程颢、程颐著，王孝鱼点校：《二程集》（上），北京：中华书局，1981 年版，第 21 页。

③ ［明］王守仁撰，吴光等编校：《王阳明全集》（上），上海：上海古籍出版社，2011 年版，第 99 页。

道,小人乐得其欲,故终则悦乐于理义。因此,检验学者是否实有所得,就看其是否悦乐于理义,是否在追求理义的过程中获得了悦乐。

宋明理学家们都一致认为,学至于乐才是实有所得。如大程子曰:"学至于乐则成矣。笃信好学,未知自得之为乐。好之者,如游他人园圃。乐之者,则己物尔。"①吴澄指出:"读书当知书之所以为书,知之必好,好之必乐,既乐,则专在我。苟至此,虽不读,可也。"②湛若水也指出:"乐者,乐此者也。学不至于乐则不安,终非己有,故作乐以安之,如田之入为己有也。此自得之学也。"③在他们看来,学不至于乐则终非己有,学至于乐才是学有所成,此时理为我之理,书为我之书,心理、物我合一。

二程对悦乐作为学习效验的论述尤为精当,他们指出:一个人读书为学,"欲知得与不得,于心气上验之。思虑有得,中心悦豫,沛然有裕者,实得也;思虑有得,心气劳耗者,实未得也,强揣度耳。尝有人言'比因学道,思虑心虚'。曰:'人之血气,固有虚实,疾病之来,圣贤所不免,然未闻自古圣贤因学而致心疾者。'"④在他们看来,人的血气有虚实盛衰,所以圣贤也难免于疾病,但却没有听说圣贤因思虑而导致心疾的。其实不只在思虑上,在整个为学的过程中,只有"中心悦豫,沛然有裕",才是实有所得;若"心气劳耗",则是实未有得,只是强力揣度罢了。

正是从这一标准出发,二程对司马光勤苦对治纷乱思虑的行为表示了不同的看法。《河南程氏遗书》记载:"君实尝患思虑纷乱,有时中夜而作,达旦不寐,可谓良自苦。人都来多少血气? 若此,则几何而不摧残以

① [宋]程颢、程颐著,王孝鱼点校:《二程集》(上),北京:中华书局,1981年版,第127页。
② [清]黄宗羲原著,[清]全祖望补修,陈金生、梁运华点校:《宋元学案》(第四册),北京:中华书局,1986年版,第3047页。
③ [明]湛若水:《圣学格物通》(三),桂林:广西师范大学出版社,2015年版,第1080页。
④ [宋]程颢、程颐著,王孝鱼点校:《二程集》(上),北京:中华书局,1981年版,第16页。

尽也。"①对治纷乱的思虑,这是宋明理学的一个重大课题。司马光为此所苦,以至中夜而作,达旦不寐,用心可谓良苦,但在二程看来,这样只会把人身的"血气"摧残殆尽。后来司马光又思得一术,即在思虑纷乱时以"中"为念,从此心中甚为安乐。但在二程看来,这又是为"中"所乱,乃是于古圣名言中捡得一个"好字"罢了,但其效用却不如僧侣以念珠相数来得好,"夜以安身,睡则合眼,不知苦苦思量个甚,只是不与心为主,三更常有人唤醒也"②。与之相对,当有人为程颐四五十年谨守礼义而感到甚为劳苦时,他却回答说:"吾日履安地,何劳何苦? 他人日践危地,此乃劳苦也。"③程颐是以循礼为乐,不循礼为不乐,故能四五十年乐于循礼而不违礼,可谓实有所得。

二、乐作为一种为学的境界

子曰:"知之者不如好之者,好之者不如乐之者。"(《论语·雍也》)在孔子看来,学有三层境界:第一层是"知"的境界,第二层是"好"的境界,第三层是"乐"的境界。程子说:"学至涵养其所得而至于乐,则清明高远矣。"④这种清明高远的"乐"的境界,就是我们常说的"孔颜乐处"。

"孔颜乐处"最早的思想资源见于《论语》中的这两则句子:

> 子曰:"贤哉回也! 一箪食,一瓢饮,在陋巷。人不堪其忧,回也不改其乐。贤哉回也!"(《论语·雍也》)

> 子曰:"饭疏食饮水,曲肱而枕之,乐亦在其中矣。不义而富且贵,于我如浮云。"(《论语·述而》)

颜回箪食瓢饮,居于陋巷,而不改其乐;孔子疏食饮水,曲肱而枕,乐

---

① [宋]程颢、程颐著,王孝鱼点校:《二程集》(上),北京:中华书局,1981 年版,第 25 页。
② [宋]程颢、程颐著,王孝鱼点校:《二程集》(上),北京:中华书局,1981 年版,第 25 页。
③ [宋]程颢、程颐著,王孝鱼点校:《二程集》(上),北京:中华书局,1981 年版,第 8 页。
④ [宋]程颢、程颐著,王孝鱼点校:《二程集》(下),北京:中华书局,1981 年版,第 1189 页。

亦在其中。师徒二人都能超越富贵贫贱的外在束缚,而别有一番真乐在。正因如此,孔子才能"发愤忘食,乐以忘忧,不知老之将至"(《论语·述而》)。

不过,"孔颜乐处"在汉唐时期并未引起儒者的特别注意,直到北宋,理学的开山祖师周敦颐才特别拈出这一话题,他在教授二程时,"每令寻颜子、仲尼乐处,所乐何事"①。濂溪关于"孔颜乐处"的论述主要集中于以下两则句子:

> 颜子"一箪食,一瓢饮,在陋巷,人不堪其忧,而不改其乐"。夫富贵,人所爱也。颜子不爱不求,而乐乎贫者,独何心哉? 天地间有至贵至爱可求,而异乎彼者,见其大而忘其小焉尔。见其大则心泰,心泰则无不足,无不足则富贵贫贱处之一也,处之一则能化而齐,故颜子亚圣。②

> 君子以道充为贵,身安为富,故常泰无不足,而铢视轩冕,尘视金玉,其重无加焉尔!③

在濂溪看来,颜子之所以对富贵不爱不求,而独乐乎贫,是因为天地间有至贵至爱而可求者,他"见其大而忘其小焉尔"。所谓"小",就是人人所欲的轩冕金玉、富贵利达;所谓"大",就是道,就是德。所谓"见大",就是以"道充为贵,身安为富",而能"铢视轩冕,尘视金玉";所谓"忘小",就是不以富贵贫贱动其心,而能"富贵贫贱处之一也"。因此濂溪所理解的"孔颜乐处",就是儒者超越富贵贫贱的外在境遇,而能安贫乐道的最高精神境界即圣贤境界。

二程得濂溪指点后,也有吟风弄月、"吾与点也"之意。他们对"孔颜

---

① [宋]程颢、程颐著,王孝鱼点校:《二程集》(上),北京:中华书局,1981 年版,第 16 页。
② [宋]周敦颐者,陈克明点校:《周敦颐集》,北京:中华书局,1990 年版,第 32 页。
③ [宋]周敦颐者,陈克明点校:《周敦颐集》,北京:中华书局,1990 年版,第 40 页。

乐处"有不少论述,其中最重要的是以下两条语录：

> 颜子在陋巷,"人不堪其忧,回也不改其乐"。箪瓢陋巷非可
> 乐,盖自有其乐耳。"其"字当玩味,自有深意。①

> 鲜于侁问伊川曰："颜子何以能不改其乐?"正叔曰："颜子所
> 乐者何事?"侁对曰："乐道而已。"伊川曰："使颜子而乐道,不为
> 颜子矣。"②

第一条语录为大程子之言,出自《河南程氏遗书卷第十二·明道先生语二》。大程子突出强调了"不改其乐"中的"其"字,认为颜子之乐不在箪瓢陋巷,而是别有一番真乐,学者应当潜心玩味,探寻其真乐之所在。第二条语录为小程子之言,出自《河南程氏外书卷第七》。小程子突出强调了"不改其乐"中的"乐"字,认为颜子如果仅仅是"乐道",就不是颜子了。因为"乐道"的说法仍然是物我二分、主客二分的一种表达方式,道既是一种对象性的存在,乐也就是一种对象性的悦乐,而非与道为一的一体之乐。

二程之后,朱子也对"孔颜乐处"进行了专门探讨。他对二程所理解的"孔颜乐处"有一个经典性的评价："明道之言,初见便好,转看转好;伊川之言,初看似未甚好,久看方好。"③伊川之言之所以"初看似未甚好",一则因为"乐道"一词并不曾错,伊川却因为鲜氏莽撞应对,言不精切,"便以为无道可乐,走作了"④,一则因为"此只是赞咏得一个'乐'字,未尝正当说着圣贤乐处"⑤。伊川之言之所以"久看方好",则是因为伊川所论自

① [宋]程颢、程颐著,王孝鱼点校：《二程集》(上),北京：中华书局,1981年版,第135页。
② [宋]程颢、程颐著,王孝鱼点校：《二程集》(上),北京：中华书局,1981年版,第395页。
③ [宋]黎靖德编,王星贤点校：《朱子语类》(三),北京：中华书局,1986年版,第797页。
④ [宋]黎靖德编,王星贤点校：《朱子语类》(三),北京：中华书局,1986年版,第801页。
⑤ [宋]朱熹撰：《朱子全书》(第二十二册),上海：上海古籍出版社,合肥：安徽教育出版社,2002年版,第1869页。

有其深意,"正恐人心有所系,则虽以道为乐,亦犹物也。须要与道为一,乃可言乐"①。明道之言之所以"初见便好,转看转好",是因为他"引而不发,跃如也"(《孟子·尽心上》),其言虽欲有所指向,但最终并未指实,而是希望学者深思而自得之。这种启发诱导的教法,不仅促使学者思考颜子之乐究竟何在,而且还促使学者思考如何用功才能达致颜子之乐。

朱子还对二程门人有关"孔颜乐处"的种种说法进行了批判。一是批判鲜于侁之类的乐道之说。如前所论,鲜于侁认为颜子所乐者道也,朱子则批判说,颜子之心浑然天理,无适而非乐,"不待以道为可乐然后乐也"②。这其实就是小程子所说的与道为一之乐。二是批判谢良佐之类的老、佛之说。谢良佐认为颜子之心不与物交,故无所欲而无不得其所欲,此所谓天下之至乐。朱子则批判说,这是"流而入于老、佛之门者耳"③,倘若如此,则不如乐道之说,虽浅显而犹有所据。三是批判谢良佐之类认为义富义贵亦如浮云的失实之言。朱子指出,"必曰不义而富贵,视如浮云,则是以义得之者,视之亦无以异于疏食饮水,而其乐亦无以加尔"④。

朱子对"孔颜乐处"的贡献,一是将学者从对"孔颜乐处""乐"本身的迷恋转向对"乐"的工夫的践履。他说:"学者但当从事于博文约礼之诲,以至于欲罢不能而竭其才,则庶乎有以得之矣。"⑤只要从事于博文约礼之功,私欲去尽,天理流行,胸中自然能乐。二是区分了"孔颜乐处"中孔子

---

① [宋]朱熹撰:《朱子全书》(第二十二册),上海:上海古籍出版社,合肥:安徽教育出版社,2002年版,第1869页。
② [宋]朱熹撰:《朱子全书》(第六册),上海:上海古籍出版社,合肥:安徽教育出版社,2002年版,第724页。
③ [宋]朱熹撰:《朱子全书》(第六册),上海:上海古籍出版社,合肥:安徽教育出版社,2002年版,第724页。
④ [宋]朱熹撰:《朱子全书》(第六册),上海:上海古籍出版社,合肥:安徽教育出版社,2002年版,第746页。
⑤ [宋]朱熹撰:《四书章句集注》,北京:中华书局,1983年版,第87页。

与颜子的细微差别,孔颜师徒"虽同此乐,然颜子未免有意,到圣人则自然"①。盖孔子之乐与物无对,"自然"和乐,故虽疏食饮水、曲肱而枕,乐亦在其中;而颜子之乐不免与物有对,未免"有意",故于箪食瓢饮、居于陋巷,仅能不改其乐,与圣人有毫厘之别。"且曰亦在其中,则与颜子之不改者,又有间矣。"②颜子不改其乐,乃是方能免得改;孔子乐亦在其中,便是从来如此安乐。

此外,邵雍的"安乐窝"也可以看作是对"孔颜乐处"的另一种表达。邵雍在《安乐窝铭》中指出:"安莫安于王政平,乐莫乐于年谷登。王政不平年不登,窝中何由得康宁。"③可见邵雍的"安乐窝"离不开现实政治的"王政平"与"年谷登"。而在《瓮牖吟》一诗中,他则对"安乐窝"进行了具体的描述:"墙高于肩,室大于斗。布被暖余,藜羹饱后。气吐胸中,充塞宇宙。"④"安乐窝"仅仅"墙高于肩,室大于斗。布被暖余,藜羹饱后",与孔子的"饭疏食饮水,曲肱而枕之"(《论语·述而》)以及颜回的"一箪食,一瓢饮,在陋巷"(《论语·雍也》)可谓异曲同工,在这种人不堪忧的境遇中,孔子乐亦在其中,颜子能不改其乐,邵雍也做到了"人虽不堪忧,己亦不改安"⑤,并且使"气吐胸中,充塞宇宙",实现了物我一体之乐。

---

① [宋]黎靖德编,王星贤点校:《朱子语类》(三),北京:中华书局,1986年版,第796页。
② [宋]朱熹撰:《朱子全书》(第六册),上海:上海古籍出版社,合肥:安徽教育出版社,2002年版,第746页。
③ [宋]邵雍著,郭彧整理:《邵雍集》,北京:中华书局,2010年版,第384页。
④ [宋]邵雍著,郭彧整理:《邵雍集》,北京:中华书局,2010年版,第413页。
⑤ [宋]邵雍著,郭彧整理:《邵雍集》,北京:中华书局,2010年版,第186页。

第二节　泰州学派的乐学思想

泰州学派在儒家传统乐学思想的基础上,将儒家的乐学思想发展至一个顶峰。与儒家传统的"学乐二分"的乐学思想不同,泰州学派的乐学思想,一言以蔽之,曰"学乐合一","乐是学,学是乐"①:一方面将乐由一种为学体验发展为一种为学工夫;另一方面将乐由一种为学境界(本体之乐)发展为乐之本体。

一、将乐由为学体验发展为为学工夫

如前所论,在儒家传统的乐学思想中,悦乐是一种为学的体验,不管是作为为学动力的悦乐,还是作为为学效验的悦乐,都指向一种心理体验,而泰州学派则将这种为学的心理体验发展为一种为学工夫。

王艮指出,"天下之学,惟有圣人之学好学,不费些子气力,有无边快乐。若费些子气力,便不是圣人之学,便不乐"②。又说"良知之体,与鸢飞鱼跃同一活泼泼地。当思则思,思通则已。如'周公思兼三王','夜以继日,幸而得之,坐以待旦',何尝缠绕?要之自然天则,不着人力安排"③,因而良知之学是"简易快乐,优游餍饫,日就月将,自改、自化而后已"④。王艮旨在强调,圣人之学是非常"好学"的,"不费些子气力,有无边快乐",良知本体是"活泼泼地","不着人力安排",因而为学工夫是"简易快乐"的。

---

① [明]王艮撰,陈祝生等校点:《王心斋全集》,南京:江苏教育出处社,2001 年版,第 54 页。

② [明]王艮撰,陈祝生等校点:《王心斋全集》,南京:江苏教育出处社,2001 年版,第 5 页。

③ [明]王艮撰,陈祝生等校点:《王心斋全集》,南京:江苏教育出处社,2001 年版,第 11 页。

④ [明]王艮撰,陈祝生等校点:《王心斋全集》,南京:江苏教育出处社,2001 年版,第 31 页。

他还著有《乐学歌》，其中说道：

> 不乐不是学，不学不是乐。乐便然后学，学便然后乐。乐是学，学是乐。於戲，天下之乐何如此学，天下之学何如此乐！[①]

所谓"不乐不是学"，说的正是为学工夫应该是"简易快乐"的，只有简易快乐才是真正的为学工夫。"不学不是乐"因涉及"乐是心之本体"的问题，下节将有详述，此处略过。王艮在讲学的过程中，非常注重引导弟子把握这种"简易快乐"的为学工夫，《年谱》四十九岁条下记载：

> 冬十一月，徐樾复来学。先生一夕步月下，指星文与语，樾应对间若恐失所持循，先生厉声曰："天地不交，否！"又一夕，出游至小渠边，先生跃过，顾谓樾曰："汝亦放轻快些。"樾持益谨，若遗一物。既樾叹曰："从前孤负此翁，为樾费却许多精神。"[②]

徐樾是王艮最钟意的弟子，但他在从师王艮之初，为学是非常谨严的，甚至可以说是战战兢兢的，师徒月下闲话，本是轻松自在的，但他应对之间却"若恐失所持循"，哪怕是小溪都不敢轻快跃过，拘谨至"若遗一物"，所以王艮教他："天地不交，否！"天地不相交流感通就会否闭，为学不能周流活泼也是危险的，"汝亦放轻快些"，为学工夫固然是要持敬，但也不可失了活泼自然。这和前文所论述的，司马光为对治纷乱的思虑，竟至于中夜而作、达旦不寐的"自苦"工夫，岂非天壤之别。

《年谱》五十岁条下又记载：

> 是年，道州周良相、泾县吴标、王汝贞、南昌程伊、程俸先后来学。初，汝贞持学太严，先生觉之曰："学不是累人的。"因指旁

---

① ［明］王艮撰，陈祝生等校点：《王心斋全集》，南京：江苏教育出处社，2001年版，第54页。

② ［明］王艮撰，陈祝生等校点：《王心斋全集》，南京：江苏教育出版社，2001年版，第73页。

斫木匠示之曰："彼却不曾用功,然亦何尝废事?"①

王汝贞于嘉靖十一年(1532)拜入王艮门下。与徐樾一样,王汝贞刚入门时持学工夫也过于严谨,王艮便点拨他说,"学不是累人的",并以一旁的斫木匠人指示说,木匠斫木轻快自然,虽不曾用功却不曾废事,同理,为学工夫也应当像木匠斫木一样,在简易快乐中达到为学的目的。

王艮这种"简易快乐"的为学工夫,为泰州后学很好地继承了下来,如他的次子王东厓就认为,良知之学乃是先天无为之学,故为学工夫"愈平常则愈本色,省力处便是得力处也,日用间有多少快活在"②。在东厓看来,良知自有本分天然之用,神感神应而无壅滞,与鸢飞鱼跃一样活泼泼的,因此他反对学者将分毫意见搀搭其中,否则便非天道,便有窒碍。又如他的族弟王栋在讲学中也指出,"才没意趣,便是工夫间断。才有窒碍,便是工夫差错"③,认为生机意趣才是工夫之所在,哪怕是在修身过程中因过错而愧悔不乐,他觉得也不是真工夫,在他看来,"莫烦恼前头失处,只喜乐今日觉处,此方是见在真工夫。烦恼前头失处,尚在毁誉上支持,未复本体,喜乐见在觉处,则所过者化,而真体以呈露矣"④,由喜乐之工夫,才能复见本体。又如他的再传弟子颜钧则强调要放心体仁,认为制欲非体仁,"体仁之妙,即在放心"⑤,所谓放心,就是要自信其心,从心所欲,从心孕乐,率性鼓跃,这样才能快遂自心,引发乐学,透入活机。又如他的三

① [明]王艮撰,陈祝生等校点:《王心斋全集》,南京:江苏教育出版社,2001 年版,第 73 页。
② [明]王艮撰,陈祝生等校点:《王心斋全集》,南京:江苏教育出版社,2001 年版,第 224 页。
③ [明]王艮撰,陈祝生等校点:《王心斋全集》,南京:江苏教育出版社,2001 年版,第 162 页。
④ [明]王艮撰,陈祝生等校点:《王心斋全集》,南京:江苏教育出版社,2001 年版,第 153 页。
⑤ [明]颜钧著,黄宣民点校:《颜钧集》,北京:中国社会科学出版社,1996 年版,第 83 页。

传弟子罗近溪也认为,"学问与做人一般,须要平易近情,不可著手太重"①,在他看来,工夫次第难以急迫而成,学问工夫应像粗茶淡饭一般,做到随时遣日才好,这样心也不劳苦,事也了当了,久久成熟后自然有个悟处。

泰州学派倡导的这种"简易快乐"的为学工夫,从思想来源看,可谓渊源有自。就宋明理学这个大传统而言,理学家们在为学工夫上自始就有和乐与敬畏或者说自然和乐与戒慎恐惧的紧张关系。程颐、朱子在为学工夫上都主张"涵养须用敬"②。程颐曰:"所谓敬者,主一之谓敬。所谓一者,无适之谓一。且欲涵泳主一之义,一则无二三矣。言敬,无如圣人之言。《易》所谓'敬以直内,义以方外',须是直内,乃是主一之义。至于不敢欺、不敢慢、尚不愧于屋漏,皆是敬之事也。但存此涵养,久之自然天理明。"③所谓"主一之谓敬","一"者谓之诚,谓之"理",诚存则邪闲,天理明则人欲消,故自然能敬。小程子所说的"敬以直内",固然是一种"不敢欺、不敢慢、尚不愧于屋漏"的极其敬畏的内心状态,但诚于中,形于外,也表现为容貌装束的整严,"俨然正其衣冠,尊其瞻视,其中自有个敬处。虽曰无状,敬自可见"④。

朱子继承了伊川"涵养须用敬"的修养工夫,更是明言圣门没有"安乐法"⑤。虽然朱子高度肯定了曾点之乐,认为"曾点之学,盖有以见夫人欲尽处,天理流行,随处充满,无少欠阙。故其动静之际,从容如此。而其言志,则又不过即其所居之位,乐其日用之常,初无舍己从人之意。而其胸

---

① [明]罗汝芳撰,方祖猷等编校整理:《罗汝芳集》(上),南京:凤凰出版社,2007年版,第95页。
② [宋]程颢、程颐著,王孝鱼点校:《二程集》(上),北京:中华书局,1981年版,第188页。
③ [宋]程颢、程颐著,王孝鱼点校:《二程集》(上),北京:中华书局,1981年版,第169页。
④ [宋]程颢、程颐著,王孝鱼点校:《二程集》(上),北京:中华书局,1981年版,第185页。
⑤ [宋]黎靖德编,王星贤点校:《朱子语类》(七),北京:中华书局,1986年版,第2743页。

次悠然,直与天地万物上下同流,各得其所之妙,隐然自见于言外"①。但是,朱子在《语类》中则一再从工夫论的角度强调,"曾皙不可学"②。在他看来,曾点虽能窥见大意,但却无事上工夫,他是天资高自然能见道,但却是行不掩言的狂者,能见道不一定能践道;为学工夫当学曾子,"曾子是一步一步踏着实地去做,直到那'参乎! 吾道一以贯之'。曾子曰:'唯。'方是。然他到这里,也只是唯而已,也不曾恁地差异。从此后,也只是稳稳帖帖恁地去。到临死,尚曰'而今而后,吾知免夫! 小子'! 也依旧是战战兢兢,不曾恁地自在。"③在工夫论上,朱子欣赏的是"稳稳帖帖""战战兢兢"的敬畏工夫,而不是"恁地自在"的和乐工夫。

与小程子、朱子强调敬畏的工夫相对,大程子在为学工夫上更为强调的则是"和乐"。虽然大程子在为学工夫上也主张要"以诚敬存之"④,但这种"存"却是在识仁之后,依本体而起的工夫,故"不须防检,不须穷索。若心懈则有防,心苟不懈,何防之有? 理有未得,故须穷索。存久自明,安待穷索?"⑤大程子的这种"存"的工夫,乃是未尝致纤毫之力的存养之道。在他看来,"今学者敬而不见得,又不安者,只是心生,亦是太以敬来做事得重"⑥,所谓"太以敬来做事得重",就是孟子所说的"助长",一有助长之心,就会过分把持,以至于损害了内心的和乐。因此,为学工夫应当是"敬须和乐"⑦,要将敬畏与和乐打成一片,"'鸢飞戾天,鱼跃于渊,言其上下察也。'此一段子思喫紧为人处,与'必有事焉而勿正心'之意同,活泼泼

---

① 〔宋〕朱熹撰:《四书章句集注》,北京:中华书局,1983 年版,第 130 页。
② 〔宋〕黎靖德编,王星贤点校:《朱子语类》(三),北京:中华书局,1986 年版,第 1032 页。
③ 〔宋〕黎靖德编,王星贤点校:《朱子语类》(三),北京:中华书局,1986 年版,第 1032 页。
④ 〔宋〕程颢、程颐著,王孝鱼点校:《二程集》(上),北京:中华书局,1981 年版,第 16 页。
⑤ 〔宋〕程颢、程颐著,王孝鱼点校:《二程集》(上),北京:中华书局,1981 年版,第 16—17 页。
⑥ 〔宋〕程颢、程颐著,王孝鱼点校:《二程集》(上),北京:中华书局,1981 年版,第 34 页。
⑦ 〔宋〕程颢、程颐著,王孝鱼点校:《二程集》(上),北京:中华书局,1981 年版,第 31 页。

地。会得时,活泼泼地;不会得时,只是弄精神"①。在大程子看来,"必有事焉而勿正心",并不是那种一味敬畏的工夫,而是识仁之后"以诚敬存之"的和乐工夫,因而与子思所说的"鸢飞戾天,鱼跃于渊"的工夫一样,同是"活泼泼地"。可以说,王艮在工夫论上强调鸢飞鱼跃的活泼自然的乐学工夫,是对大程子和乐工夫论的一种继承。

就师承这一个小传统而言,王艮师承阳明,而阳明在工夫论上,一方面强调为学工夫要戒慎恐惧,认为"洒落生于天理之常存,天理常存生于戒慎恐惧之无间"②,在他看来,洒落虽为吾心之体,但敬畏却是洒落心体之工夫,若歧洒落与敬畏为二物,就会互相抵牾,多所拂戾,而有欲速助长之病;另一方面又强调为学工夫其实是"稳当快乐"的,因此当陈九川为难寻个稳当快乐的工夫而烦恼时,阳明就告诫他说:

> 尔那一点良知,是尔自家底准则。尔意念着处,他是便知是,非便知非,更瞒他一些不得。尔只不要欺他,实实落落依着他做去,善便存,恶便去,他这里何等稳当快乐。③

良知知是知非,致良知的工夫就是要诚其意,如恶恶臭,如好好色,只要不去欺瞒良知,善便存,恶便去,这是何等"稳当快乐"的致知工夫。同时,阳明也非常强调工夫的简易性,他曾说:"凡工夫只是要简易真切。愈真切,愈简易;愈简易,愈真切。"④致知工夫只是存善去恶,这是何等简易。王艮将"简易快乐"发展为一种为学工夫,是对阳明强调工夫的"简易真

---

① [宋]程颢、程颐著,王孝鱼点校:《二程集》(上),北京:中华书局,1981年版,第59页。
② [明]王守仁撰,吴光等编校:《王阳明全集》(上),上海:上海古籍出版社,2011年版,第212页。
③ [明]王守仁撰,吴光等编校:《王阳明全集》(上),上海:上海古籍出版社,2011年版,第105页。
④ [明]王守仁撰,吴光等编校:《王阳明全集》(上),上海:上海古籍出版社,2011年版,第248页。

切"与"稳当快乐"的直接继承。

　　泰州学派将"简易快乐"发展为一种为学工夫,根本原因则在于他们对现成良知或者本心的肯认。阳明晚年发致良知之旨,可谓千古圣学正眼法藏。阳明卒后,良知学说逐渐分化发展,依据日本学者冈田武彦的研究,大致分为现成、归寂与修证三大派别,具体为:提倡良知现成说的是以王龙溪、王心斋为代表的左派,提倡良知归寂说的是以聂双江、罗念庵为代表的右派,提倡良知修证说的是以邹东廓、欧阳南野为代表的正统派。①其中,王龙溪与王心斋虽同属良知现成派,但在现成良知问题上仍有很大的差别,龙溪重觉悟,而心斋则重践履。泰州学派的良知现成说,强调良知或者本心乃是现成自足的,故能"妙应圆通",酬酢万变而不失,既不用安排思索,也不劳勉强扭捏。如王艮指出,"良知一点,分分明明,亭亭当当,不用安排思索"②;其子王东厓说,"良知自能感应,自能约心思,而酬酢万变。知之为知之,不知为不知,一毫不劳勉强扭捏,而用智者自多事也"③;其族弟王栋则指出,"心性良知,自完自足,不须闻见帮补,不假知能衬贴"④;颜钧更是将孟子消极意义上的"放心"即放失的本心阐释为积极正面的从心所欲而不逾矩的本心;罗近溪则谓,"吾心良知,妙应圆通,其体极是洁净,如空谷声响,一呼即应,一应即止,前无自来,后无从去,徹古徹今,无昼无夜,更无一毫不了处"⑤;等等。

---

① ［日］冈田武彦著,吴光、钱明、屠承先译:《王阳明与明末儒学》,重庆:重庆出版社,2016年版,第98页。
② ［明］王艮撰,陈祝生等校点:《王心斋全集》,南京:江苏教育出版社,2001年版,第43页。
③ ［明］王艮撰,陈祝生等校点:《王心斋全集》,南京:江苏教育出版社,2001年版,第216页。
④ ［明］王艮撰,陈祝生等校点:《王心斋全集》,南京:江苏教育出版社,2001年版,第164页。
⑤ ［明］罗汝芳撰,方祖猷等编校整理:《罗汝芳集》(上),南京:凤凰出版社,2007年版,第95页。

正是在现成良知或者本心的学理背景上，我们才能真正理解泰州学人所倡导的"简易快乐"的工夫论。因为良知是现成良知，所以"私欲一萌时，良知还自觉。一觉便消除，人心依旧乐"①，良知自完自足，自知自觉，不须穷索，不待防检，只是纯任良知，自能酬酢应变而不失，这是何等的"简易快乐"！因为心是本心，所以制欲非体仁，"体仁之妙，即在放心"②，只是自见其心，自信其心，自然就能从心率性，引发乐学，透入活机，这又是何等的"简易快乐"！

二、将乐由境界发展为本体

如前所论，在儒家传统的乐学思想中，乐还是一种清明高远的为学境界，其最高表现就是我们常说的"孔颜乐处"，泰州学派则将这种为学的最高境界发展为本体，认为乐就是心之本体。由于"孔颜乐处"乃是一种本体之乐，故泰州学派的这种发展可以说是将儒学的本体之乐发展为乐之本体。

儒学的本体论，在先秦时期，有《中庸》的"诚"本体论——"诚者，天之道也"，"诚者，非自成己而已也，所以成物也"（《中庸》），认为诚乃是生物之本，是成己成物之道；《易传》的"易"本体论——"生生之谓易"（《周易·系辞上》），此生生之易，"范围天地之化而不过，曲成万物而不遗，通乎昼夜之道而知"（《周易·系辞上》），认为此生生之易与天地相准，故能继善成性，弥纶天地；此外，孟子的"本心"也极富本体论色彩，孟子所说的"万物皆备于我"（《孟子·尽心上》），其实乃是备于仁义礼智之本心。不过这一时期，本体论并没有引起儒者的自觉关注。

直到宋明时期，面对佛老的冲击，儒者才开始自觉借鉴佛老的本体论

① ［明］王艮撰，陈祝生等校点：《王心斋全集》，南京：江苏教育出版社，2001年版，第54页。
② ［明］颜钧著，黄宣民点校：《颜钧集》，北京：中国社会科学出版社，1996年版，第83页。

论述,并从先秦儒学的思想资源中挖掘与建立起儒学自身的本体论,大致说来,则有张载的气本论,程朱的理本论,陆王的心本论。张载的气本论认为"太虚即气"①,无论是"气"聚合为物,还是消散为"气",都只是"气"的一种"客形",一种暂时的存在状态;只有无形无象的"太虚"才是"气"的"本体"状态。程朱的理本论认为,"理也者,形而上之道也,生物之本也;气也者,形而下之器也,生物之具也"②。人物之生,必禀此理而后有人性或物性,必禀此气而后有形体。陆王的心本论则认为,心即是理,"宇宙便是吾心,吾心即是宇宙"③,宇宙万物无非此心之理的充塞流行。但不管是先秦还是宋明,都没有所谓的"乐本论"。不过,虽然儒学史上没有所谓的"乐本论",但却不乏本体之乐:

> 孟子曰:"万物皆备于我矣。反身而诚,乐莫大焉。强恕而行,求仁莫近焉。"(《孟子·尽心上》)

孟子的"诚"论承自《中庸》,而《中庸》所说的"诚"则是形而上的本体。《中庸》曰:"诚者,天之道也;诚之者,人之道也。"又曰:"诚者物之终始,不诚无物。是故君子诚之为贵。诚者非自成己而已也,所以成物也。成己,仁也;成物,知也。"诚是天道本体,是成己成物之道。孟子这里所说的"反身而诚,乐莫大焉"的"诚",正是《中庸》所说的本体之诚,而"反身"则是实现本体之诚的工夫,"乐"则是实现本体之诚后,本体所自然具有的悦乐。

明初儒者曹端则对孔颜之乐作了仁体之乐的阐释:

> 孔、颜之乐者仁也,非是乐这仁,仁中自有其乐耳。且孔子

---

① [宋]张载著,章锡琛点校:《张载集》,北京:中华书局,1978年版,第8页。
② [宋]朱熹撰:《朱子全书》(第二十三册),上海:上海古籍出版社,合肥:安徽教育出版社,2002年版,第2755页。
③ [宋]陆九渊著,钟哲点校:《陆九渊集》,北京:中华书局,1980年版,第483页。

安仁而乐在其中，颜子不违仁而不改其乐。安仁者，天然自有之
仁，而乐在其中者，天然自有之乐也。不违仁者，守之之仁，而不
改其乐者，守之之乐也。《语》曰"仁者不忧"，不忧非乐而何？
周、程、朱子不直说破，欲学者自得之。①

以仁来论孔颜之乐，最早始于伊川。伊川曰："仁者在己，何忧之有？
凡不在己，逐物在外，皆忧也。'乐天知命故不忧'，此之谓也。若颜子箪
瓢，在他人则忧，而颜子独乐者，仁而已。"②孔颜之所以能不忧，是因为师
徒二人不追逐求之有道、得之有命的在外之物，而只追求那求则得之、舍
则失之的在己之仁，故于箪瓢疏食之际，皆能葆有此仁体之乐。曹端在此
基础上，进一步阐释孔颜之乐说，《论语》中所说的"仁者不忧"，"仁者"并
不是指拥有仁德的人，而是指仁体。这一解释不拘旧说，可谓别开生面。
仁体既不忧，非乐而何？ 这样就水到渠成地将仁与乐联系起来，得出"仁
中自有其乐"的结论，仁体天然具有和乐的属性。孔子能"安仁"，颜子能
"不违仁"，虽然师徒二人在工夫上有"安"与"守"的区别，但都已臻至仁
境，享受着仁体之乐，故孔子能乐在其中，颜子能不改其乐。可以看出，曹
端对孔颜师徒之乐所作"安"与"守"的区分，明显是受到前引朱子所论孔
颜之乐时所作的"自然"与"有意"的区别的影响。

无论是孟子的反身而诚之乐，还是曹端的仁者之乐，都是本体之乐，
这种本体之乐，乃是最高境界的悦乐，即周敦颐所倡导的"孔颜之乐"。泰
州学派也强调这种本体之乐即最高的境界之乐（孔颜之乐），只不过在心
学的学理背景下，他们所倡导的本体是心体或良知，如王艮在《乐学歌》中

---

① ［清］黄宗羲著，沈芝盈点校：《明儒学案》（下），北京：中华书局，2008 年版，第 1064 页。
② ［宋］程颢、程颐著，王孝鱼点校：《二程集》（上），北京：中华书局，1981 年版，第 352 页。

说,"人心本自乐,自将私欲缚"①,王栋也说,"盖人之心体,本自悦乐,本自无愠"②,而泰州学派的独特贡献则在于,他们将这种最高境界的孔颜之乐即本体之乐发展为乐之本体,认为乐就是心之本体,王艮指出:

"不亦说乎","说"是心之本体。③

天性之体本自活泼,鸢飞鱼跃便是此体。④

须见得自家一个真乐,直与天地万物为一体,然后能宰万物而主经纶,所谓"乐则天,天则神"。⑤

孔子说:"学而时习之,不亦说乎?"这里的"说"历来都被解作内心的喜悦,但王艮却别出心裁,将"说"阐释为心之本体,并认为这一心体"本自活泼","鸢飞鱼跃",是"与天地万物为一体"的"真乐",为学的过程就是一个克复乐之本体的过程,"人心本自乐,自将私欲缚。私欲一萌时,良知还自觉。一觉便消除,人心依旧乐"⑥。

王艮次子王东厓克承家学,对心斋的乐学思想既有继承,也有发展。一方面,东厓继承了乃父"乐是心之本体"的观点,认为学就是复乐之本体。他在南京论学时指出,"乐者,心之本体也。有不乐焉,非心之初也。吾求以复其初而已矣"⑦。在他看来,心之本体未尝不乐,乐者乐此学,学

---

① [明]王艮撰,陈祝生等校点:《王心斋全集》,南京:江苏教育出版社,2001 年版,第 54 页。

② [明]王艮撰,陈祝生等校点:《王心斋全集》,南京:江苏教育出版社,2001 年版,第 145 页。

③ [明]王艮撰,陈祝生等校点:《王心斋全集》,南京:江苏教育出版社,2001 年版,第 8 页。

④ [明]王艮撰,陈祝生等校点:《王心斋全集》,南京:江苏教育出版社,2001 年版,第 19 页。

⑤ [明]王艮撰,陈祝生等校点:《王心斋全集》,南京:江苏教育出版社,2001 年版,第 19 页。

⑥ [明]王艮撰,陈祝生等校点:《王心斋全集》,南京:江苏教育出版社,2001 年版,第 54 页。

⑦ [清]黄宗羲著,沈芝盈点校:《明儒学案》(下),北京:中华书局,2008 年版,第 723 页。

者学此乐，学就是要复此心本体之乐，非是于乐体之外别求所乐。另一方面，东厓将乃父所说的"真乐"发展为有所倚之乐与无所倚之乐。他指出："有所倚而后乐者，乐以人者也。一失其所倚，则慊然若不足也。无所倚而自乐者，乐以天者也。舒惨欣戚，荣悴得丧，无适而不可也。"①有所倚之乐，就是前论伊川所谓的"逐物在外"之乐，具体而言，则是求之有道、得之有命的富贵名利之属，然而所乐既有赖于外物，故一失其所倚则慊然不足；无所倚之乐，乃是自乐，就是前论伊川所谓的"在己"之乐，指实而言，则是仁、理、心等，所乐既在我，故无适而不乐也。此外，东厓还论述了乐与忧之间的关系，认为"乐者，心之体也，忧者，心之障也"②。东厓所谓"忧"，乃是指"役役然以外物为戚戚者"之忧，而非"忧道"之忧，忧道之忧，是忧不得乎乐，故忧乃所以为乐，而乐则无庸于忧矣。

王艮族弟王栋，则从复乐之本体的角度重新阐释了《论语》"学而"章：

孔子教弟子不啻千言万语，而记《论语》者，首曰："学而时习之，不亦说乎!"是夫子教人第一义也。盖人之心体，本自悦乐，本自无愠。惟不学则或憧憧而虑，营营而求，忽忽而恐，戚戚而忧，而其悦乐不愠之体遂埋没矣。故时时学习，则时时复其本体，而亦时时喜悦。一时不习，则一时不悦，一时不悦，则便是一时不习。可见圣门学习，只是此悦而已。由是而人信与而得志行道，则此悦发而为乐。不为人信与而不得志不行其道，则此悦不改为愠。悦即乐之来而几微，忻忻以向荣者也。不愠即乐之守而坚固，安安以自得者也。学不离乐，孔门第一宗旨，信而悟

---

① ［清］黄宗羲著，沈芝盈点校：《明儒学案》（下），北京：中华书局，2008 年版，第 723 页。
② ［清］黄宗羲著，沈芝盈点校：《明儒学案》（下），北京：中华书局，2008 年版，第 723 页。

之,思过半矣。①

王栋赋予《论语》首章"以乐为言"以重大的意义,认为这是"夫子教人第一义也","圣门学习,只是此悦而已","学不离乐,孔门第一宗旨"。古人编次文字,确有将一书主旨或一篇主旨置于全书或全篇之首的成例,如《孟子》一书,开篇首之以"仁义","王何必曰利? 亦有仁义而已矣"(《孟子·梁惠王上》),已将《孟子》一书主旨揭示无遗;又如《大学》一篇,首之以"大学之道,在明明德,在亲民,在止于至善",开门见山指示出《大学》一篇的主旨。王栋从《论语》首章言"说"、言"乐"、言"不愠"出发,指出学不离乐乃孔门第一宗旨,确为有见。在他看来,人的心体本来就是悦乐不愠的,惟其不学,才会憧憧而虑,营营而求,忽忽而恐,戚戚而忧,遂使悦乐不愠之体湮没无闻。因此,若能时时学习,就能时时复其本体之乐而时时喜悦。若一时不习,就一时不悦;一时不悦,就是一时不习。悦乐之本体既复,若人信与而得志行道,则此悦发而为乐;若不为人信与而不得志,则亦安安自得而不改为愠。这种从复本体之乐的角度出发对"学而"章所作的解释,可谓别开生面,带有泰州学派浓厚的乐学家风。

泰州学派之所以将孔颜之乐即本体之乐发展为乐之本体,一方面是对阳明"乐是心之本体"这一命题的继承与发展。阳明在与黄勉之论学的书信中曾指出:"乐是心之本体。仁人之心,以天地万物为一体,欣合和畅,原无间隔。……时习者,求复此心之本体也。悦则本体渐复矣。朋来则本体之欣合和畅,充周无间。本体之欣合和畅,本来如是,初未尝有所增也。就使无朋来而天下莫我知焉,亦未尝有所减也。"②在阳明看来,心

---

① ［明］王艮撰,陈祝生等校点:《王心斋全集》,南京:江苏教育出版社,2001 年版,第 145–146 页。

② ［明］王守仁撰,吴光等编校:《王阳明全集》(上),上海:上海古籍出版社,2011 年版,第 216 页。

之本体本来就是"欣合和畅,原无间隔"的,之所以要"时习",就是因为本体之乐有所间断,所以才要"时习"以复此心本体无间隔之乐。时习之"悦",正表明本体之乐已经渐复。"朋来"之乐,则象征着本体之乐充周无间。而本体之乐无增无减,本来如是,朋来未尝有所增,人不知亦未尝有所减。

王艮将"学而时习之,不亦说乎"之"说"解释为心之本体,以及王栋对《论语》"学而"一章所作的复乐之本体的阐发,明显受到阳明的影响。但是正如申祖胜所指出的,"如果说'乐'在阳明那里还只是一般的受重视,在王艮这里则几乎成了其立言宗旨"①。阳明说"乐是心之本体",只是作为一种一般性的论述,除此之外,他也说"定者心之本体"②,知是心之本体③,而且就在与黄勉之论学的同一封书信中还说"良知即是乐之本体"④,他并没有把"乐是心之本体"作为一个重大的理论命题予以阐发,而以王艮为首的泰州学派,如前所论,则将"乐是心之本体"作为一个重大理论命题予以了阐扬,并由此形成了其学派的乐学家风。

另一方面,则与泰州学人对乐之本体的神秘体验息息相关。陈来先生根据比较宗教学的研究指出,"神秘体验是指人通过一定的心理控制手段所达到的一种特殊的心灵感受状态,在这种状态中,外向体验者感受到万物浑然一体,内向体验者则感受到超越了时空的自我意识即整个实在,而所有神秘体验都感受到主客界限和一切差别的消失,同时伴随着巨大

① 申祖胜:《王艮"乐学"思想探论》,载《孔子研究》2017年第1期,第113页。
② [明]王守仁撰,吴光等编校:《王阳明全集》(上),上海:上海古籍出版社,2011年版,第19页。
③ [明]王守仁撰,吴光等编校:《王阳明全集》(上),上海:上海古籍出版社,2011年版,第39页。
④ [明]王守仁撰,吴光等编校:《王阳明全集》(上),上海:上海古籍出版社,2011年版,第217页。

兴奋、愉悦和崇高感"①。在宋明理学家中,理学一系由于采取一种严肃笃实的"敬"的修养工夫,因此在修身实践中绝少神秘体验,且多从理性主义的立场批评心学一系的神秘体验;心学一系由于采取静坐的修养工夫,故在修身实践中多有神秘体验,并对神秘体验多所论述,泰州学派即是如此。

王艮《年谱》记载,王艮二十七岁时就默坐体道,夜以继日,寒暑无间,务期有得,终于在二十九岁时,"一夕梦天坠压身,万人奔号求救,先生独奋臂托天而起,见日月列宿失序,又手自整布如故,万人欢舞拜谢。醒则汗溢如雨,顿觉心体洞彻,万物一体,宇宙在我之念益真切不容已"②。王艮的这次神秘体验是在梦境中经历的,他所感受到的是陈来先生所说的外向体验即"万物一体",从他梦后题于壁间的"居仁三月半"③可以看出,他是在这一梦境中获得了"巨大兴奋、愉悦和崇高感"的。王艮的再传弟子颜钧则有一著名的"七日闭关法",通过闭关默坐,使襟次焕然豁达,孔昭显明,"自心而言,即平日僵埋在百丈深坑中,今朝俄顷升入天堂上。然自身而言,即胎生三月不识不知之肫仁,竟被父母溺爱,不明引发其知识、喜好、情欲;及长大也,久被父母师友俗尚记读见闻,恰似捆挪在囚狱坑上,今朝倏然脱落出监,舞蹈轻爽"④。颜钧是通过静坐的方法,获得了一种内向的神秘体验即心体呈露,并由此体验到"升入天堂""舞蹈轻爽"的巨大喜悦之情。

---

① 陈来:《中国近世思想史研究》(增订版),北京:生活·读书·新知三联书店,2010 年版,第 344 页。
② [明]王守仁撰,吴光等编校:《王阳明全集》(上),上海:上海古籍出版社,2011 年版,第 68 页。
③ [明]王守仁撰,吴光等编校:《王阳明全集》(上),上海:上海古籍出版社,2011 年版,第 68 页。
④ [明]颜钧著,黄宣民点校:《颜钧集》,北京:中国社会科学出版社,1996 年版,第 33 页。

从王艮和颜钧的神秘体验来看,他们是因悟本体而得乐,是一种本体之乐,但泰州学派并不满足于所谓的本体之乐,在他们看来,"乐即道,乐即心也,而曰所乐者道,所乐者心,是床上之床也"①。就如上文程颐所说,使颜子而乐道,则非颜子矣,泰州学派也反对"乐道""乐心"这样的主客二分的提法,认为这是"床上之床",是叠床架屋的说法,他们既受阳明"乐是心之本体"的方向指引,加上自身所体验到的本体所散发的巨大喜悦,由此向前一步,阐扬"乐即道""乐即心""乐是心之本体",也就是水到渠成之事了。

第三节 泰州学派乐学思想评议

从泰州学派的创始人王艮,到王襞、王栋、徐樾(一传),再到颜钧、韩贞(二传),直到罗近溪(三传),都对乐学思想进行了不遗余力的阐发,诚如吴震先生所指出的那样,乐学"几乎成了泰州学派的一种家风"②。泰州学派的这一"家风",既有其积极意义,也有其局限性。

一、泰州学派乐学思想的意义

泰州学派的乐学思想,就其积极意义而言,就是发展出了一套既有本体又有工夫的成德理论,为其讲学活动提供了本体与工夫的保障,从而推动了"觉民行道"的实践探索。

唐君毅先生曾指出:"阳明原有'乐为心之本体'之言,其言良知之戒惧中,亦有洒脱之义。然王门学者,则未有明倡自觉此乐在本体,而依之以起工夫,而使人自乐其工夫,亦自乐其学者。心斋则首倡此义。"③唐先

---

① [清]黄宗羲著,沈芝盈点校:《明儒学案》(下),北京:中华书局,2008年版,第723页。
② 吴震:《泰州学派研究》,北京:中国人民大学出版社,2009年版,第173页。
③ 唐君毅:《中国哲学原论·原教篇》,北京:九州出版社,2016年版,第306页。

生虽然是就王艮的《乐学歌》立论,但得出的结论却适用于整个泰州学派。泰州学派在宋明理学的思想浪潮中,独树一帜地发展出一套乐学的成德理论。在这套理论中,他们将儒学的最高境界之乐(本体之乐)发展为乐之本体,就是要使人们自觉认识到真乐即是道体,即是心体,真乐本自活泼,鸢飞鱼跃,直与天地万物为一体;他们又将儒学悦乐的为学心理体验发展为简易快乐的为学工夫,认为工夫既不须穷索,也不须防检,只是从心率性,纯任良知,自然能消除物欲之蔽,回复乐之本体。由此,泰州学派将乐与学真正打成了一片:乐就是学,要学复乐之本体;学就是乐,为学工夫是简易快乐的;不乐不是学,不学不是乐;乐便然后学,学便然后乐。泰州学人将儒学传统的不成系统的乐学思想发展为一个既有本体又有工夫的成德理论体系,既形成了其学派所独有的乐学家风,将儒家的乐学思想发展至一个顶峰,又为其学派"觉民行道"的实践活动提供了本体与工夫的保障。

就本体而言,泰州学派认为,乐是心之本体,这种乐不是理义之悦我心的主客二分的乐,而是乐即心也、乐即道也的本体自身;这种乐也不是有所倚的外在之乐,而是无所倚的内在之乐。既然每个人的心体都是悦乐的,人们也就没有理由不去存养这一悦乐的心体,而去沉溺于内心的情欲、外在的物欲,以致于戚戚终日而丧失乐之心体。泰州学派的乐体,足以吸纳有志为学的知识精英及不识一字的"愚夫愚妇",以抗衡佛家的净土、道家的逍遥,从而光大儒家的门户。可以说,乐体论为泰州学派"觉民行道"的实践提供了一种本体论的保障。

就工夫而言,泰州学派的乐学理论认为,为学工夫是"简易快乐"的,如前所论,王艮就指出,"学不是累人的","天下之学,惟有圣人之学好学,不费些子气力,有无边快乐";东崖也认为,"省力处便是得力处,日用间有无限快活";一庵也指出,"才没意趣,便是工夫间断";颜钧更是认为,要

"放心体仁","快遂自心",等等。可以想象,当泰州学人将这一套简易快乐的为学工夫向"愚夫愚妇"宣讲时,会引发怎样轰动的效应,自然能使"愚夫俗子不识一字之人皆知自性、自灵、自完、自足,不假闻见,不烦口耳,而二千年不传之消息一朝复明"①。可以说,简易快乐的为学工夫为泰州学派"觉民行道"的实践提供了一种工夫论的保障。

正是这种本体与工夫的双重保障,推进了泰州学派"觉民行道"的实践发展。孔子的讲学本是有教无类的,在他的学生当中,既有贵族如孟懿子,也有野人如子路,既有富人如冉有、子贡,也有穷人如颜渊、原思。他将周代的王官之学开放给了全社会,而汉唐的经生之学,将儒学限制在经生文士之间,两宋的理学,又如焦循所论,乃所以教天下之君子,都使儒学局限于士人这一极小的受众群体,脱离了最广大的普通民众,失去了儒学天覆地载的广阔空间。这其中固然有经济政治诸多方面的原因,但儒学自身缺乏一种应对农工商贾的通俗化的理论体系也是一个重要原因。而泰州学派的乐学理论,正是一种既精深又通俗的成德理论,以其直指心之乐体以及简易快乐的工夫,使"愚夫俗子不识一字之人"都能理解与践行儒家的学问。

王艮讲学直指人心,简易快乐,如前所论,他教导徐樾为学工夫"亦放轻快些",又指示王汝贞"学不是累人的"等,可谓"至简至易至快乐",因此,他的弟子"上至师保公卿,中及疆吏司道牧令,下逮士庶樵陶农吏,几无辈无之"②,如樵夫朱恕,陶匠韩贞等,都是当时著名的布衣儒者,真正使儒学在民间生根发芽。

---

① [明]王艮撰,陈祝生等校点:《王心斋全集》,南京:江苏教育出版社,2001年版,第161页。

② [明]王艮撰,陈祝生等校点:《王心斋全集》,南京:江苏教育出版社,2001年版,第109页。

　　王襞讲学,也与其父一样,注重随机指示,言人人殊,但其大要不出于乐学,认为乐即是道,乐即是心,学即是要复本体之乐。如此论学,使闻者如大梦初醒,骎骎向往之志,就像百川赴归大海一般:"以故上智者闻而乐焉,曰'明珠在怀,而吾何必索之途也'? 浅机者闻而乐焉,曰'吾亦有是珠,而独何为其自昧也'?"①

　　韩贞开始从学于朱恕,最后卒业于王襞,学有所得,即毅然以倡道化俗为己任,他的讲学堪称"漫长的中国封建社会历史上一幅罕见的农民乐学图"②:

　　　　每秋获毕,群弟子班荆跌坐,论学数日,兴尽则拿舟偕之,赓歌互咏,如别林聚所,与讲如前。逾数日,又移如所欲往,盖遍所知交居村乃还。翱翔清江,扁舟泛泛,下上歌声洋洋,与棹音欸乃相应和,睹闻者欣赏若群仙子嬉游于瀛阆间也。③

罗近溪讲学也是如此:

　　　　至若牧童樵竖,钓老渔翁,市井少年,公门将健,行商坐贾,织妇耕夫,窃屦名儒,衣冠大盗,此但心至则受,不问所由也。……是以车辙所至,奔走逢迎,先生抵掌其间,坐而谈笑。人望丰采,士乐简易,解带披襟,八风时至。④

　　可以说,泰州学派是儒学史上真正使儒学理论深入民间的践行者,而这又得益于他们的乐学家风,他们的讲学如果不是以乐为心之本体,认为乐即是道,乐即是心,如果不是以简易快乐作为为学工夫,认为学不是累

---

① ［明］王襞撰:《新镌东厓王先生遗集》卷上,第59页,见四库全书存目丛书编纂委员会编:《四库全书存目丛书·集部》第146册,济南:齐鲁书社,1997年版,第675页。
② ［明］颜钧著,黄宣民点校:《颜钧集》,北京:中国社会科学出版社,1996年版,第161页。
③ ［明］颜钧著,黄宣民点校:《颜钧集》,北京:中国社会科学出版社,1996年版,第188页。
④ ［明］李贽撰,陈仁仁校释:《焚书·续焚书校释》,长沙:岳麓书社,2011年版,第212—213页。

人的,不费些子气力,有无边快乐,如果不是在"觉民行道"的实践中"下上歌声洋洋,与棹音欸乃相应和","坐而谈笑","八风时至",是无法受到"愚夫俗子不识一字之人"的欢迎与传播的。

二、泰州学派乐学思想的局限性

当然,泰州学派的乐学思想也有其局限性:就本体而言,缺乏一种全面的建构;就工夫而言,有流入光景的危险。

(一)本体上,缺乏全面的建构

泰州学派既以乐为心之本体,就不得不面对与"乐"相对的"忧"或"愤"的问题。如前所论,王襞在讲学中指出,"乐者心之体也,忧者心之障也",此所谓"忧",乃是指戚戚于外物之忧,而所谓"忧道"之"忧",则是"忧其不得乎乐"。泰州学人认为,乐即是道,因此忧道即是忧不得乐之本体,而一旦获得乐之本体,也就不用再忧了。王栋则以孔子的"发愤忘食,乐以忘忧"阐述如何获得乐之本体,认为"孔子励发愤忘食之志,只是做乐以忘忧底工夫"[①]。在他看来,学不离乐是孔门第一要旨,孔子之忧,正是忧不得其乐,而欲得其乐,则须做发愤忘食的工夫,得其乐则自然无忧耳。罗近溪也赞成其弟子曹胤儒的说法,认为"孔子发愤,为讨此受用,故继之曰'乐以忘忧'"[②]。在近溪看来,吾人学问就像舟车之行一样,刚开始发动车轮、升上舟帆时,必定要费些气力,等到了中途,车轮激滚、舟帆张扬,则不费些子气力了。

就乐与忧或者愤的关系而言,如上所论,泰州学人的认识还是很有见地的,对二者之间的关系处理得也比较合理,但是乐作为一种情感体验,

---

① [明]王艮撰,陈祝生等校点:《王心斋全集》,南京:江苏教育出版社,2001年版,第146页。
② [明]罗汝芳撰,方祖猷等编校整理:《罗汝芳集》(上),南京:凤凰出版社,2007年版,第394页。

既已被升格为形而上的本体,那它与喜、怒、哀、惧、爱、恶、欲这形而下的七情又是一种怎样的关系?依照王襞忧是"忧其不得乎乐"的思维方式,我们固然可以说,喜、怒、哀、惧、爱、恶、欲这七情皆是因本体之乐而发,喜是喜天地万物皆得其乐,故圣人裁辅天地万物而使之皆得其乐;怒是怒独夫夺天下人之乐,故武王一怒而万民纾困;哀是哀乐之本体不得抒发,故临丧须大哭一场方能为乐;惧是惧人欲障蔽乐之本体,故须戒慎恐惧以保养乐之本体;爱之于乐,恶之于乐,欲之于乐,亦复如是。但泰州学派并未就此展开论述,不得不说是一种理论的缺憾。

伊川曾指出:"在天为命,在义为理,在人为性,主于身为心,其实一也。"①认为命、理、性、心"其实一也",只是同一天理的不同规定罢了。这种既重分解又重贯通的方法,对我们深入认识相关概念有着莫大的助益。泰州学人既已将乐升格为本体,那么必然面对这样一种分解与贯通的工作,乐与儒家最重要的四德即仁、义、礼、智是什么关系?与《大学》所说的"明德"是什么关系?与《中庸》所说的"诚"是什么关系?与宋明儒所津津乐道的性、理、天命是什么关系?与阳明所说的"良知"又是什么关系?等等。这些都是泰州学派将乐升格为心之本体之后所未能融会贯通的。泰州学派鲜少有人讨论乐体与仁义礼智之间的关系,这大概是因为他们多出身布衣,本身的学术涵养有限,虽有直觉之识见,以及简易直截之工夫,但却未受概念分解的训练,缺乏相应的贯通能力。在泰州学派中,只有罗近溪善于精微之思索,且具备融会贯通的能力,他曾从生机的角度将乐与仁贯通起来,认为"所谓乐者,窃意只是个快活而已,岂快活之外复有所谓乐哉?……生意活泼,了无滞碍,即是圣贤之所谓乐,即是圣贤之所

---

① [宋]程颢、程颐著,王孝鱼点校:《二程集》(上),北京:中华书局,1981年版,第204页。

谓仁"①。但是近溪学问以孔门求仁为宗旨,以生生之易为源头,以赤子之心、不学不虑为的,以孝悌慈为实,其学术重心并不在将乐与四书五经融会贯通,故他对乐的论述并不多见,不得不说是一种缺憾。因此,泰州学派的乐学思想,在本体论上缺乏全面的建构,未能实现与以往儒学理论成果的融会贯通。

(二)工夫上,有流入光景的危险

明末吕坤曾从工夫论的角度批评王艮的乐学说:

> 王心斋每以乐为学,此等学问是不曾苦底甜瓜,入门就学乐。其乐也,逍遥自在耳,不自深造真积、忧勤惕励中得来。孔子之乐以忘忧,由于发愤忘食;颜子之不改其乐,由于博约克复。其乐也,优游自得,无意于欢忻而自不忧,无心于旷达而自不闷。若觉有可乐,还是乍得心;着意学乐,便是助长心,几何而不为猖狂自恣也乎?②

在吕坤看来,王艮所倡扬的乐学是"不曾苦底甜瓜",不是从"深造真积、忧勤惕励"的工夫中得来,而"入门就学乐",乃是"乍得心""助长心"作祟,不免流于"猖狂自恣"。

黄宗羲也从工夫论的角度批评了东厓的乐学思想,他严厉指出:

> 然而此处最难理会,稍差便入狂荡一路。所以朱子言曾点不可学,明道说康节豪杰之士,根本不贴地,白沙亦有说梦之戒。细详先生之学,未免犹在光景作活计也。③

如前所论,朱子认为曾点不可学,为学工夫当学曾子,脚踏实地,战战

---

① [明]罗汝芳撰,方祖猷等编校整理:《罗汝芳集》(上),南京:凤凰出版社,2007年版,第337页。
② 吕坤著,王国轩编著:《呻吟语正宗》(上),北京:华夏出版社,2014年版,第231页。
③ [清]黄宗羲著,沈芝盈点校:《明儒学案》(下),北京:中华书局,2008年版,第719页。

兢兢,如临深渊,如履薄冰;大程子认为康节虽识见高迈,但工夫却根本不贴地;陈白沙学宗自然,但认为"若无孟子工夫,骤而语之以曾点见趋,一似说梦"①。正是从工夫论的角度,黄宗羲批评以不犯手为妙的东厓之学"未免犹在光景作活计也"。

其实吕坤与黄宗羲对王艮与王东厓学问工夫的批评,未必不是他们二人工夫论的长处,吕坤所批评的"不曾苦底甜瓜",正见出其工夫是"简易快乐"的,黄宗羲所批评的"未免犹在光景作活计",未必不是不犯手脚的工夫。问题的关键在于,泰州学派这种"简易快乐"的工夫论是以现成良知或本心为基础的,正是在现成良知或本心的"悟入"与"发用"过程中,稍有不慎,就有流入光景的危险。

王艮和王东厓都强调现成良知的"发用",如王艮说,"良知天性,人人具足,人伦日用之间举措之耳"②,强调在人伦日用中去致良知,王东厓则说,"鸟啼花落,山峙川流,饥飧渴饮,夏葛冬裘,至道无余蕴矣"③,认为鸟啼花落、饥飧渴饮都是良知的流行发育。二人的说法都没有错,可谓造道之言,但若没有真实工夫的支撑,良知本体的发育流行就会成为一种光景,这就是朱子为什么说曾点不可学的原因,因其眼界高,能见道,但却是不曾做工夫的狂者。

颜钧以"七日闭关法"悟入本心,但所悟之本心若不能真实运用于人伦日用之间,而只是津津乐道于本心如何如何,则本心自身又成了一种光景,更甚者,若所悟不是本体而是情识,就真如刘宗周所批评的良知之蔽

---

① [清]黄宗羲著,沈芝盈点校:《明儒学案》(下),北京:中华书局,2008 年版,第 719 页。
② [明]王艮撰,陈祝生等校点:《王心斋全集》,南京:江苏教育出版社,2001 年版,第 47 页。
③ [明]王艮撰,陈祝生等校点:《王心斋全集》,南京:江苏教育出版社,2001 年版,第 214 页。

一样,"猖狂者参之以情识,而一是皆良"①,不能严辨本体与情识,一任情识鼓荡,那么情识也就都是良知了。

这种现成良知或本心的悟入与发用过程中的种种光景,虽说是人蔽而非法蔽,但由于泰州学派讲学的对象多是"愚夫俗子不识一字之人",文化程度既不高,又缺乏对良知学义理分际的把握,因此,最终还是出现了刘宗周所批评的那种情识而肆的现象。泰州学人对此也有充分的认识,如王栋就屡屡指出,不可混见闻之知与情识之知为良知,强调必须要有格物之学,"必反身格物,从实体认,默而识之"②,才能识取良知;又如罗近溪,更因拆穿光景而被牟宗三先生称为是"泰州派中唯一特出者"③,他认为"此心之体,极是微妙轻清,纤尘也容不得。世人若不晓事,却使着许多粗重手脚,要去把捉搜寻"④,又说此心"尽在为他作主干事,他却嫌其不见光景形色,回头只去想念前段心体,甚至欲把捉终身,以为纯亦不已,望显发灵通,以为宇太天光,用力愈劳,违心愈远"⑤,等等,特重在工夫上拆穿心体或良知本身的光景。此外,近溪虽然在讲学的过程中强调为学工夫是简易快乐的,但他也屡屡讲到自己年轻时的苦学经历,如他曾对门人及子侄辈说:"予自四十年来,此道喫紧关心,夜分方合眼,旋复惺惺,耳听鸡喔,未知何日得安枕席。"⑥又说:"予初学道时,每清昼长夜,只挥泪自苦,

① [清]黄宗羲著,沈芝盈点校:《明儒学案》(下),北京:中华书局,2008 年版,第 1575 页。
② [明]王艮撰,陈祝生等校点:《王心斋全集》,南京:江苏教育出版社,2001 年版,第 172 页。
③ 牟宗三:《从陆象山到刘蕺山》,吉林:吉林出版集团有限责任公司,2010 年版,第 183 页。
④ [明]罗汝芳撰,方祖猷等编校整理:《罗汝芳集》(上),南京:凤凰出版社,2007 年版,第 364 页。
⑤ [明]罗汝芳撰,方祖猷等编校整理:《罗汝芳集》(上),南京:凤凰出版社,2007 年版,第 270 页。
⑥ [明]罗汝芳撰,方祖猷等编校整理:《罗汝芳集》(上),南京:凤凰出版社,2007 年版,第 297 页。

此等境界予固难与人言,人亦莫之能知也。"①近溪此等"挥泪自苦"的"苦学",正是孔子所说的"发愤忘食",也是他前面所说的舟车刚开始发动时,定要所费的些子气力。近溪意在强调,不能因为强调乐学的工夫,就忘了"苦学""发愤忘食"的工夫,乐学工夫是从苦学工夫中得来的。

_____

① [明]罗汝芳撰,方祖猷等编校整理:《罗汝芳集》(上),南京:凤凰出版社,2007 年版,第297 页。

讲学与基层自治：
"以先知觉后知""治世还从睦族先"
——"觉民行道"的实践探索

第六章

泰州学人不仅能够坐而论道,对"觉民行道"的相关理论予以深入阐发,而且还极富实践的品格,都能够起而行之,对"觉民行道"的新外王路线进行实践探索。这些实践探索,概而言之,约有两途:一是讲学,一是基层自治。

第一节 "觉民行道"的实践探索之一——讲学

泰州学派"觉民行道"的第一种实践探索就是讲学。吴震教授指出:"所谓讲学,从狭义上说,无非是学者之间的一种学问切磋。从广义上说,讲学无非就是一种教育、一种面向民众的教化活动。从这一层面来看,讲学活动带有一种社会性的意义,用儒家的说法来表述的话,就是'以先觉觉后觉',既强调士人在社会上的'先觉'地位,同时也突出了士人应负的'觉后觉'的社会责任。"①其实,吴教授所说的狭义的讲学未尝就不是一种教化活动,只是这种教化指向的是学者自身,故可称为"自我教化"。狭

① 吴震:《明代知识界讲学活动系年:1522—1602·引言》,上海:学林出版社,2003 年版,第 36—37 页。

义的讲学即"自我教化"与广义的讲学即"教化民众"其实是讲学的一体两面,相当于《大学》所说的"明明德"与"亲民"。从王艮格物论的角度来看,不能"明明德"以"自我教化",就是失本,不能"亲民"以"教化民众",就是遗末,两者皆非大学之道,皆非大人之道,皆非止至善之道,皆非万物一体之道。

　　宣朝庆将泰州学派的平民讲会活动划分为三个阶段:一是初创期(1522—1539),始于王艮驾蒲车北上讲学,终于王艮逝世;二是高度发展期(1540—1579),王艮逝世后,一批泰州后学成长为平民会讲的健将,开展了一系列会讲活动;三是沉潜期(1580—1640),万历七年(1579),张居正禁讲学,使泰州学派的讲学活动受到沉重打击①。宣朝庆的划分虽然着眼于平民讲会,但其所划分的这三个阶段却适用于泰州学派"觉民行道"的整个讲学活动。王艮作为讲学的先行者,对讲学的形式进行了有益的探索,这是泰州讲学的初创期;王艮逝世后,以王襞、韩贞、王栋为代表的家学一系,以及以颜钧、何心隐、罗汝芳为代表的颜钧一系,将泰州学派的讲学活动推向了高潮;而张居正毁书院、禁讲学,则使泰州讲学乃至整个王门讲学受到沉重打击,使讲学活动迅速衰落。

　　不过,本书不采取宣朝庆在《泰州学派的精神世界与乡村建设》一书中的模式,对泰州学派的三期讲学活动按人物进行具体的论述,而是着重从以下三个方面论述泰州学派的讲学活动,以期从实质上把握泰州学派的讲学活动:一是讲学对象;二是讲学内容;三是讲学方式。讲学对象涉及的是"讲给谁听"的问题;讲学内容涉及的是"讲什么"的问题;讲学方式涉及的则是"如何讲"的问题。

---

① 宣朝庆主编:《泰州学派的精神世界与乡村建设》,北京:中华书局,2010 年版,第 200—203 页。

一、讲学对象——有教无类

孔子讲学有教无类,在他的学生当中,既有贵族如孟懿子,也有野人如子路,既有富人如冉有、子贡,也有穷人如颜渊、原思,泰州学派的讲学活动继承了孔子讲学有教无类的精神,只要是有志愿学之士,都来者不拒。

王艮作为泰州学派的创始人,奠定了该派讲学有教无类的精神与传统。王艮讲学的对象,"上自师保公卿,中至疆吏司牧,下逮士庶樵陶农吏,几无辈无之"①,真正继承了孔子讲学有教无类的精神。早在拜师阳明之前,他就榜其门曰:"此道贯伏羲、神农、黄帝、尧、舜、禹、汤、文、武、周公、孔子,不以老幼、贵贱、贤愚,有志愿学者传之。"②拜师阳明之后,他以传播、弘扬良知学为己任,驾着小蒲车北上京师周流讲学,一路上,他"入山林求会隐逸,过市井启发愚蒙"③。袁了凡在为其所作的传记中说,心斋此次北上讲学,在小蒲车上"插标牌云:'问五经疑义者,立此牌下。'他如欲明心见性者,商量经济者,凡十余牌"④。可见心斋讲学的对象,不拘于文人士子,山林"隐逸",市井"愚蒙","欲明心见性者,商量经济者,凡十余牌",都是他的讲学对象。

王艮所奠定的有教无类的讲学精神,为泰州后学很好地继承了下来,成为泰州讲学的一种传统。如王襞讲学,邓豁渠记载说,他于嘉靖三十一年(1552)二月至泰州访王襞,正赶上王襞在东淘精舍会讲,"是会也,四众

① [明]王艮撰,陈祝生等校点:《王心斋全集》,南京:江苏教育出版社,2001年版,第109页。
② [明]王艮撰,陈祝生等校点:《王心斋全集》,南京:江苏教育出版社,2001年版,第69页。
③ [明]王艮撰,陈祝生等校点:《王心斋全集》,南京:江苏教育出版社,2001年版,第71页。
④ 袁了凡:《王汝止传》,转引自吴震:《明代知识界讲学活动系年:1522~1602》,上海:学林出版社,2003年版,第2页。

俱集,虽衙门书手,街上卖钱、卖酒、脚子之徒,皆与席听讲。乡之耆旧,率子弟雅观云集——王心斋之风,犹存如此"①。可以看出,东厓继承了心斋有教无类的讲学精神,不论是耆旧子弟还是卑贱之徒,都能与席听讲。

如韩贞讲学,《陶人传》记载:"(韩贞)后聆先生(东厓)学,有得,毅然以倡道化俗为任,无问工、贾、佣、隶,咸从之游,随机因质诱诲之,化而善良者以千数。"②《乐吾韩先生遗事》也记载说:"嘉靖二十四年,先生名大振,远近来学者,门外屦常满,惓惓以明道化人为己责,虽田夫、樵子,未尝不提命之,厌其意而去。"③"无问工、贾、佣、隶","虽田夫、樵子,未尝不提命之,厌其意而去",体现的正是有教无类的精神。

又如何心隐讲学,不仅与士大夫如耿天台、耿定理、程学颜、程学博、钱同文、罗近溪等相互讲学,还与三教九流各色人等相与讲学,黄宗羲说他"在京师,辟各门会馆,招徕四方之士,方技杂流,无不从之"④。耿定向在《里中三异传》中说:"予有西夏之命,狂(注:耿称其为何狂)移馆别邸。从之游者,诸方技及无赖游食者咸集焉。余频行谓之曰:'子慎所与哉!'应曰:'万物皆备于我,何择也?'"⑤此外,王世贞在《嘉隆江湖大侠》中也说:"而所至聚徒,若乡贡、太学诸生以至恶少年,无所不心服。"⑥可以看出,何心隐的讲学是继承了泰州学派"有教无类"的讲学精神的,万物皆备于我,"方技杂流""无赖游食",来者不拒,有容乃大。

再如罗近溪讲学,李贽在《罗近溪先生告文》中说:"至若牧童樵竖,钓

---

① [明]邓豁渠著,邓红校注:《〈南询录〉校注》,武汉:武汉理工大学出版社,2008年版,第29—30页。
② [明]颜钧著,黄宣民点校:《颜钧集》,北京:中国社会科学出版社,1996年版,第188页。
③ [明]颜钧著,黄宣民点校:《颜钧集》,北京:中国社会科学出版社,1996年版,第191页。
④ [清]黄宗羲著,沈芝盈点校:《明儒学案》(下),北京:中华书局,2008年版,第704页。
⑤ [明]耿定向著,傅秋涛点校:《耿定向集》(下),上海:华东师范大学出版社,2015年版,第630页。
⑥ [明]何心隐著,容肇祖整理:《何心隐集》,北京:中华书局,1981年版,第144页。

老渔翁,市井少年,公门将健,行商坐贾,织妇耕夫,窃屦名儒,衣冠大盗,此但心至则受,不问所由也。况夫布衣韦带,水宿岩栖,白面书生,青衿子弟,黄冠白羽,缁衣大士,缙绅先生,象笏朱履者哉。"①近溪甚至在自己担任宁国府知府时,让因犯也参加讲会,在一旁听讲,促其改过自新。不论儒道佛,不管士农工商,甚至不顾有罪无罪,"心至则受,不问所由",真正做到了有教无类。

二、讲学内容——因会而异

泰州学派的讲学对象,不论士农工商,有教无类,而讲学内容,则因会而异。泰州学派的讲会分为两种:一种是精英讲会,一种是通俗讲会。

(一)精英讲会——儒学理论

精英讲会,是一种同志会,主要是文化水平较高的士阶层聚集在一起极深研几,讲学内容主要是儒学理论,包括儒学经典、理学的相关问题、阳明学前沿理论、泰州学派的相关理论以及泰州学人的独特思想等。

泰州学派作为一种儒学流派,儒学是它的大传统大背景,理学则是它的小传统小背景。因此,作为泰州学人极深研几的精英会讲,必然会讨论儒学经典与理学的相关问题。就儒学经典而言,像《大学》的格物,《中庸》的性、道、教,《论语》的克己复礼,《孟子》尽心知性等;就理学而言,像天理、体用、一体之仁、心即理、已发未发等,都是他们讲学的内容。他们的讲学采取一种"我注六经"的方式,具有浓厚的王门心学乃至泰州学派的背景与特色。如近溪解释"克己复礼"的"克己"二字,不取"克去己私"的古训,而认为"克字正解,只是作胜、作能,未尝作去"②,背后所体现的正是

---

① [明]李贽撰,陈仁仁校释:《焚书·续焚书校释》,长沙:岳麓书社,2011年版,第212—213页。

② [明]罗汝芳撰,方祖猷等编校整理:《罗汝芳集》(上),南京:凤凰出版社,2007年版,第26页。

心学肯认心体或良知本体的思想,因为心是本心或者说良知是现成良知,所以不须"克去己私",只须依着本心或良知而行即可,所以解"克"为"胜"为"能"。

阳明学的前沿理论,主要涉及良知本体与良知工夫两个方面。阳明卒后,良知学逐渐分化发展,泰州学派在讲学过程中也积极参与良知学的讨论。如王艮,《年谱》记载,嘉靖六年(1527),王艮在金陵的新泉书院与湛甘泉、吕泾野、邹东廓、欧阳南野等同志聚会讲学。当时,阳明主"致良知",甘泉主"随处体认天理",王艮则在讲会上特作《天理良知说》以调停两家学说,进而提出了自己的"天理良知"观。在他看来,"'天理'者,天然自有之理也,'良知'者,不虑而知、不学而能者也。惟其不虑而知、不学而能,所以为天然自有之理;惟其天然自有之理,所以不虑而知、不学而能也"①。良知为"天然自有之理",这是说良知本体是一种当下本体,天性具足,亭亭当当;良知"不虑而知、不学而能",这是说良知工夫是一种当下工夫,不须防检穷索,只须在人伦日用之间举而措之。如罗近溪,本书第二章已指出,他在与天台论学的过程中提到的"当下论",对天台影响很大,此不赘述。

泰州学派的相关理论,如本书理论部分所涉及的淮南格物、百姓日用即道、"大成师"、孝悌慈、乐学等,都是泰州学人的讲学内容。如百姓日用即道,王艮以"童仆之往来"说明百姓日用即道。《年谱》记载,嘉靖七年(1528),"在会稽。集同门讲于书院,先生言百姓日用是道。初闻多不信,先生指童仆之往来,视听持行,泛应动作处,不假安排,俱自顺帝之则,至无而有,至近而神,惟其不悟,所以愈求愈远,愈作愈难。谓之有志于学则

---

① [明]王艮撰,陈祝生等校点:《王心斋全集》,南京:江苏教育出版社,2001年版,第31—32页。

可,谓之闻道则未也。贤智之过与仁智之见俱是妄。一时学者有省"①。
童仆的良知虽是虚寂的,但遇事触境自能感应("至无而有"),童仆的良知
虽是浅近易见的,但发用流行则神妙莫测("至近而神"),所以说"童仆之
往来"即是道。近溪在讲学中则常以童子捧茶来说明百姓日用即道,在他
看来,知有两样:"故童子日用捧茶是一个知,此则不虑而知,其知属之天
也;觉得是知能捧茶,又是一个知,此则以虑而知,其知属之人也"②。从茶
房到客厅,有三层厅事,但捧茶童子能顺着天道戒慎恐惧而行,经过许多
门限台阶而不曾打破一个茶杯,能以人的觉悟之知妙合不虑而知的天之
知,所以说"捧茶童子却是道"。

　　作为泰州学人,在讲学中讨论泰州学派的相关理论,这是泰州学人或
者说泰州学派的学术共性,除此之外,泰州学人还会在讲学中讨论自己的
独特思想,这是泰州学人的学术个性,丰富了泰州学派的学术面貌。如颜
钧,不仅在讲学中大力宣扬泰州学派的"大成师"、乐学等思想,还在讲学
中形成了自己独特的思想,如"大学中庸"思想。《大学》《中庸》本是篇
名,但颜钧在为心斋庐墓三年之时,聚友千余,晰辨大学中庸之学,认为
"自我广远无外者,名为大;自我凝聚员神者,名为学;自我主宰无倚者,名
为中;自我妙应无迹者,名为庸"③,形成了自己独特的"大中学庸"之学。
又如王栋,不仅在讲学中大力宣扬泰州学派的"大成师"等理论,也形成了
自己独特的思想,最著名的就是他的"诚意"论。王栋的诚意论,不取传统

---

① [明]王艮撰,陈祝生等校点:《王心斋全集》,南京:江苏教育出版社,2001 年版,第 72
页。
② [明]罗汝芳撰,方祖猷等编校整理:《罗汝芳集》(上),南京:凤凰出版社,2007 年版,第
188 页。
③ [明]颜钧著,黄宣民点校:《颜钧集》,北京:中国社会科学出版社,1996 年版,第 76 页。

理学以意为心之所发的理路,而认为"意是心之主宰"①,心之所发乃是有善有恶的"念"而非作为心之主宰纯粹至善的"意"。"诚意工夫在慎独。独即意之别名,慎则诚之用力者耳。"②

(二)通俗讲会——"圣谕六条"

通俗讲会,是一种大众讲会,主要是针对文化水平较低的农工商阶层举行的一种化民成俗的讲会,讲学内容主要是"圣谕六条"。

"圣谕六条"即孝顺父母,尊敬长上,和睦乡里,教训子孙,各安生理,毋作非为。这是朱元璋基层治理的重要内容,是明代基层教化的指导思想。经过明廷的大力宣扬,以及阳明在《南赣乡约》中将"圣谕六条"融入乡约的尝试与实践,到颜钧、王栋生活的时代,明代乡约终于摆脱了蓝田《吕氏乡约》的笼罩,形成了自己的特色,即以"圣谕六条"为核心内容的乡约体系。在此基础上,泰州学人在讲学中积极宣讲"圣谕六条"以化民成俗。

颜钧在"萃和会"中极力阐扬"圣谕六条",收到了"闾里为仁风"的效果。颜钧《自传》记载,他通过"七日闭关法"脱胎换骨,心智洞开,于是回家侍奉寡母:

> 及暮余月,慈乐足,发引众儿媳、群孙、奴隶、家族、乡间老壮男妇,几近七百余人,聚庆慈怖,列坐两堂室,命铎讲耕读正好作人,讲作人先要孝弟,讲起俗急修诱善,急回良心,如童时系念父母,常得欢心,率合家中,外移耽好妻子之蒸蒸,奉养父母之老年,勤勤恳恳,不厌不倦,不私货以裕己,不怀蓄而薄养,生息于

---

① [明]王艮撰,陈祝生等校点:《王心斋全集》,南京:江苏教育出版社,2001年版,第149页。
② [明]王艮撰,陈祝生等校点:《王心斋全集》,南京:江苏教育出版社,2001年版,第149页。

士农工商,仰给惟父兄室家。逆没积忿,参商各各,□□和萃,如此日新又新,如此五日十日,果见人人亲悦,家家协和,踊跃奋励,虽少小童牧,尽知惭悔省发,皆自叩谢父母长上,竟为一家一乡快乐风化,立为萃和之会。①

就"萃和会"的讲学内容而言,吴震先生指出,"该会是在山农的感召下得以聚集而成,人们似乎是冲着山农的'七日闭关法'而来"②,但以颜钧张扬的个性,若在会中以"七日闭关法"指点乡众而收到"闾里为仁风"的效果,必然会大书特书,不可能只字不提。揆之《自传》,"命铎讲耕读正好作人,讲作人先要孝弟"(此条对应"圣谕六条"的"孝顺父母"),"逆没积忿,参商各各,□□和萃"(此条对应"圣谕六条"的"和睦乡里")等,倒是和近溪在营救颜钧的《揭词》中所说的"会中启发讲修,无非祖训六条"③相吻合,而且颜钧本人还写过阐发"圣谕六条"的《箴言六章》(见本书第四章)。因此,颜钧在以"诱善""起俗"为目的的"萃和会"中的讲学,应是以"圣谕六条"为讲学内容的。

王栋在乡约中极力宣扬"圣谕六条",不过从现存文集看,保留下来的只有《乡约谕俗诗六首》与《又乡约六歌》这两首组诗。其中,《乡约谕俗诗六首》缺第一条"孝顺父母"的诗文,只保存了后五首;《又乡约六歌》散佚更多,只保留了"孝顺父母"和"尊敬长上"这两条的诗文,其余四条的诗文不存。以"尊敬长上"一条为例,王栋在《乡约谕俗诗六首》中说道:"天地生人必有先,但逢长上要谦谦。鞠躬施礼宜从后,缓步随行莫僭前。庸敬在兄天所叙,一乡称弟士之贤。古今指傲为凶德,莫学轻狂恶少年。"④

---

① [明]颜钧著,黄宣民点校:《颜钧集》,北京:中国社会科学出版社,1996年版,第24页。
② 吴震:《泰州学派研究》,北京:中国人民大学出版社,2009年版,第279页。
③ [明]颜钧著,黄宣民点校:《颜钧集》,北京:中国社会科学出版社,1996年版,第44页。
④ [明]王艮撰,陈祝生等校点:《王心斋全集》,南京:江苏教育出版社,2001年版,第199页。

通过诗歌的形式进行说理,不仅朗朗上口,而且通俗易懂,非常容易为"愚夫愚妇"所接受。

罗近溪常年出任地方长官,在任上以乡约为治,以"圣谕六条"为教,教化大行。嘉靖三十二年(1553),近溪被任命为太湖县令。在太湖令上,近溪"立乡约、饬讲规,敷演圣谕六条,惓惓勉人以孝弟为先,行之期月,争讼渐息"①。这成为近溪后来在宁国府、东昌县、腾越州施政的模板。嘉靖四十一年(1562),近溪出守宁国府,"至宁国,凡士民入府,则教以孝顺父母、尊敬长上。或曰:'孝顺父母、尊敬长上,足以治宁国耶?'曰:'奚啻宁国已也。'数月,教化大行,远迩向风"②。万历元年(1573),奉诏起用,补东昌县令。近溪"治东昌如宁国"③,三月大治。万历四年(1576),任云南提学,"暇讲乡约,父老子弟群聚观听者,动以千计,风闻远迩,争讼渐息,几无讼矣"④。

三、讲学方式——多方探索

泰州学派对讲学方式进行了多方探索。王艮作为泰州学派的创始人,是泰州讲学的先行者,对讲学的方式进行了有益的尝试,并对王门其他学派的讲学方式进行了有益的借鉴,主要有:榜门讲学,周流讲学,讲会讲学。泰州后学则根据讲学实践的发展,对心斋所探索的讲学方式进行了有选择性地继承发展。

---

① [明]罗汝芳撰,方祖猷等编校整理:《罗汝芳集》(下),南京:凤凰出版社,2007 年版,第921 页。
② [明]罗汝芳撰,方祖猷等编校整理:《罗汝芳集》(下),南京:凤凰出版社,2007 年版,第921 页。
③ [明]罗汝芳撰,方祖猷等编校整理:《罗汝芳集》(下),南京:凤凰出版社,2007 年版,第922 页。
④ [明]罗汝芳撰,方祖猷等编校整理:《罗汝芳集》(下),南京:凤凰出版社,2007 年版,第831 页。

(一)榜门讲学

《年谱》记载,王艮在正德十四年(1519)三十七岁时制冠服,认为不仅要言尧之言,行尧之行,还要服尧之服,于是就按照《礼经》制五常冠、深衣、绦经、笏板,行则规圆矩方,坐则焚香默识,并榜其门曰:"此道贯伏羲、神农、黄帝、尧、舜、禹、汤、文、武、周公、孔子,不以老幼、贵贱、贤愚,有志愿学者传之。"①王艮榜门讲学的具体效果已不得而知,但他所开创的榜门讲学的讲学方式,则为其再传弟子颜钧所继承,并在江西豫章同仁祠的榜门讲学中发扬光大。

嘉靖十九年(1540)秋,颜钧卒业于心斋之门后,便从泰州回江西。在豫章同仁祠,颜钧张贴《急救心火榜文》进行讲学,在当时产生了轰动效应。《自传》记载:"适际庚子秋闱,出讲豫章同仁祠,榜曰急救名利心火,沸谈神格,得千五百友。"②其中,颜钧的得意弟子罗近溪就是在这次讲会中拜入其门下的。颜钧的急救心火主要是指"六急六救":"一急救人心陷牿,生平不知存心养性,如百工技艺,如火益热,兢自相尚。二急救人身奔驰,老死不知葆真完神,而千层嗜欲,若火始然,尽力恣好。三急救人有亲长也,而火炉妻子,薄若秋云。四急救人有君臣也,而烈焰刑法,缓民欲恶。五急救人有朋友也,而党同伐异,灭息信义。六急救世有游民也,而诡行荒业,销铄形质。"③颜钧希望通过讲学,使世人咸归中正,正端心学。同仁祠讲学,意义非常重大,可以说是"传衣钵于西江"④,使泰州之学在江西传播开来。

---

① [明]王艮撰,陈祝生等校点:《王心斋全集》,南京:江苏教育出版社,2001年版,第69页。
② [明]颜钧著,黄宣民点校:《颜钧集》,北京:中国社会科学出版社,1996年版,第25页。
③ [明]颜钧著,黄宣民点校:《颜钧集》,北京:中国社会科学出版社,1996年版,第3页。
④ [明]颜钧著,黄宣民点校:《颜钧集》,北京:中国社会科学出版社,1996年版,第3页。

（二）周流讲学

正德十五年（1519），王艮前往豫章会见阳明，最终折服于阳明简易直截的致良知之学，于是拜入阳明门下。嘉靖元年（1522），他有感于良知之学未能遍及天下，遂有驾蒲插标北上京师周流讲学之举，王艮《年谱》记载：

> 一日，入告阳明公曰："千载绝学，天启吾师倡之，可使天下有不及闻此学者乎？"因问孔子当时周流天下车制何如，阳明公笑而不答。既辞归，制一蒲轮，标其上曰：天下一个，万物一体，入山林求会隐逸，过市井启发愚蒙。遵圣道天地弗违，致良知鬼神莫测，欲同天下人为善，无此招摇做不通，知我者其惟此行乎？罪我者其惟此行乎？……沿途聚讲，直抵京师。……时阳明公论学与朱文公异，诵习文公者颇抵牾之。而先生复讲论勤恳，冠服车轮，悉古制度，人情大异。会南野诸公在都下，劝先生归。阳明公亦移书守庵公，遣人速先生。①

时人袁了凡在《王汝止传》中也对王艮的这次周流讲学有详细记载：

> （王艮）叹曰："圣人作而万物睹，理也。今有名贤而四方不闻，吾辈之罪也。"遂驾小蒲车，插标牌云："问五经疑义者，立此牌下。"他如欲明心见性者，商量经济者，凡十余牌。以一骡驾之，二仆肩随，从扬州而北，沿途夹舆问道，常数百人。公随缘启发，各欣欣有得。或止公车而留宿者，或请稍驻足而终教者，或追随累日不能舍者。行二月余，将至都下……时嘉靖初立，方严

---

① ［明］王艮撰，陈祝生等校点：《王心斋全集》，南京：江苏教育出版社，2001年版，第70—71页。

异言异服之禁,诸同志恐为逻者所侮,共匿其车,劝止之,因送之南还。①

王艮在北上京师周流讲学的过程中,身着奇装异服,"驾小蒲车,插标牌",招摇过市,与嘉靖初立时严禁"异言异服"的文化政策正相抵牾,而且当时王学正受到当朝正统程朱理学的打压,伪学之禁时有所闻,嘉靖二年(1523)会试的策问就有阴诋阳明之意。可以说,当时王学的生存处境是非常艰难的。然而王艮一介布衣,虽有万物一体之怀,却甚乏政治智慧,不能审时度势,以异言、异服、异行招摇讲学,所以才被师友促归,并受到阳明的严厉裁抑。

不过,从阳明对心斋询问孔子周流天下车制时的"笑而不答"可以看出,他并不反对周流讲学这一讲学方式,他之所以严厉裁抑心斋,只是因为心斋不能从时局出发的异服异言异行及其可能对整个王门造成的灾难性后果。而当阳明卒后,在王门众弟子的讲学推动下,尤其随着时局的好转,王门讲学迎来了高潮。此时,周流讲学就成为一种非常必要的讲学方式了。颜钧说得好:"大道无私,人品殊科,不有先觉,孰开其蔽?况天下之广,亿兆之众,苟不沿流申道,递分四方,诱以同学,则有志者阻于遐僻,昧于见闻,终将贸贸焉莫知所谓大道。"②因此,泰州后学继承心斋周流讲学的传统,周流大江南北,欲振木铎于天下。

就家学一系而言,王襞外出讲学归来后,常周流于当地村落进行讲学。《东厓学述》记载:"(东厓)归则随村落大小扁舟往来,歌声与林樾相

① 袁了凡:《王汝止传》,转引自吴震:《明代知识界讲学活动系年:1522—1602》,上海:学林出版社,2003年版,第2—3页。
② [明]颜钧著,黄宣民点校:《颜钧集》,北京:中国社会科学出版社,1996年版,第5页。

激发,闻者以为舞雩之风复出。"①黄宗羲在《泰州学案一》中也记载说:
"(东厓)归则扁舟于村落之间,歌声振乎林木,恍然有舞雩气象。"②东厓
这种在各村落周流讲学的模式,在韩贞那里得到了很好的继承。《陶人
传》记载:"(韩贞)每秋获毕,群弟子班荆趺坐,论学数日。兴尽则拿舟偕
之,赓歌互咏,如别林聚所,与讲如前。逾数日,又移舟如所欲往,盖遍所
知交居村乃还。"③可以说,王襞与韩贞在村邑之间的周流讲学,真正将儒
学的种子撒向了民间大地。

　　就颜钧一系而言,颜钧在嘉靖十九年(1540)卒业于心斋之门后,便开
始了他二三十年周流讲学的历程,直到嘉靖四十五年(1566)被捕入狱。
马晓英指出,颜钧在这一时期的讲学活动,"按时间和地点,大体可以分为
以下几段:以豫章同仁祠会讲为发端的江西会讲、在江苏各地的会讲以及
在京师的会讲活动"④。具体而言:江西的讲学活动(1540),主要包括豫
章同仁祠讲学和金溪讲学,主要宣讲他的"急救心火"以及泰州学派的相
关理论;江苏的讲学活动(1541—1546),主要是指他在泰州、如皋、江都、
扬州、仪真等地的周流讲学,广泛传播王艮的"乐学""大成"思想,并宣扬

① ［明］王艮撰,陈祝生等校点:《王心斋全集》,南京:江苏教育出版社,2001 年版,第 130
　　页。
② ［清］黄宗羲著,沈芝盈点校:《明儒学案》(下册),北京:中华书局,2008 年版,第 718—
　　719 页。
③ ［明］颜钧著,黄宣民点校:《颜钧集》,北京:中国社会科学出版社,1996 年版,第 188 页。
④ 马晓英:《敦伦化俗,运世造命——明末"异端"学者颜钧的儒学化俗实践及其讲学活
　　动》,载《孔子研究》2007 年第 1 期,第 63 页。

自己的"大学中庸之学";京师的讲学活动,主要是参加灵济宫会讲(1556)①。

何心隐在"聚和会"失败后,北上京师,并参与倒嵩活动(1561),为躲避严党报复,不得不改名换姓(由梁汝元改为何心隐),逃亡避难。不过在逃亡的过程中,心隐仍不忘讲学。县志本传记载,心隐"历游江南北,所至聚徒讲学"②。1562—1564年,心隐一直在福建地区讲学,尤其是兴化、莆田两地。后来他因为与三一教的创始人林光恩论学不合,便于嘉靖四十三年(1564)离开福建,最后随程学博入重庆,相与讲学三年。隆庆三年(1569),心隐听闻钱怀苏死讯,即离开重庆前往哭吊,并在杭州讲学。隆庆六年(1572),心隐往道州与周合州论学,之后,二人又往黄安,与耿定向、耿定力兄弟讲学于"求仁会馆"③,几近一年。万历元年(1573),心隐离开黄安,据容肇祖先生推测,"他离开黄安后,大约都在孝感讲学"④。程学颜、程学博兄弟都是孝感人,大概何心隐就住在程氏兄弟家中,因此就在孝感地方讲学。万历四年(1576),湖广有缉拿何心隐的命令,何心隐不

---

① 《自传》记载,嘉靖三十五年(1556),颜钧与门人罗汝芳同至北京,参加灵济宫讲会,"时徐少湖名阶,为辅相,邀铎主会天下来觐官三百五十员于灵济宫三日。越七日,又邀铎陪赴会试举人七百士,亦洞讲三日。如此际会,两次溢动,湖公喜,信私邀铎与近溪、吉阳,尽日倾究。岂期及筵,朝仕骈至湖公庭。湖公出庭周旋,底暮入座,西城又促去,良可慨也。"据《自传》,则此次灵济宫大会为颜钧主会,但揆之近溪与徐阶方面的文字,则可以发现,颜钧所论"似有自我夸张之嫌。《同治建昌府志》卷八"罗汝芳传"说:"岁大计,入觐,大学士徐阶曰:'吾初不欲烦子以郡事,不意乃更有实用也。'汝芳起谢。……因谓两司郡县多极一时之选,今来朝,或讲学,以端趋向。阶遂大会于灵济宫。汝芳娓娓发明,听者数千人。"并没有颜钧主会的记载。《明儒学案》卷二十七"徐阶传"说:"(徐阶)及在政府,为讲会于灵济宫,使南野,双江,松溪程文德分主之,学徒云集,至千人。"也没有颜钧主会的记载。其实,颜钧《自传》乃是以其本人为主角,所载多有夸大失实之辞,并不足怪。
② [明]何心隐著,容肇祖整理:《何心隐集》,北京:中华书局,1981年版,第125页。
③ [明]何心隐著,容肇祖整理:《何心隐集》,北京:中华书局,1981年版,第121页。
④ 容肇祖:《容肇祖集》,济南:齐鲁书社,1989年版,第356页。

得不四处避难,万历七年(1579)在祁门县被捕,受杖刑而死于狱中。

　　罗近溪除了在任上讲学之外,也经常周流讲学。隆庆元年(1567),近溪周流天下,遍访同志,在浙江与龙溪讲学甚欢。隆庆五年(1571),母丧结束后,又遍访同志,大会南丰、广昌、韶州、衡阳刘仁山书院。万历元年(1573),奉诏起用,沿途讲学,名曰入京,实则联友讲学。万历五年(1577),因讲学而被劾致仕。有人劝他辍讲以从时好,他答以"况今去官,正好讲学"①,弟子中也有人劝其辍讲以免党祸,他答曰:"人肯实心讲学,必无祸也。党人者,好名之士也,非实心讲学者也。"②从此,近溪将全部精力都投入到了讲学之中。万历七年(1579)八月,他只身赴闽,遍访同志。万历十一年(1583)夏,他又到临川,会于崇仁、乐安,并遍访同志。万历十二年(1584),过螺川,访王时槐于白鹭院,又游闽,问心于武夷先生。万历十三年(1585),在南昌大会江西同志。万历十四年(1586),周柳塘访于从姑山房,并偕游至南都,会讲兴善寺、凭虚阁。会后,又大会于芜湖、水西、宁国。万历十五年(1587),在新城与邓元锡畅论,并至建阳讲学。直到万历十六年(1588)逝世。

(三)讲会讲学

　　在讲会讲学兴起之前,传统的书院讲学是阳明及其门人传播良知学的主要途径。所谓书院讲学,是指在书院中进行的以师弟授受为主的讲学即授徒讲学。王艮积极参与并推动了王门的书院讲学。如嘉靖三年(1524),王艮参与稽山书院讲学。嘉靖四年(1525)十月,王艮与同门创建越城阳明书院,以接待四方来学士子。嘉靖五年(1526),王艮参与复初书

① ［明］罗汝芳撰,方祖猷等编校整理:《罗汝芳集》(下),南京:凤凰出版社,2007年版,第909页。
② ［明］罗汝芳撰,方祖猷等编校整理:《罗汝芳集》(下),南京:凤凰出版社,2007年版,第910页。

院与安定书院的讲学。

　　不过这种情形因刘邦采、刘晓等人建立的"惜阴会"而有了实质性的突破。嘉靖五年(1526),阳明弟子刘邦采、刘晓等人在家乡安福创立"惜阴会","同志之在安成者,间月为会五日,谓之惜阴会"①。安成是安福的古称。刘邦采、刘晓等人集结安福地区的同志聚会讲学,得到了阳明的高度赞赏,阳明为此特作《惜阴说》,认为他们志向笃定,并勉励他们要时时惜阴。"惜阴会"的创立,在阳明学的发展与传播史上具有重大的意义,诚如吕妙芬所言,惜阴会"开创了集结地方同志定期讲学的新风气"②,"成为王阳明去世后传播阳明学最重要的组织模式"③。

　　吴震指出:"阳明学作为一种哲学,固是一种理论思辨的产物,同时阳明学的展开过程又是一场思想运动,其具体表现就是讲学。"④但明代学者讲学有其特殊性,陈时龙指出:"明代讲学区别于前代讲学的特殊性,即在讲会。讲会是明代讲学的最重要、影响最大的一种模式,也可以说是最典型的一种模式。"⑤因此,"惜阴会"在讲学新模式——地域性讲会——的开创之功上,意义就显得特别重大,而阳明于嘉靖五年(1526)十二月所作的《惜阴说》,"正是后来阳明学讲会发展起来的一个文献上的依恃"⑥。基于此,笔者以《惜阴说》所作时间为节点,将嘉靖五年以前阳明学学人的

----

① 　[明]王守仁撰,吴光等编校:《王阳明全集》(上),上海:上海古籍出版社,2011 年版,第 298 页。
② 　吕妙芬:《阳明学派的建构与发展》,载《清华学报》1999 年第 2 期,第 199 页。
③ 　吕妙芬:《晚明江右阳明学者的地域认同与讲学风格》,载《台大文史哲学报》2002 年第 56 期,第 303 页。
④ 　吴震:《明代知识界讲学活动系年:1522—1602》,上海:学林出版社,2003 年版,"引言"第 4 页。
⑤ 　陈时龙:《明代中晚期讲学运动:1522—1626》,上海:复旦大学出版社,2005 年版,第 7 页。
⑥ 　陈时龙:《明代中晚期讲学运动:1522—1626》,上海:复旦大学出版社,2005 年版,第 56 页。

讲学归为书院讲学时期,而将嘉靖五年以后阳明学学人的讲学归为讲会讲学时期。讲会讲学,简称会讲。根据当时的习惯用法,"以'会讲'作动名词,指聚会讲学的活动,而以'讲会'作名词,指会聚讲学的组织"①。泰州学派的讲学活动既为王门讲学的一部分,故笔者以嘉靖五年作为分界线,将泰州学派此后的讲学活动称为讲会讲学。

王艮自嘉靖六年起,就一直活跃在会讲的最前沿,推动着王门讲学活动的发展。按会讲的地点分,主要有三:一是会稽会讲。《年谱》记载,嘉靖七年(1528),王艮在会稽,集同门讲于书院,讲百姓日用即道。嘉靖八年(1529)冬,往会稽会葬阳明,大会同志,聚讲于书院。二是金陵会讲。《年谱》记载,从嘉靖九年(1530)到嘉靖十五年(1536),王艮几乎每年都前往金陵参加同门的会讲活动。如嘉靖九年(1530),与邹东廓、欧阳南野等会讲于鸡鸣寺。嘉靖十一年(1532),王艮在经理阳明家事后,又大会于金陵。嘉靖十二年(1533),与欧阳南野论致良知,以日用见在指点良知,从此二人甚相契合,等等。三是泰州会讲。阳明卒后,王艮回到家乡泰州安丰场授徒讲学,正式开创了泰州学派。嘉靖十五年(1536)秋八月,御史洪垣"为构东淘精舍数十楹,以居来学"②,从此泰州学派有了固定的讲学场所。李春芳(嘉靖二十六年状元,隆庆二年至五年任内阁首辅)曾亲见王艮与乡人的讲学情景:"见乡中人若农、若贾,暮必群来论学。时有逊坐者,先生曰:'坐!坐!勿过逊废时。'"③陶望龄也说:"心斋父子盛时,升

① 陈来:《中国近世思想史研究》(增订本),北京:生活·读书·新知三联书店,2010年版,第375页。
② [明]王艮撰,陈祝生等校点:《王心斋全集》,南京:江苏教育出版社,2001年版,第74页。
③ [明]李春芳撰:《李文定公贻安堂集》卷九,第13页,见四库全书存目丛书编纂委员会编:《四库全书存目丛书·集部》第113册,济南:齐鲁书社,1997年版,第261页。

堂谈道,万众咸集。既退,虽皂隶臧获,人人意满,若怀宝而去者。"①心斋的讲学不分贵贱贫富,奠定了泰州学派有教无类的传统。

心斋卒后,东厓继父讲席,讲学于东淘精舍。《年谱纪略》记载,嘉靖十八年(1539),心斋卒,"是年开门受徒,毅然以师道自任。凡月三会,聚讲精舍书院"②。东厓讲学"春风和气,不令人畏,亦不令人狎。沿海之乡顾化而善良者,彬彬成俗。……由是从游日众,每会常数百人,不计寒暑,客至尽日,近则款留,远则设榻,周旋委曲者无所不尽其心"③。除了在家乡讲学,东厓还经常受聘外出讲学。《东厓学述》记载:"心斋殁,东厓望日隆,四方聘以主教者沓至。罗近溪守宛则迎之,蔡春台(国熙)守苏则迎之,李文定(春芳)迎之兴化,宋中丞(仪望)迎之吉安,李计部(皋华)迎之真州,董郡丞(燧)迎之建宁,殆难悉数。"④

王栋非常强调"会"的重要性,他曾以鱼水、鸟林来比喻学者与讲会的关系:"学者之于会,如鱼之于水,鸟之于林。鱼失水则死,鸟失林则危,学无师友之会,则便精神散漫,生意枯槁。于何取益? 于何日新?"⑤因此,他在讲学的过程中,非常注重创立讲会以凝聚师友,从而使学者收到"取益""日新"的效果。《年谱纪略》记载,嘉靖三十七年(1558),主会白鹿洞、南昌府正学书院会,又创太平乡等处,集布衣为会,兴起益众。嘉靖四十五

① ［明］罗汝芳撰,方祖猷等编校整理:《罗汝芳集》(下),南京:凤凰出版社,2007 年版,第959 页。
② ［明］王艮撰,陈祝生等校点:《王心斋全集》,南京:江苏教育出版社,2001 年版,第 207页。
③ ［明］王艮撰,陈祝生等校点:《王心斋全集》,南京:江苏教育出版社,2001 年版,第210—211 页。
④ ［明］王艮撰,陈祝生等校点:《王心斋全集》,南京:江苏教育出版社,2001 年版,第 130页。
⑤ ［明］王艮撰,陈祝生等校点:《王心斋全集》,南京:江苏教育出版社,2001 年版,第 184页。

年(1566)，迁江西南昌教谕，联合旧同志为会，四方信从益众。隆庆二年(1568)，创水东大会，著《会学十规》，大发诚意之旨。隆庆六年(1572)，致仕归里，开门受徒，远近信从日众，创归裁草堂。万历四年(1576)，主会泰山安定书院，朝夕与士民论学，四方向风。①

颜钧最著名的会讲是他早年在家乡举行的乡会讲学——"萃和会"讲学。颜钧《自传》记载，颜钧经由"七日闭关法"，神智洞开，便回家侍奉寡母：

> 及暮余月，慈乐足，发引众儿媳、群孙、奴隶、家族、乡间老壮男妇，几近七百余人，聚庆慈怦，列坐两堂室，命铎讲耕读正好做人，讲作人先要孝弟，讲起俗急修诱善，急回良心，如童时系念父母，常得欢心，率合家中，外移耽好妻子之蒸蒸，奉养父母之老年，勤勤恳恳，不厌不倦，不私货以裕己，不怀蓄而薄养，生息于士农工商，仰给惟父兄室家。逆没积愆，参商各各，□□和萃，如此日新又新，如此五日十日，果见人人亲悦，家家协和，踊跃奋励，虽少小童牧，尽知惭悔省发，皆自叩谢父母长上，竟为一家一乡快乐风化，立为萃和之会。②

颜钧的"萃和会"，就讲会类型(地域范围)而言，由于参与者不限于颜氏一族，而是联合了整个三都地区的"乡间老壮男妇"，因此属于乡会类型；就讲会规模而言，一乡之会参加者竟然"几近七百余人"，可见规模确实不小；就讲会内容而言，如前所论，主要是阐发"圣谕六条"；就讲会性质而言，则是乡村民众自发形成的教化组织；就讲会特殊性而言，颜钧的寡

---

① ［明］王艮撰，陈祝生等校点：《王心斋全集》，南京：江苏教育出版社，2001年版，第143—144页。

② ［明］颜钧著，黄宣民点校：《颜钧集》，北京：中国社会科学出版社，1996年版，第24页。

母似乎在会中发挥着"教母"①的作用,乡民为她所"发引""聚庆",众人学有所得,也是"骈集慈帏前叩首",颜钧似乎只是一个宣讲师,地位并不是特别突出;就讲会效果而言,"萃和会"成立才两个月,就收到了"闾里为仁风"的效果。但是:

> 不幸寡慈患暑,发一月,不起。一乡老壮男妇,恸惨泣涕,如失亲姊,交视殡殓,各勤辛力,各动所费,七日而葬,皆尽哀。直见诚感神应,不疾而速,各致其道有如此。惜哉,匹夫力学年浅,未有师传,固知此段人和三月,即尼父相鲁,三月大治,可即风化天下之大本也。奈何苦执哀泣之死道,竟废一乡之生机,出庐梗忧,学道皇皇,将信"一阳来复,利有攸往",为坦途长驱也。②

如前所论,颜母在"萃和会"中有着特殊的地位与作用,所以当她病逝后,"萃和会"就随之解体了。而当时的颜钧,一方面"力学年浅,未有师传",另一方面"苦执哀泣之死道",并没有领导"萃和会"的威望与能力。

何心隐在"聚和会"失败后,于嘉靖三十九年(1560)随同门程学颜北上京师(时程氏官太仆寺寺丞)。何心隐到京师后,与耿定向(号楚侗,人称天台先生)、耿定理(号楚倥,耿定向之弟)、程学博(字二蒲,程学颜之弟)、钱同文(字怀苏)、罗汝芳(号近溪)等相识,并在"复孔堂"③讲学甚辨。何心隐在《又上湖西道吴分巡书》中说:"有程二蒲则同怀苏官北部,于庚申亦同怀苏交汝元。于庚申而共与汝元相与以讲,相与以学,相透此讲此学于庚申者,亦不怀苏相后先也。……又有若罗近溪,又有若耿楚侗,亦与汝元交,其情其厚,亦不有先后也。"④耿定向《观生纪》记载:"时

---

① 吴震:《泰州学派研究》,北京:中国人民大学出版社,2009 年版,第 279 页。

② [明]颜钧著,黄宣民点校:《颜钧集》,北京:中国社会科学出版社,1996 年版,第 24 页。

③ [明]何心隐著,容肇祖整理:《何心隐集》,北京:中华书局,1981 年版,第 121 页。

④ [明]何心隐著,容肇祖整理:《何心隐集》,北京:中华书局,1981 年版,第 90 页。

永丰梁子汝元,秀水钱主政同文,同年孝感程冏、程学颜,承传心斋绪言,
谭说孔学匡廓甚辨。"①除了与士大夫讲学,心隐还与三教九流各色人等相
与讲学,黄宗羲说他"在京师,辟各门会馆,招来四方之士,方技杂流,无不
从之"②。王世贞在《嘉隆江湖大侠》中也说:"而所至聚徒,若乡贡、太学
诸生以至恶少年,无所不心服。"③

　　罗近溪的讲学,最著名的就是他在太湖县、宁国府、东昌县、云南行省
诸职任上"以讲会、乡约治郡"④。近溪在太湖令上(1553—1556),"其诸
政务,一本于兴教化,明礼乐,不为一切俗吏所为"⑤。杨起元《明云南布政
使司左参政明德夫子罗近溪先生墓志铭》(以下简称《墓志铭》)记载,近
溪"所至集父老,从容训诲之。……复流移、修庠序、令乡馆师弟子朔望习
礼、歌诗,行奖赏焉。立乡约、饬讲规,敷演圣谕六条,惓惓勉人以孝弟为
先,行之期月,争讼渐息"⑥。近溪在太湖令上的教化措施,成为他后来在
宁国府、东昌县、腾越州施政的模板。嘉靖四十一年(1562),近溪出守宁
国府,以"圣谕六条"治郡,教化大行。《墓志铭》记载:"壬戌,出守宁国。
至宁国,凡士民入府,则教以孝顺父母、尊敬长上。或曰:'孝顺父母、尊敬
长上,足以治宁国耶?'曰:'奚啻宁国已也。'数月,教化大行,远迩向
风。"⑦嘉靖四十二年(1563),近溪又在宁国府联合各乡村,订立乡约,兴

①　[明]耿定向著,傅秋涛点校:《耿定向集》(下),上海:华东师范大学出版社,第802页。
②　[清]黄宗羲著,沈芝盈点校:《明儒学案》(下),北京:中华书局,2008年版,第704页。
③　[明]何心隐著,容肇祖整理:《何心隐集》,北京:中华书局,1981年版,第144页。
④　[明]罗汝芳撰,方祖猷等编校整理:《罗汝芳集》(下),南京:凤凰出版社,2007年版,第
　　902页。
⑤　[明]罗汝芳撰,方祖猷等编校整理:《罗汝芳集》(下),南京:凤凰出版社,2007年版,第
　　926页。
⑥　[明]罗汝芳撰,方祖猷等编校整理:《罗汝芳集》(下),南京:凤凰出版社,2007年版,第
　　921页。
⑦　[明]罗汝芳撰,方祖猷等编校整理:《罗汝芳集》(下),南京:凤凰出版社,2007年版,第
　　921页。

起讲会,并建志学书院,修水西书院,以崇学术、育人才为功课,宛陵六邑一时有三代之风。《墓志铭》记载:"乃联合乡村,各兴讲会,清逋欠,修堂廨,建志学书院,与郡之乡先生及诸生……讲学不倦。郡堂绝无鞭扑之声。……修水西书院。"①万历元年(1573),补东昌县令。近溪治东昌如宁国,三月大治。《墓志铭》记载:"补东昌,治东昌如宁国。"②同年十月,升云南屯田副使。万历三年(1575),在腾越州,于军事中讲学不辍。《本传》记载:"时警报虽急,公合缙绅士民会讲不辍。"③万历四年(1576),署提学事,暇讲乡约,远近风动,争讼渐息。《本传》记载:"暇讲乡约,父老子弟群聚观听者,动以千计,风闻远迩,争讼渐息,几无讼矣。"④等等。

　　除通俗会讲之外,罗近溪也组织参加各种精英会讲。著名的如灵济宫大会。嘉靖三十五年(1556)罗近溪因大计入觐,讲学于灵济宫。《同治建昌府志》卷八《罗汝芳传》记载:"岁大计,入觐,大学士徐阶曰:'吾初不欲烦子以郡事,不意乃更有实用也。'汝芳起谢。……因谓两司郡县多极一时之选,今来朝,可讲学,以端趋向。阶遂大会于灵济宫。汝芳娓娓发明,听者数千人。"⑤由徐阶主盟的灵济宫讲会,其对象或为入京参加会试的考生,或为此处所说的因大计入觐的官员,在会上通过讲学"以端趋向",成为王学风行天下的一大原因。嘉靖四十四年(1565),又与在京同志大会于灵济宫。《墓志铭》记载:"乙丑,入觐,徐存斋翁询以时务,对曰:

---

① [明]罗汝芳撰,方祖猷等编校整理:《罗汝芳集》(下),南京:凤凰出版社,2007年版,第921页。
② [明]罗汝芳撰,方祖猷等编校整理:《罗汝芳集》(下),南京:凤凰出版社,2007年版,第922页。
③ [明]罗汝芳撰,方祖猷等编校整理:《罗汝芳集》(下),南京:凤凰出版社,2007年版,第831页。
④ [明]罗汝芳撰,方祖猷等编校整理:《罗汝芳集》(下),南京:凤凰出版社,2007年版,第831页。
⑤ [明]颜钧著,黄宣民点校:《颜钧集》,北京:中国社会科学出版社,1996年版,第89—90页。

'人才为急,欲成人才,其必由讲学乎?'翁是之,遂合同志大会灵济宫。"①
嘉靖四十五年(1566),家居讲学,因四方来学者日众,乃在从姑山建前峰
书屋。《墓志铭》记载:"丙寅,建前峰书屋于从姑山,四方来学者益众。"②
万历二年(1574)十二月至云南昆明,甫至即讲学于五华书院。《近溪子
集·卷书》记载,"万历甲戌季冬,方伯旸谷方公、宪长西岩顾公、大参同野
李公、禹江张公、宪副浙江张公,偕予集会五华书院"③。万历三年
(1575),继续讲学于五华书院,孜孜不倦,欲创道于西南。《刻近溪罗先生
会语叙》记载:"公学益精,力益勤,而从游者日益众,欲倡道西南。……讲
学五华书院,日孜孜不倦。诸生不惟得领诸君子文学之教,其所薰陶培养
者多矣,幸不大哉!"④

　　心斋卒后,以王襞、韩贞、王栋为代表的家学一系,以及以颜钧、何心
隐、罗汝芳为代表的颜钧一系,将泰州学派的讲学活动推向了高潮。然
而,迨至万历七年(1579)张居正禁讲学、毁书院,遂使泰州讲学乃至整个
王门讲学迅速衰落下去。

　　张居正禁讲学的直接原因,是因为常州知府施观民科敛民财,私创书
院,《明通鉴》卷六十七记载:"万历七年春正月戊辰,诏毁天下书院。先
是,原任常州府施观民,以科敛民财,私创书院,坐罪褫职。而是时士大夫
竞讲学,张居正特恶之,尽改各省书院为公廨。凡先后毁应天等府书院六

① [明]罗汝芳撰,方祖猷等编校整理:《罗汝芳集》(下),南京:凤凰出版社,2007年版,第
921—922页。
② [明]罗汝芳撰,方祖猷等编校整理:《罗汝芳集》(下),南京:凤凰出版社,2007年版,第
922页。
③ [明]罗汝芳撰,方祖猷等编校整理:《罗汝芳集》(上),南京:凤凰出版社,2007年版,第
147页。
④ [明]罗汝芳撰,方祖猷等编校整理:《罗汝芳集》(上),南京:凤凰出版社,2007年版,第
938页。

十四处。"①"科敛民财",只是讲学所暴露出来的弊端之一,但这样的讲学
者并非真心讲学,所以才有借讲学之名以"科敛民财"之举。张居正只是
借此发难。

张居正禁讲学的根本原因,他早在万历五年(1577)的《答南司成屠平
石论为学》一书中就有明确说明:

　　夫昔之为同志者,仆亦尝周旋其间,听其议论矣。然窥其微
处,则皆以聚党贾誉,行径捷举。所称道德之说,虚而无当,庄子
所谓"其嗌言者若哇",佛氏所谓"蛤蟆禅"耳。而其徒侣众盛,异
趋为事。大者摇撼朝廷,爽乱名实,小者匿蔽丑秽,趋利逃名。
嘉、隆之间,深被其祸,今犹未殄。此主持世教者所深忧
也。……孔子周行不遇,不得所谓事与职者而行之,故与七十子
之徒切磋讲究,其持论立言,亦各随根器,循循善诱,固未尝专揭
一语如近时所谓话头者概施之也。……明兴二百年,公卿硕辅
勋业煊赫者,大抵皆直躬劲节、寡言慎行、奉公守法之人,而讲学
者每诋之曰:彼虽有所建立,然不知学,皆气质用事耳,而近时所
谓知学,为世所宗仰者,考其所树立,又远出于所诋之下,将令后
生小子,何所师法耶?……仆愿今之学者,以足踏实地为功,以
崇尚本质为行,以遵守成宪为准,以诚心顺上为忠。②

张居正早年与阳明学讲学者如徐阶、李春芳、欧阳德、耿定向、罗汝芳
等都交情甚好,也参与了他们的讲学活动,甚至在他执政初期简拔了大量
的讲学之士如宋仪望、陆树声等,但他最终由讲学走向了反讲学,这与他

---

① 夏燮:《明通鉴》,北京:中华书局,1959 年版,第 2613 页。
② [明]张居正:《张太岳集》,上海:上海古籍出版社,1984 年版,第 362 页。

的性格、学术旨趣以及执政身份密切相关。就性格而言,张居正"性本简淡"①,因此他欣赏的是"直躬劲节、寡言慎行、奉公守法之人",而非哓哓然逞口舌之能的讲学者;就学术旨趣而言,张居正反对那种"专揭一语"为讲学宗旨的倾向,他认为孔子与弟子的切磋讲究、持论立言都是"各随根器,循循善诱"的;就其执政身份而言,张居正追求的是一种秩序,而讲学者一方面"皆以聚党贾誉,行径捷举",以讲学为沽名钓誉、获取科第的捷径,既无真道德可言,又破坏了朝廷科举取士的成法;另一方面又"徒侣众盛,异趋为事。大者摇撼朝廷,爽乱名实,小者匿蔽丑秽,趋利逃名",这大概是说一些讲学者像何心隐之类周游公卿乃至计败严嵩等事(这也是何心隐为张居正所忌,以致为谄媚张居正的官员所通缉,并最终惨死狱中的一大原因)。张居正所认可的乃是"足踏实地""崇尚本质""遵守成宪""诚心顺上"的学者。正因如此,他才在万历七年(1579)毅然决然地出台了禁讲学与毁书院的措施。

嘉靖朝游居敬等人攻击湛若水、王阳明讲学,只是使讲学一时受挫;隆庆朝高拱的禁讲学,在处理上也是比较温和的。相比前二者,张居正此次禁讲学、毁书院,不仅在态度上极其强硬,在执行上也是极其彻底的,因而使许多著名的讲学书院都被摧毁,如安福县邹守益讲学的复古书院不得不易名为三贤祠,并割膳田之半以应需索;罗汝芳在宣城的讲学场所宛陵精舍也被改为理刑公署;宁国府著名的水西书院也被毁;哪怕是曾提携过张居正、被称为讲学护法的徐阶在江西建立的明德书院也在被毁之列等。虽然前引《明通鉴》说"凡先后毁应天等府书院六十四处",但实际被毁的数量应该多得多。经此沉重打击,整个社会的讲学风气为之逆转,

---

① [明]耿定向著,傅秋涛点校:《耿定向集》(上),上海:华东师范大学出版社,2015年版,第146页。

"世俗子骇影吠声,遂以讲学为大诟,构人者藉此为谗本,自好者蒙是为羞称,而察吏治者亦以是为蔑迹"①。

在这种风声鹤唳的社会氛围中,真正的讲学者并未因此怯步,而是在反思中更加坚定地坚持讲学。就泰州学派而言,如前所论,颜钧一系:近溪被弹劾致仕之后,不仅没有悲观,反而认为去官后"正好讲学",只要是"实心讲学"就必然无祸,因而以更大的热情投身到讲学活动中,大江南北,遍访同志,兴会讲学。家学一系:王艮的曾孙王元鼎仍"延纳本邑与夫远方有志之士月会于泰州祠,济济绳绳,如心斋不死"②;1590 年周汝登为两淮盐运判官时,在泰州建泰东书院,延请王襞的弟子葛雷、朱纬为会长进行讲学;韩贞去世后,"已越廿载,而弟子会业于先生之祠者,寒暄不倦"③。

泰州学人虽然坚持"实心讲学",且万历十二年(1584)万历皇帝准许了邹元标请复书院的上疏,此后讲学活动又开始复兴,但整个社会的讲学风气已大不如前,尤其是明代后期,随着王学末流的弊端逐渐暴露出来,整个社会的讲学开始由阳明心学向程朱理学转变,其标志就是 16 世纪 90 年代东林讲学的兴起。东林学派虽源出于王门心学,如顾宪成师薛方山,钱一本师王时槐等,东林讲学也是承王门讲学而起,但东林讲学的宗旨已与王门讲学大相径庭。东林讲学的宗旨,一是尊朱,惩王学末流之弊而号召回归程朱,批判无善无恶之论;一是尊经,主张六经皆圣贤之心精,开清代汉学尊经之先河,而与王门贬抑程朱、不事修习的讲学风气截然异趣。及至明清鼎革,士大夫有鉴于明亡的教训,乃有清谈误国的论调,基本上

---

① [明]耿定向著,傅秋涛点校:《耿定向集》(上),上海:华东师范大学出版社,2015 年版,第 235 页。

② [明]周汝登:《东越证学录》卷九,第 34 页,见四库全书存目丛书编纂委员会编:《四库全书存目丛书·集部》第 165 册,济南:齐鲁书社,1997 年版,第 595 页。

③ [明]颜钧著,黄宣民点校:《颜钧集》,北京:中国社会科学出版社,1996 年版,第 167 页。

都对讲学持批判的态度,顾炎武甚至提出了"只当著书,不当讲学"的主张。虽然清初的颜元和李二曲都主张讲学,但讲学在清代实是一种禁忌,直到清末变法,康梁之徒才重振讲学。因此可以说,张居正的禁讲学、毁书院,使整个王学——当然也包括泰州学派的讲学活动迅速走向衰落,并被明末的东林讲学所取代,更在清代进入蛰伏期。

第二节　"觉民行道"的实践探索之二
——基层自治

早在 20 世纪 40 年代,费孝通就指出,我国传统政治结构是一种双轨结构,一是自上而下的皇权官僚体制,一是自下而上的地方自治体制,"我们以往的政治一方面在精神上牢笼了政权,另一方面又在行政机构的范围上加以极严重的限制,那是把集权的中央悬空起来,不使它进入人民日常有关的地方公益范围之中。中央所派遣的官员到知县为止,不再下去了。自上向下的单轨只筑到县衙门就停了,并不到每家人家大门前或大门之内的"①。费孝通所说的这种双轨结构,就是温铁军所提出的著名的"皇权不下县"②论。就地方治理而言,"皇权不下县"所面临的根本问题,在于如何维持地方或基层的正常乃至良性运转。这就需要有地方的自治单位或自治组织。而在我国传统社会中,"由于始终没有发展出超越血缘关系的组织凝聚力量"③,因此以血缘为纽带的家族组织便成为基层自治的核心组织单位。

① 费孝通:《乡土重建》,长沙:岳麓书社,2012 年版,第 38—39 页。
② 温铁军:《半个世纪的农村制度变迁》,载《战略与管理》1999 年第 6 期,第 81 页。
③ 干春松:《制度化儒家及其解体》(修订版),北京:中国人民大学出版社,2012 年版,第 68 页。

　　家族组织在我国有一个衍化发展的历程。三代之时的典型形态是西周的宗法制,"天子建国,诸侯立家,卿置侧室,大夫有贰宗,士有隶子弟"①,通过嫡长子继承制与分封制,维护贵族阶级内部的秩序,实现对社会的有效治理。汉唐时期则是门阀士族,九品中正制保障了门阀士族的政治特权,使当时业已形成的门阀士族进一步合法化,但随着科举制的形成与发展,门阀士族的根基最终被动摇,尤其是唐末黄巢起义,踏尽公卿骨,士族被消灭殆尽。近世的家族形态萌芽于宋代。钱穆先生指出:"唐以前,族之重要性尤过于家。宋以下,则家之重要性转胜于族。"②钱先生所说的"族"乃是指门阀士族,但他们已在黄巢起义中被消灭殆尽,故自宋代始,中国乃是一平铺的平民社会,门阀士族让位于一般的平民小家族。面对这样一种全新的社会结构,宋儒出于收族敬宗与改善地方秩序的需要,开始探索平民的家族组织制度(包括族长、族谱、族产、族规、祠堂等)。直到明代中后期,随着族谱的完备,这一探索才趋于成熟。不过,明代的家族建设并非一帆风顺,明初朱元璋打压地方豪强势力,使大家族遭到沉重的打击。及至明代中后期,经济的发展、人口的增加等,才为平民家族制度的发展创造了必要的条件,尤其是嘉靖十五年(1536),夏言上疏使"品官家庙"合法化,极大地推动了全国的祠堂建造和家族建设。泰州学派的家族组织建设,正是在这一背景下进行的。

　　以家族组织建设为核心的基层自治是泰州学派"觉民行道"的另一项实践探索。泰州学派的家族组织建设,具有明显的政治自觉,诚如韩贞所说的,"治世还从睦族先"③,和睦族众乃是平治天下的首要任务。不过,通过家族建设来化治天下,并非始于泰州学派,明初的方孝孺就特别强调家

---

① 杨伯峻编著:《春秋左传注》(第3版),北京:中华书局,2009年版,第94页。
② 钱穆:《中国历史研究法》,北京:生活·读书·新知三联书店,2001年版,第49页。
③ [明]颜钧著,黄宣民点校:《颜钧集》,北京:中国社会科学出版社,1996年版,第179页。

族建设,他指出,"天下俗固非一人一族之所能变,然天下者,一人一族之积也"①,"士有无位而可以化天下者,睦族是也"②,并精心制定了一套"宗仪",欲试之于乡间,把化治天下的希望寄托在健全族制、和睦族众上。这可以说是泰州学派通过家族组织建设来"觉民行道"的先导。

泰州学派非常重视家族组织建设,如王栋,《年谱纪略》记载,他在致仕后即"创族谱遗稿,以睦族人"③,之后又"创宗祠,春秋祭祀,尊祖先,睦族众,制祭田,定祀典,著《祠堂纪事》等书"④;又如罗汝芳,《本传》记载:"辛亥(指嘉靖辛亥,1551 年),归立义仓,建义馆,创宗祠,置醮田,讲里仁会于临田寺"⑤。不过,由于文献的阙如,他们的具体事迹都无从征考。在这方面,留下较多文字记录且有典型意义的,是家学一系的王襞所创立的"宗会",以及颜钧一系的何心隐所创立的"聚和会"。

一、王襞——"宗会"

明代泰州安丰场王氏是当地的大姓。王氏族人是明初从苏州阊门被迁徙至泰州的。其时,泰州是张士诚的势力中心,在朱元璋与张士诚的战争中遭受重创,故王氏族人在明初的移民浪潮中被迁徙至泰州安丰场,并且被派作固定的职业"灶丁",负责煎煮海盐。至东厓生活的时代,王氏族人已"不下数百门,数千食口"⑥,"门楣相接,榱角相连,盘亘所近,围十余

---

① [明]方孝孺著,徐光大校点:《逊志斋集》,宁波:宁波出版社,1996 年版,第 416 页。
② [明]方孝孺著,徐光大校点:《逊志斋集》,宁波:宁波出版社,1996 年版,第 414 页。
③ [明]王艮撰,陈祝生等校点:《王心斋全集》,南京:江苏教育出版社,2001 年版,第 144 页。
④ [明]王艮撰,陈祝生等校点:《王心斋全集》,南京:江苏教育出版社,2001 年版,第 144 页。
⑤ [明]罗汝芳撰,方祖猷等编校整理:《罗汝芳集》(下),南京:凤凰出版社,2007 年版,第 830 页。
⑥ [明]王艮撰,陈祝生等校点:《王心斋全集》,南京:江苏教育出版社,2001 年版,第 235 页。

里,合居成乡,老少男妇不下千余人"①。王氏各家族既已发展壮大,在各家族的基础上联合组成"宗会"(即宗族会)也就是水到渠成之事了。

早在嘉靖二十七年(1548),王襞就与伯叔及兄弟倡议成立"宗会"、编写族谱,《年谱纪略》记载,这一年东厓"同叔汝龙,兄东埈、嬴槎、南冈,诸弟东隅、东日等,倡立宗会,创族谱睦众"②。至嘉靖三十一年(1552),在王襞的积极推动下,王氏"宗会"终于成立。王襞的《告合族祖宗文》与《祭始祖文》两篇文献,记载了王氏"宗会"成立的始末。

《告合族祖宗文》作于嘉靖三十一年(1552)上元节,在该文中,王襞指出了建立"宗会"的原因,即王氏族人"气数不齐,才品稍异,富贫莫均,贤愚劣等,尊卑老少之间,渐失祖宗礼义"③;"宗会"的主要活动是"每月朔望聚合其间,以联一家和睦之亲"④;"宗会"的目的则是使王氏族人"老者有养,少者有教,富者有施,贫者有赖,嫁娶凶葬者有赡,贡赋课税不累官司征催之繁"⑤;同时,王襞还为"宗会"制定了长远的目标,即待年丰岁熟之时,敛财畜谷,渐次施为,"修族谱以系枝脉,建家庙以明祀享,置义田以赒穷乏,立义学以广教育,永俾吾族为慈孝忠厚之族,而吾乡为仁善和义之乡"⑥。"族谱""家庙""义田""义学""祠堂",这些都是家族制度成熟

---

① [明]王艮撰,陈祝生等校点:《王心斋全集》,南京:江苏教育出版社,2001年版,第235页。
② [明]王艮撰,陈祝生等校点:《王心斋全集》,南京:江苏教育出版社,2001年版,第207页。
③ [明]王艮撰,陈祝生等校点:《王心斋全集》,南京:江苏教育出版社,2001年版,第235页。
④ [明]王艮撰,陈祝生等校点:《王心斋全集》,南京:江苏教育出版社,2001年版,第235页。
⑤ [明]王艮撰,陈祝生等校点:《王心斋全集》,南京:江苏教育出版社,2001年版,第235页。
⑥ [明]王艮撰,陈祝生等校点:《王心斋全集》,南京:江苏教育出版社,2001年版,第235页。

时期的产物。可以看出,王襞是希望通过"宗会"将王氏一族建设成为一个有教有养的"慈孝忠厚之族"。

《祭始祖文》大概作于嘉靖三十一年(1552)的清明节。王氏族人既立"宗会"以敦子孙和睦之风,当须追先而敬远,虔敬开基立业之始祖。文中指出:"今始祖之墓,向道厂漫,殊弗内安,乃于今三月甲申日,树立木坊于墓道前,洁草扫秽,谨以牲醴用申奠吉于清明之前一日。"①

王襞积极倡立"宗会",但并非一帆风顺,当时就有人讥诮他说:"彼会之立,不重睦人,而亟在敛钱!"②对此,王襞认为乃是吠声之谈,不知聚财之由,他解释说:"人其舟也,财犹夫水也;舟而无水则困矣,可乎? 所恶于财者,谓其私也,积而不能散者也,积而能散,则尚嫌其不多耳。"③本来,收取一定的经费以维持"宗会"的正常运转,属于再正常不过的事情,但却招来种种非议,这"隐隐透露出,除了王艮的直系子孙外,并不是全部王氏族人都热心于宗族的建设,尤其当联宗收族的活动涉及具体的经济问题时,遭到的阻挠和非议尤多"④。

二、何心隐——"聚和会"

如前所论,何心隐的一生分为前后两个阶段,一是前半生的"聚和会"实践,一是后半生的周流讲学。周流讲学已如前述,这里主要论述其前半生的家族组织建设——"聚和会"。

心隐于嘉靖三十二年(1553)创立"聚和会","意谓《大学》先齐家,乃

---

① ［明］王艮撰,陈祝生等校点:《王心斋全集》,南京:江苏教育出版社,2001 年版,第 236 页。
② ［明］王艮撰,陈祝生等校点:《王心斋全集》,南京:江苏教育出版社,2001 年版,第 230 页。
③ ［明］王艮撰,陈祝生等校点:《王心斋全集》,南京:江苏教育出版社,2001 年版,第 230 页。
④ 杜正贞:《作为士绅化与地方教化之手段的宗族建设——以明代王艮宗族为中心的考察》,载《江苏社会科学》2007 年第 5 期,第 176 页。

构萃和堂以合族"①。"萃和堂"就是"聚和会"。在心隐看来,齐家是治国平天下之始。《大学》所谓家,乃指卿大夫之家而言;心隐所谓家,则指家族而言。这与前述明初方孝孺欲通过睦族以化天下是同样的思路。"聚和会"的名称则渊源于其师颜钧所创乡会组织"萃和会","萃,聚也"(《周易·萃卦·彖传》),都强调要荟萃、聚集邻里以求和睦、和谐。但是二者之间也有明显的不同:就规模而言,颜钧的"萃和会"已经超出颜氏一族的范围,而成为整个三都地区的乡会,何心隐的"聚和会",仅限于永丰县瑶田梁氏族人,属于族会;就性质而言,颜钧的"萃和会"是一种敦俗乡里的教化组织,而何心隐的"聚和会"则不仅包括"教",还包括"养",是教养合一的组织;就组织架构而言,颜钧的"萃和会"并无具体的组织设计,而何心隐的"聚和会"则有具体的组织架构,即负责"教"的教育机构和负责"养"的经济机构。

心隐对"聚和会"有周密的计划,在"聚和会"成立之初,即作有《聚和率教谕族俚语》《聚和率养谕族俚语》《聚和老老文》三篇文字,对"聚和会"的思想理念和组织架构都有成熟的思考和具体的设计。

在《聚和率教谕族俚语》一文中,何心隐对本族的教育机构——"乡学"进行了说明。在心隐看来,乡学之教是善俗的关键所在,梁氏一族的乡学虽世已有之,但却都是私馆,存在很大的问题:一是私馆栋宇卑隘,使师徒不能舒畅精神以教学;二是私馆产生私念,子弟聚于上族私馆,则惟知有上族之亲,聚于中族、下族私馆者亦然;三是由私念之生,族内子弟亦不能相亲相爱。基于此,心隐在本族祠堂设立公馆,在他看来,总聚于祠

---

① [明]耿定向著,傅秋涛点校:《耿定向集》(下),上海:华东师范大学出版社,2015年版,第629页。《明儒学案·泰州学案一》何心隐传中也说,"谓《大学》先齐家,乃构萃和堂以合族",显系转述耿定向之言。

者,"正欲师徒之舒畅也","正以除子弟之私念也","又以兴长上之亲爱也"①。

　　会内子弟既总聚于公馆学习,则又涉及吃与住的问题。对此,心隐设定了"总送馔"与"总宿祠"制度。"总送馔",即公馆子弟不必由各家各自送馔,而是实行集体用餐制,这样既可以省子弟之驱驰,也可以安父兄之心。这相当于现今学校的食堂制度。"总宿祠",即公馆子弟不须各归各宿,而是实行集体住宿制,这样既可以防子弟之游荡,也可以专师长之教。这相当于现今学校的住宿制度。子弟既已总聚于祠,若遇特殊情况,则当审其轻重缓急,依据相关的条例来处理,如父母身体失调、逢旬,本身初度,伯叔吉凶,外戚庆吊,自己婚聘,大小筵饮,公私杂会,等等,皆不许擅归,而应处有常条。这相当于现今学校的请假制度。心隐指出,如此总聚祠、总送馔、总宿祠,"半年之后,试子弟有生意者,必有权宜之处;三年小成,又有通变之处;十年大成,则子弟不论贫富,其冠婚衣食,皆在祠内酌处"②。心隐所希望的,是合族师长、子弟、父兄、妻孥都能同心体悉,彼此相劝、相勉、相守、相顺,以图成功,不仅能不负宗祖,也能表率后嗣,不仅能一世获庆,也能永世有赖。可以看出,心隐是要建立一个家族内部的公共教育体制,以实现家族的和谐共处与长远繁荣。

　　除了建立公馆教育机构,心隐还着手解决族内的经济问题,并为此建立了"率养"制度。"率养"制度主要解决的是赋税的征管问题,心隐希望通过家族组织"聚和会"来代替个人出现在与国家的经济交往活动中,即由"率养"机构先负责征收国家的田粮与丁粮,然后再统一输纳给地方政府。在《聚和率养谕族俚语》一文中,心隐对这一制度的理论与架构进行

---

① ［明］何心隐著,容肇祖整理:《何心隐集》,北京:中华书局,1981 年版,第 68 页。
② ［明］何心隐著,容肇祖整理:《何心隐集》,北京:中华书局,1981 年版,第 69 页。

了具体的说明。

　　心隐首先从思想上转变族人缴纳国家赋税的心态。他指出,现在族人只知道自己的田产是父母所遗,自己的形躯是父母所生,似乎都与君王无关,所以视君王田粮、丁粮之征,就像劳费了个人的财力,"分虽勉强输纳应承,亦不过苟免刑罚而已"①。心隐指出,若不能乐尽本分以纳赋税,而只图苟免刑罚,则必千思万虑,费财贿赂,以求免其重费、重劳,进而以求侥幸蠲免轻费、隐匿轻劳而后已,推是心以处一族、处一房、处同胞兄弟,则必欲他族、他房、兄弟替其费与劳,必将导致"兄弟因之以相忤,一房因之以相残,一族因之以相戕,不惟忘君之所赐,亦将失亲之所养矣"②的后果。因此,心隐创立"聚和会",首要的就是要使族人转变认识,使他们知道养"本于君之所赐也"③,我虽有田产、形躯,若无君统于上,则众寡相争、强弱相欺,田产不得相守,形躯不得相保,故我得以守田产、保形躯,皆是君之所赐,"知其赐之难报也,故已设率教,又设率养,以报其赐"④。

　　以率养为首领,心隐又设辅养、维养、总管粮、分催粮、各征粮以辅助率养的工作。辅养、维养的具体工作,心隐在该文中并未明确指出,只知"维养者同辅养以从率养,四时相聚,不敢少逸于四时"⑤,大概二者是维辅率养的征粮工作,为率养的副手,是率养制度的上层领导班子。维养之下则设有:总管粮一十二人,分别负责四季的征粮管理;分催粮二十四人,分别负责八节的催粮工作;各征粮七十二人,分别负责七十二候的征粮工作。这是征粮工作的具体执行者,实行的是层层负责制,七十二候各征粮向八节分催粮负责,八节分催粮向四季总管粮负责,四季总管粮向维养负

① ［明］何心隐著,容肇祖整理:《何心隐集》,北京:中华书局,1981年版,第70页。
② ［明］何心隐著,容肇祖整理:《何心隐集》,北京:中华书局,1981年版,第70页。
③ ［明］何心隐著,容肇祖整理:《何心隐集》,北京:中华书局,1981年版,第70页。
④ ［明］何心隐著,容肇祖整理:《何心隐集》,北京:中华书局,1981年版,第70页。
⑤ ［明］何心隐著,容肇祖整理:《何心隐集》,北京:中华书局,1981年版,第71页。

责。若各候粮有未完,则达于各节;各节粮有未完,则达于各季;各季粮有未完,则达于维养;维养则转达辅养,以达率养;率养审其情,以达于率教;率教若教之不改,然后呈于官司。心隐希望通过这种由渐而化的方式,以同乐于尽分以报君上之赐。可以看出,心隐的率养制度解决的是"计亩收租,以赡公家粮税"①的分配问题,并不涉及生产问题。"计亩收租"本是政府的经济行为,地方乡绅也多参与其中,心隐一族为永丰望族,参与其中并不足怪,而且通过重新丈量土地,可以从根本上防止富家大户将赋税转嫁到贫困小户身上,从而保证了纳税的公平公正。

此外,在经济方面,心隐还积极推动建设本族的公共事业,《县志本传》记载,心隐在"聚和会"成立时,"捐千金,创义田,储公廪,以待冠婚丧祭、鳏寡孤独之用"②。心隐能独捐千金,可见其家室之富裕。"创义田,储公廪"以赡养救助本族的鳏寡孤独者,这都是家族制度发展成熟的特征。

在《聚和老老文》中,心隐则表达了其通过"聚和会"以"育欲"的思想理念。文中指出:"欲货色,欲也。欲聚和,欲也。族未聚和,欲皆逐逐,虽不欲货色,奚欲哉? 族既聚和,欲亦育育,虽不欲聚和,奚欲哉?"③在这里,心隐对"欲"进行了区分:一种是"欲货色"的私欲,一种则是"欲聚和"的公欲。在他看来,公刘虽欲货,却能与百姓同欲,太王虽欲色,也能与百姓同欲,所以能笃前烈、基王绩以育欲,而他自己则"惟欲相率、相辅、相维、相育欲于聚和,以老老焉"④。

心隐主持的"聚和会"取得了巨大的成效,邹元标在《梁夫山传》中指出,当地"彬彬然礼教信义之风,数年之间,几一方之三代矣"⑤,《县志本

---

① 〔明〕何心隐著,容肇祖整理:《何心隐集》,北京:中华书局,1981 年版,第 124 页。
② 〔明〕何心隐著,容肇祖整理:《何心隐集》,北京:中华书局,1981 年版,第 125 页。
③ 〔明〕何心隐著,容肇祖整理:《何心隐集》,北京:中华书局,1981 年版,第 72 页。
④ 〔明〕何心隐著,容肇祖整理:《何心隐集》,北京:中华书局,1981 年版,第 72 页。
⑤ 〔明〕何心隐著,容肇祖整理:《何心隐集》,北京:中华书局,1981 年版,第 120 页。

传》记载"数年间,一方几于三代遗风"①,《省志本传》也说"数年之间,几于三代"②,就连批判心隐非复名教所能羁络的黄宗羲,也不得不承认,"聚和会"确实"行之有成"③。

　　"聚和会"虽然办得很成功,但最终还是因赋税问题而失败。嘉靖三十八年(1559),"邑下令督征,狂(指心隐)谓中有非正供者,抗弗输,为书抵令"④。所谓"非正供者",正是指赋外之征,据王之垣《历仕录》,所谓的赋外之征,是指"皇木银两"⑤税。心隐作为"聚和会"的领袖,自然要维护本族的利益,但他采取了激进的抵制方式,"抗弗输,为书抵令",《明儒学案》记载该"书"的语气,"贻书以诮之"⑥,乃是一种冷嘲热讽的讥诮口吻。因此,心隐非但没能维护本族的经济利益,反而激怒了当局,被捕入狱。最后在同门友程学颜的帮助下才得以出狱。此后,他被迫离开家乡,开始了后半生周流讲学的历程。"聚和会"也随着心隐的被捕入狱而宣告解体,行之七年而卓有成效的家族实践,最终以失败告终。

　　诚如吴震教授所指出的,"'率养'制度的确立,事实上许诺了以规定数额向地方当局交纳税粮,显示出与当局积极配合的姿态"⑦,这本应得到政府的支持,但问题在于,当有赋外之征或苛捐杂税时,又该如何呢? 心隐作为"聚和会"的领导人(用当时的话来说就是"乡绅"),只有两种选择,要么与政府合作,要么为族众出头。但无论哪种选择,他都处于风口

---

① [明]何心隐著,容肇祖整理:《何心隐集》,北京:中华书局,1981年版,第125页。
② [明]何心隐著,容肇祖整理:《何心隐集》,北京:中华书局,1981年版,第125页。
③ [清]黄宗羲著,沈芝盈点校:《明儒学案》(下),北京:中华书局,2008年版,第704页。
④ [明]耿定向著,傅秋涛点校:《耿定向集》(下),上海:华东师范大学出版社,2015年版,第629页。
⑤ [明]何心隐著,容肇祖整理:《何心隐集》,北京:中华书局,1981年版,第145页。
⑥ [清]黄宗羲著,沈芝盈点校:《明儒学案》(下),北京:中华书局,2008年版,第704页。
⑦ 吴震:《泰州学派研究》,北京:中国人民大学出版社,2009年版,第301页。

浪尖:若摊派于族众,则必然引起族众的不满;若维护本族的利益,则势必与政府为敌,结果可想而知。

第三节　"觉民行道"实践探索的借鉴价值

泰州学派"觉民行道"的实践探索,既有成功的经验,也有失败的教训,对当前的民间儒学、乡村儒学、社区儒学等儒学实践具有重要的借鉴价值。

一、成功的经验

(一)要有"觉民行道"的担当

子曰:"人能弘道,非道弘人。"(《论语·卫灵公》)欲"觉民行道",首先要有讲学传道的担当。伊尹自任天下之重,"思天下之民,匹夫匹妇,有不被尧舜之泽者,若己推而内之沟中"(《孟子·万章上》),孔子"知其不可而为之"(《论语·宪问》),孟子"舍我其谁"(《孟子·公孙丑下》),都是弘道担当的典型。而这种担当的背后,实是一种万物一体的精神。王阳明在《传习录·答聂文蔚》一书中,将"觉民行道"的这种万物一体之"仁"动情地揭示了出来:

> 仆诚赖天之灵,偶有见于良知之学,以为必由此而后天下可得而治。是以每念斯民之陷溺,则为戚然痛心,忘其身之不肖,而思以此救之,亦不自知其量者。天下之人见其若是,遂相与非笑而诋斥之,以为是病狂丧心之人耳。呜呼! 是奚足恤哉? 吾方疾痛之切体,而暇计人之非笑乎! ……天下之人心皆吾之心也,天下之人犹有病狂者矣,吾安得而非病狂乎? 犹有丧心者

矣,吾安得而非丧心乎?①

阳明悟良知之学后,即欲通过唤醒每个人的良知来平治天下。在他看来,"天下之人心皆吾之心也","是以每念斯民之陷溺,则为戚然痛心",思以良知之学救护之,哪怕天下之人非笑诋斥,甚而"以为是病狂丧心之人",也无足恤哉,"吾方疾痛之切体,而暇计人之非笑乎"。这种人溺己溺、人饥己饥的一体之仁,正是阳明不顾非笑诋斥而汲汲于讲明良知之学的根本动力。

泰州学人也极富这种一体之仁。泰州学派的创始人王艮已然如此,《年谱》记载,正德六年(1511),"一夕梦天坠压身,万人奔号求救,先生独奋臂托天而起,见日月列宿失序,又手自整布如故,万人欢舞拜谢。醒则汗溢如雨,顿觉心体洞彻,万物一体,宇宙在我之念益真切不容已"②,这是通过梦境而获得万物一体的神秘体验。而王艮驾小蒲车北上周流讲学时所作的《鳅鳝赋》,则以鳅鳝之喻形象地表达了万物一体之念:

> 道人闲行于市,偶见肆前育鳝一缸,覆压缠绕,奄奄然若死之状。忽见一鳅从中而出,或上或下,或左或右,或前或后,周流不息,变动不居,若神龙然。其鳝因鳅得以转身通气,而有生意。是转鳝之身,通鳝之气,存鳝之生者,皆鳅之功也。虽然,亦鳅之乐也,非专为悯此鳝而然,亦非为望此鳝之报而然,自率其性而已耳。③

鳅之所以周流不息以存鳝之生,不独为怜悯此鳝,也非图此鳝之报,

---

① [明]王守仁撰,吴光等编校:《王阳明全集》(上),上海:上海古籍出版社,2011年版,第91—92页。

② [明]王艮撰,陈祝生等校点:《王心斋全集》,南京:江苏教育出版社,2001年版,第68页。

③ [明]王艮撰,陈祝生等校点:《王心斋全集》,南京:江苏教育出版社,2001年版,第55页。

而是"自率其性而已耳"，"亦鳅之乐也"。所谓"自率其性"，即是要循此万物一体之仁，只有一缸之鳝皆得其生、皆得其所，此鳅才能自得率性之乐。王艮又借道人之口指出："吾与同类并育于天地之间，得非若鳅鳝之同育于此缸乎？吾闻大丈夫以天地万物为一体，为天地立心，为生民立命，几不在兹乎！"①王艮是以讲学为"为生民立命"，实现其天下一个、万物一体理想的方法，所以整车束装，慨然北上，周流讲学。

王艮之后的泰州学人，无论是以王襞、韩贞、王栋为代表的家学一系，还是以颜钧、何心隐、罗汝芳为代表的颜钧一系，都极富这种以天地万物为一体的精神，都以此为精神信仰，如痴如醉地投身到讲学淑世的行动中，推动了泰州学派讲学的发展繁荣。

（二）要探索"觉民行道"的有效方式

如前所论，余英时先生指出，由于明代恶劣的政治生态环境，儒家的外王路线发生了自上而下的转向，即由传统的"得君行道"的上行路线向新的"觉民行道"的下行路线转变。其实，在"得君行道"的外王路线之前，还有尧舜三代之时的"圣王行道"路线。但不管是"圣王行道"，还是"得君行道"，抑或"觉民行道"，最根本的一点就是要与时偕时，探索一种适应时代与儒学发展的有效的行道方式。

泰州学人在王阳明通过讲明良知学以"觉民行道"的基础上，对"觉民行道"的方式进行了有益的探索。就讲学而言，如前所论，王学在讲学方式上，最开始是借助传统的书院讲学模式，直到"惜阴会"的成立，才开创了"会讲"这一聚集地方同志定期讲学的新模式。传统的书院讲学注重的是师徒授受，突出的是师的主导地位，而讲会讲学注重的是友道，突出的

---

① ［明］王艮撰，陈祝生等校点：《王心斋全集》，南京：江苏教育出版社，2001年版，第55页。

是同志之间的切磋琢磨。泰州学派在讲学模式上也进行了艰辛的探索，如王艮就尝试了榜门讲学、周流讲学、讲会讲学等各种讲学模式，颜钧、何心隐周流讲学，足迹遍及大江南北，颜钧、王栋尝试将"圣谕六条"融入讲学当中，罗近溪在居官为政期间甚至以讲会、乡约治郡等，都在探索讲学的有效方式。如前引吴震教授所论，阳明学作为一种哲学，固然是理论思辨的产物，但同时也是一场以讲学为表现形式的思想运动。这场思想运动，是与当时手工商业发达、城市繁荣、人口流动频繁相适应的，没有这些相应的外部条件，很难想象泰州学人乃至王学中人能够聚集地方同志兴起讲会，甚而举办跨县、跨省的大型讲会（如青原会、水西会等）。

就基层自治而言，泰州学派的家族建设虽然是当时全国的祠堂建设和宗族建设的一部分，但却有着明确的政治自觉，即"治世还从睦族先"，通过家族建设来实现化治天下的目标。颜钧的"萃和会"，虽然笔者在文中将其视为一种乡会，但宽泛而言，也可以说它是一个以颜氏族人为主的族会，因此，也可说颜钧对家族建设进行了探索，但他主要侧重于教化方面，缺乏对经济的关注，也没有相应的组织架构。何心隐的"聚和会"，则不仅包括教化方面的"率教"制度，还包括生养方面的"率养"制度，组织架构比较严密周到，因而取得了巨大的成功。

（三）要注重组织制度建设

"觉民行道"作为儒家的一条新的外王路线，特别需要建设相关的组织制度，以防止人亡政息局面的发生。

就讲学而言，其组织制度建设主要涉及会所、会约和资金三大内容，会所是讲学得以举行的固定场所，会约是讲学得以维持的文字规约，资金则是讲学得以运转的费用保障。"惜阴会"作为讲学的新模式之所以取得巨大的成功，固然是因为它创造了一种集结地方同志定期讲学的新模式，适应了王学作为一种同志间切磋讲学的新特质，也在于它有自己的会所、会约和资金保障。"惜阴会"最早的会所是刘晓的读书处梅源书屋,随着规模的扩大,后来在邹守益和程文德(时为安福知县)的推动下,建立了复古书院,作为合县"惜阴会"的讲学会所。"惜阴会"的会约,如前所论,是当地同志隔月为会五日。"惜阴会"的资金,主要来自士大夫出资购买的田产和捐赠的物资。泰州学派在讲学的组织制度建设方面,应该有对"惜阴会"的借鉴。如东厓在东淘精舍的讲学是"三月为会",注重会约的建设;韩贞则建有讲堂三楹,以待来学之士,注重会所的建设;颜钧则著有《扬城同志会约》,每月为会五日,食宿于会所,也注重会约的建设,他还著有《道坛志规》,以"理财为急"①,注重筹措讲学的资金等,都注重从组织制度上保障讲学的发展与繁荣。

就基层自治而言,颜钧的"萃和会"之所以成立仅两个月便随着其母亲的逝世而解体,颜钧本人学无师承、"力学年浅"固然是一大原因,但缺少组织制度的建设也是其中一个重要的原因。而何心隐的"聚和会"之所以能存在六七年并取得"几于一方三代"的巨大成效,一个重要的原因就是何心隐在创立"聚和会"之初就进行了周密的计划,不仅设置了"率教""率养"两大组织机构,而且各机构的人员设置、工作机制都有详细的规定,从而保障了"聚和会"的正常运转。此外,王襞的"宗会"也有对家族组织机构的长远设计,即"修族谱以系枝脉,建家庙以明祀享,置义田以赒穷乏,立义学以广教育",不失为家族制度建设的成熟思考。

(四)要有个人的人格魅力

个人的人格魅力,是讲学者吸引会众的关键。这种人格魅力,既可以是个人的道德修养,也可以是"成物之智"即讲学的技巧,还可以是讲学的激情,等等。

---

① [明]颜钧著,黄宣民点校:《颜钧集》,北京:中国社会科学出版社,1996年版,第31页。

　　韩贞讲学之所以成功,很重要的一个因素就是他卓越的道德修养,他不仅严于律己,还仗义仁族、乐善好施。嘉靖二十三年(1544),兴化大旱,族人因欠官租而接连被捕,韩贞便去海边为人煮盐。煮盐是所有行业中最苦的,他却不怕辛苦,得到工钱后就立刻分给族人,但仍然不够,幸得翟姓诸生为他聚集童蒙数十人,才先得束脩若干,星驰县衙,缴完一族所欠官税。因此,不仅邑中人人都以他为贤人,而且"先生名大振,远近来学者,门外屡常满"①。后来,七十岁的泰州人葛成,因为欠了官租,只好将年仅九岁的独子带到市场中卖掉,韩贞知道情况后,便将自己嫁女用的买布金和二镮给他交官租,劝他不要卖掉自己的儿子。"州民闻之,来延先生。至其境,从者千余家。"②

　　王艮讲学之所以富有魅力,很重要的一个因素就在于他极富讲学的技巧,有一种"成物之智"在其中。黄宗羲说:"阳明而下,以辩才推龙溪,然有信有不信,惟先生于眉睫之间,省觉人最多。"③这就是强调他的讲学技巧。关于此点,王艮著作中比比皆是,如他通过捧茶童仆之往来以阐发"百姓日用即道",又如他通过木匠斫木的类比来启发王汝贞"学不是累人的",都极富讲学的技巧(本书相关章节都有论及,此不赘述)。又如《语录》记载的这则文字:"一友初见,先生指之曰:'即尔此时就是。'未达。曰:'尔此时何等戒惧! 私欲从何处入? 常常如此,便是"允执厥中"。'"④如此反身而求,如此切问近思,焉能不在眉睫之间使学者省觉。

① [明]颜钧著,黄宣民点校:《颜钧集》,北京:中国社会科学出版社,1996年版,第191页。
② [明]颜钧著,黄宣民点校:《颜钧集》,北京:中国社会科学出版社,1996年版,第192页。
③ [清]黄宗羲著,沈芝盈点校:《明儒学案》(下),北京:中华书局,2008年版,第710页。
④ [明]王艮撰,陈祝生等校点:《王心斋全集》,南京:江苏教育出版社,2001年版,第20页。

（五）要因材施教

孔子的讲学之所以成功，一个重要原因就是善于因材施教，即能够根据弟子的志趣、性情、资质、能力等进行不同的教育。如孔门有四科："德行：颜渊、闵子骞、冉伯牛、仲弓。言语：宰我、子贡。政事：冉有、季路。文学：子游、子夏。"（《论语·先进》）这是根据弟子的志趣进行有针对性的培养。又如同是问孝，孔子答子游曰："不敬，何以别乎？"（《论语·为政》）答子夏则曰："色难。"（《论语·为政》）这是根据弟子的性情进行有针对性的回答，因为"子游能养而或失于敬，子夏能直义而或少温润之色"①。再如同是问仁，孔子答颜渊曰："克己复礼为仁。"（《论语·颜渊》）答仲弓曰："出门如见大宾，使民如承大祭。己所不欲，勿施于人。"（《论语·颜渊》）答司马牛则曰："仁者，其言也讱。"（《论语·颜渊》）这是根据弟子的资质进行有针对性的点拨。

泰州学派"觉民行道"的实践尤其是讲学实践之所以能风行天下，一个重要原因就是继承了孔子因材施教的讲学方法，根据不同的讲学对象进行有针对性的讲学。如颜钧和王栋，他们的讲学对象中有大量的布衣，所以二人非常重视通过演绎"圣谕六条"即"孝顺父母，恭敬长上，和睦乡里，教训子孙，各安生理，毋作非为"来开喻会众，颜钧为此专门写过《箴言六章》，以箴言的形式诠释"圣谕六条"，王栋也专门写过《乡约谕俗诗六首》和《又乡约六歌》，以诗歌的形式诠释"圣谕六条"，既通俗易懂，又达到了说理教化的目的。又如罗汝芳，在参加同志会或与弟子讲学时，讨论的是极深研几的问题，如识仁、归寂、本体、工夫、尽心知性等，而在敦俗教化的通俗讲会上，则大力宣扬明太祖的"圣谕六条"，如他在太湖县、宁国府、东昌县、腾越州任上，就以乡约治郡，主要宣讲"圣谕六条"。

---

① ［宋］朱熹撰：《四书章句集注》，北京：中华书局，1983年版，第56页。

二、失败的教训

泰州学派"觉民行道"的实践探索,虽然取得了巨大的成就,但也有一些失败的教训:

(一)布衣儒者不能轻易逾越儒士传统的思想范式与行为方式

颜钧与何心隐被黄宗羲称为颜、何一派,认为"泰州(指心斋)之后,其人多能以赤手搏龙蛇,传至颜山农、何心隐一派,遂复非名教之所能羁络矣"①。在黄宗羲看来,颜钧与何心隐的言行已经背离了儒学传统,越出了"名教"范围。这一论断也可揆之时人的一般看法,如王世贞在《嘉隆江湖大侠》中也说,"泰州之变为颜山农,则鱼馁肉烂,不可复支"②。可见,颜钧和何心隐师徒在当时普遍被认为是逾越了名教,背离了儒家传统。但今人也有对此论断提出异议的,如王汎森就指出:"颜钧的文集在他生前及死后皆未曾刊行,故黄宗羲显然并未读过颜钧的重要遗稿。后来的学者更未能读到,所以有关他的讨论总是围绕着有限的二手资料在进行。"③这就是说,黄宗羲的上述论断是以偏概全的,在论据上是不够牢靠的。陈来也指出:"从颜、何文集来看,颜、何的思想主张,并未逾越名教的藩篱。"④

这两种截然相反的结论,实际涉及"名教"究竟何所指的问题。陈来所说的"名教",是指儒家传统的或者说通行的思想范式和行为方式,颜、何二人的家族建设与讲学活动,旨在敦伦化俗,并未逾越儒家意义上的"名教"。而黄宗羲所谓的"名教"显然是有所特指的,即"士大夫儒学的

---

① ［清］黄宗羲著,沈芝盈点校:《明儒学案》(下),北京:中华书局,2008 年版,第 703 页。
② ［明］何心隐著,容肇祖整理:《何心隐集》,北京:中华书局,1981 年版,第 143 页。
③ 王汎森:《晚明清初思想十论》,上海:复旦大学出版社,2004 年版,第 2 页。
④ 陈来:《中国近世思想史研究》(增订本),北京:生活·读书·新知三联书店,2010 年版,第 470 页。

思想、行为方式"①，正是在这一意义上，颜、何二人的言行逾越了"名教"。如颜钧以布衣主盟坛坫，倾动天下，得名太高，且道坛之设，又如前述，以"理财为急"，"故招忌太甚，卒之及身，不免于蒙难，身后且增兹多口"②。又如何心隐，如前所论，在京师讲学时，方技杂流、无赖游食者皆与之游，还以密计授道士蓝道行，参与倒嵩活动。再如韩贞，"然先生（指韩贞）所为，大都于世法不合，且以一布衣处陇亩间，故人多不乐传"③。

　　颜、何、韩三人皆以布衣儒者而讲学弘道，本是受士大夫儒者的欢迎、指导与鼓励的，但由于他们出身布衣，在思想与行事风格上自然不免带有布衣的"野气""狂气"乃至"霸气"，所以在当时便被王世贞称为"江湖大侠"，而为正统的儒家士大夫所排斥。颜钧的被捕，何心隐的死难，韩贞的人不乐传，反映的都是儒家士大夫与民间儒者的一种紧张关系，是儒家士大夫对民间儒者的警惕与打压。因此，有心于"觉民行道"的民间儒者或布衣儒者，应像王艮一样狂而有止，收敛狂野霸气，努力使自己的思想与行事向精英儒者看齐，这样才不至于发生"内斗"，而有益于儒学的长远发展。

（二）可以不依赖政府，但绝不能与政府抗衡

　　"觉民行道"作为一种民间自发的治平路线，必须处理好与政府之间的关系，若能得到政府的支持，与政府通力合作，自然是最好的；而不依赖于政府，只依靠民间的力量自力更生，也是不错的；但绝不能与政府相抗衡。

　　王门讲学之所以能风动一世，离不开当地政府官员的支持以及在朝

---

① 　陈来：《中国近世思想史研究》（增订本），北京：生活·读书·新知三联书店，2010 年版，第 470 页。
② 　［明］颜钧著，黄宣民点校：《颜钧集》，北京：中国社会科学出版社，1996 年版，第 96 页。
③ 　［明］颜钧著，黄宣民点校：《颜钧集》，北京：中国社会科学出版社，1996 年版，第 195 页。

王学的大力鼓动。如阳明在绍兴主持的第一个书院讲学场所——稽山书院,就是在时任绍兴知府南大吉(后拜入阳明门下)的大力支持下建成的;又如前文提及的作为安福县合县"惜阴会"讲学会所的复古书院,就得到了时任安福知县程文德的大力支持;再如作为京师讲学高潮的"灵济宫"讲会,就是在时任内阁首辅、号称"讲学护法"的徐阶的主持下进行的。

就泰州学派而言,御史洪垣为心斋修建的东淘精舍,使心斋有了固定的讲学场所,可以看作是政府对心斋讲学的一种主动合作;又如韩贞,应邑令之请而化谕灾民,使邑中没有萑苻之警,又通过讲学使村民无讼牒以烦公门,也可以看作是讲学者对政府的一种主动合作,这些都促进了讲学活动的发展。何心隐的"聚和会",其"率养"制度,实际是通过"率养"机构负责统一征收国家的田粮与丁粮,然后再一并输送给地方政府,而且对于拒不纳粮者,若率教无效,则呈于官司,这些都是与地方政府的一种主动合作。但是当发生"皇木银两"的赋外之征时,心隐非但不能与时任知县陈赞进行良好的沟通,反而采取了一种激烈的抵抗行为,即前文所论的"抗弗输,为书抵令""贻书以诮之",用一种冷嘲热讽的口吻讥诮县令,这非但不能维护本族正当的经济利益,反而激怒了县令,不但自己被捕入狱,也令其苦心经营且卓有成效的"聚和会"毁于一旦。因此,儒者在"觉民行道"的实践过程中,不一定要寻求与政府的合作,也可以不依赖政府,但绝不能与政府相抗衡。

(三)应重视物质基础的建设

从以上泰州学派"觉民行道"的实践探索来看,无论是讲学还是家族建设,都缺乏相应的物质基础的建设。何心隐的"聚和会"虽然有"计亩收租"的举措,但其目的是征收田粮、丁粮,而不是为了富民。这种只关注教化不重视养民的外王实践,与儒家传统乃至人情性理都存在一定的隔阂。

孟子曾区分了"士"与"民"两个阶层教化方式的不同,他指出:"无恒产而有恒心者,惟士为能。若民,则无恒产,因无恒心。苟无恒心,放辟邪侈,无不为已。……是故明君制民之产,必使仰足以事父母,俯足以畜妻子,乐岁终身饱,凶年免于死亡,然后驱而之善,故民之从之也轻。"(《孟子·梁惠王上》)"士"为文化的自觉承担者,故能做到贫贱不能移,即使无恒产也能有恒心;"民"则是普通民众,必须有恒产才能使之乐于从善,否则"放辟邪侈,无不为已"。在对尧舜之治的追述中,孟子又说道:"后稷教民稼穑,树艺五谷,五谷熟而民人育。人之有道也,饱食、煖衣、逸居而无教,则近于禽兽。圣人有忧之,使契为司徒,教以人伦:父子有亲,君臣有义,夫妇有别,长幼有序,朋友有信。"(《孟子·滕文公上》)在他看来,上古时代的尧舜盛世,其人伦教化也是建立在"饱食、煖衣、逸居"的基础之上的。

其实,孟子这种先"制民之产"再"驱而之善",或者在"饱食、煖衣、逸居"的基础上再"教以人伦"的次序,缘于孔子"先富后教"的理论。《论语》记载:"子适卫,冉有仆。子曰:'庶矣哉!'冉有曰:'既庶矣。又何加焉?'曰:'富之。'曰:'既富矣,又何加焉?'曰:'教之。'"(《论语·子路》)孔子认为,为政治民,必须在富庶的基础上施以教化。

孔子的"先富后教"也可谓渊源有自,《尚书·洪范》篇论"八政"曰:"一曰食,二曰货,三曰祀,四曰司空,五曰司徒,六曰司寇,七曰宾,八曰师。""食""货"居首而"司徒"居后,其意义不言自明。

余英时先生总结指出,儒家德治或礼治的建立,"有两个相关但完全不同的程序。第一个程序是从'反求诸己'开始,由修身逐步推展到齐家、治国、平天下。第二个程序则从奠定经济基础开始,是'先富后教'。前者主要是对于个别的'士'的道德要求。……对于一般人民而言,只有'先富后教'的程序才是他们所能接受的。"①

　　可以看出,无论是儒家传统的政治实践,还是揆之普遍的人情性理,制民之产以养民富民,都是以人伦教化民众的前提,而泰州学派在这方面恰恰是付诸阙如的。这或许缘于"觉民行道"的民间立场,没有对物质基础建设的建制规划与实践的条件和能力,因此不能对前儒过多苛责。但是,这却是今天的民间讲学者所必须正视的。

---

① 余英时:《士与中国文化》(上),上海:上海人民出版社,1987 年版,第 149 页。

结　语

　　余英时先生虽然独具慧眼地指出了明代儒家外王路线由传统的"得君行道"向全新的"觉民行道"的转变,并认为泰州学派是阳明所开创的这一新外王路线的唯一真正继承者,但他的论述戛然而止,并未对泰州学派的"觉民行道"进行具体的论述。本书可以说是接着余先生的话头继续往下说。

　　泰州学派继承了阳明"觉民行道"的新外王路线,并从理论和实践两方面丰富和发展了这一新外王路线。在理论上,泰州学派以"百姓日用即道"为"觉民行道"的理论基石;以"大成师"为"觉民行道"的先觉者;以"孝弟慈"为"觉民行道"的"实落处";以"乐学"为"觉民行道"的保障。在实践上,泰州学派对"觉民行道"进行了有益的探索:一是讲学。王艮对讲学模式进行了有益的探索,王艮卒后,以王襞、韩贞、王栋为代表的家学一系,以及以颜钧、何心隐、罗汝芳为代表的颜钧一系,将泰州学派的讲学活动推向了高潮。一是基层自治。主要有家学一系的王襞创立的"宗会",以及颜钧一系的何心隐创立的"聚和会"。

　　泰州学派"觉民行道"的实践,虽然由于万历七年张居正禁讲学、毁书院而衰落,但却并没有消亡,而是不绝如缕地维系着,哪怕是在视讲学为禁忌的清代,仍在民间影响着太谷学派的发展,并对民国时期梁漱溟先生的乡村建设有着重大的启发意义。直到今天,民间儒学的实践者仍然在向泰州学派汲取着思想资源。颜炳罡先生指出,在传统政治向现代政治的转型中,"儒者失去的不应该是政坛,而仅仅是宫廷! 获取的应该是整个民间社会。儒家虽不能在朝美政,却不妨在野美俗"①。积极汲取泰州学派"觉民行道"的思想资源,对推动当代民间儒学、乡村儒学、平民儒学的发展有着重大的现实意义。

---

① 颜炳罡:《人伦日用即道:颜炳罡说儒》,贵阳:孔学堂书局有限公司,2014 年版,第 160 页。

参考文献

一、古代典籍

1.[明]颜钧著,黄宣民点校:《颜钧集》,北京:中国社会科学出版社,1996 年版。

2.[清]黄宗羲著,沈芝盈点校:《明儒学案》,北京:中华书局,2008 年版。

3.[明]王守仁撰,吴光等编校:《王阳明全集》,上海:上海古籍出版社,2011 年版。

4.[明]王艮撰,陈祝生等校点:《王心斋全集》,南京:江苏教育出版社,2001 年版。

5.[明]罗汝芳撰,方祖猷等编校整理:《罗汝芳集》,南京:凤凰出版社,2007 年版。

6.[明]邹守益撰,董平编校整理:《邹守益集》,南京:凤凰出版社,2007 年版。

7.[明]王畿撰,吴震编校整理:《王畿集》,南京:凤凰出版社,2007 年版。

8.[清]焦循:《雕菰集》,北京:中华书局,1985 年版。

9.[明]何心隐著,容肇祖整理:《何心隐集》,北京:中华书局,1960 年版。

10.[清]黄宗羲:《黄宗羲全集》,杭州:浙江古籍出版社,1985 年版。

11.[清]彭泰士:《内江县志》,清光绪间刻本。

12.[明]赵贞吉撰:《赵文肃公文集》,载四库全书存目丛书编纂委员会编:《四库全书存目丛书·集部·别集类》第 100 册,济南:齐鲁书社,1997 年版。

13.[明]赵贞吉著,官长驰注:《赵贞吉诗文集注》,成都:巴蜀书社,1999 年版。

14.[明]耿定向著,傅秋涛点校:《耿定向集》,上海:华东师范大学出版社,2015 年版。

15.[明]李贽撰,陈仁仁校释:《焚书·续焚书校释》,长沙:岳麓书社,2011 年版。

16.[明]焦竑撰,李剑雄整理:《澹园集》,北京:中华书局,1999 年版。

17.林世田点校:《禅宗经典精华》,北京:宗教文化出版社,1999 年版。

18.[清]李道平撰,潘雨廷点校:《周易集解纂疏》,北京:中华书局,1994 年版。

19.[魏]王弼注,[唐]孔颖达疏,《十三经注疏》整理委员会整理:《周易正义》,北京:北京大学出版社,2000 年版。

20.[宋]朱熹撰,李一忻点校:《周易本义》,北京:九州出版社,2004 年版。

21.[东汉]王充:《论衡》,上海:上海人民出版社,1974 年版。

22.[宋]程颢、程颐著,王孝鱼点校:《二程集》,北京:中华书局,1981 年版。

23.[宋]黎靖德编,王星贤点校:《朱子语类》,北京:中华书局,1986 年版。

24.[宋]陆九渊著,钟哲点校:《陆九渊集》,北京:中华书局,2008

年版。

25.丁福保笺注:《坛经》,上海:上海古籍出版社,2011年版。

26.[宋]朱熹撰:《四书章句集注》,北京:中华书局,1983年版。

27.[宋]朱熹撰,朱杰人、严佐之、刘永翔主编:《朱子全书》,上海:上海古籍出版社,合肥:安徽教育出版社,2002年版。

28.[明]湛若水著,钟彩钧、游腾达点校:《泉翁大全集》,台北:"中央"研究院中国文史哲学研究所,2017年版。

29.[汉]班固撰:《汉书》,北京:中华书局,1962年版。

30.[唐]韩愈撰,马其昶校注,马茂元整理:《韩昌黎文集校注》,上海:上海古籍出版社,1986年版。

31.[西汉]司马迁撰:《史记》,北京:中华书局,1982年版。

32.[宋]周敦颐著,陈克明点校:《周敦颐集》,北京:中华书局,1990年版。

33.[元]脱脱撰:《宋史》,北京:中华书局,1985年版。

34.[明]刘宗周著,吴光主编:《刘宗周全集》,杭州:浙江古籍出版社,2012年版。

35.[宋]张载著,章锡琛点校:《张载集》,北京:中华书局,1978年版。

36.[明]顾炎武撰,张京华校释:《日知录校释》,长沙:岳麓书社,2011年版。

37.[清]张廷玉等撰:《明史》,北京:中华书局,1974年版。

38.[明]胡直撰,张昭炜编校:《胡直集》,上海:上海古籍出版社,2015年版。

39.[清]阮元注释:《曾子十篇》,北京:中华书局,1985年版。

40."中央"研究院历史语言研究所:《明实录》,台北:"中央"研究院历史语言研究所,1968年版。

41.［明］杨起元撰,谢群洋点校:《证学编》,上海:上海古籍出版社,2016 年版。

42.［明］海瑞、叶春及撰:《备忘集　石洞集》,上海:上海古籍出版社,1993 年版。

43.何晏集解,皇侃义疏:《论语集解义疏》,上海:商务印书馆,1937 年版。

44.［清］黄宗羲原著,［清］全祖望补修,陈金生、梁运华点校:《宋元学案》,北京:中华书局,1986 年版。

45.［明］湛若水编著:《圣学格物通》,桂林:广西师范大学出版社,2015 年版。

46.［宋］邵雍著,郭彧整理:《邵雍集》,北京:中华书局,2010 年版。

47.［明］王艮:《明儒王心斋先生遗集》,上海:东台袁氏刻本,1912 年版。

48.［明］王襞撰:《新镌东厓王先生遗集》,见四库全书存目丛书编纂委员会编:《四库全书存目丛书·集部》第 146 册,济南:齐鲁书社,1997 年版。

49.［明］吕坤著,王国轩编著:《呻吟语正宗》,北京:华夏出版社,2014 年版。

50.［明］邓豁渠著,邓红校注:《〈南询录〉校注》,武汉:武汉理工大学出版社,2008 年版。

51.［明］李春芳撰:《李文定公贻安堂集》,见四库全书存目丛书编纂委员会编:《四库全书存目丛书·集部》第 113 册,济南:齐鲁书社,1997 年版。

52.［清］夏燮:《明通鉴》,北京:中华书局,1959 年版。

53.［明］张居正:《张太岳集》,上海:上海古籍出版社,1984 年版。

54.［明］周汝登:《东越证学录》,见四库全书存目丛书编纂委员会编:《四库全书存目丛书·集部》第 165 册,济南:齐鲁书社,1997 年版。

55.［明］方孝孺著,徐光大校点:《逊志斋集》,宁波:宁波出版社,1996 年版。

56.傅亚庶撰:《孔丛子校释》,北京:中华书局,2011 年版。

57.扬雄著,李轨注:《法言》,载《诸子集成》(七),上海:上海书店出版社,1986 年版。

二、今人著作

1.侯外庐、邱汉生、张岂之主编:《宋明理学史》(下卷),北京:人民出版社,1987 年版。

2.吴震:《泰州学派研究》,北京:中国人民大学出版社,2009 年版。

3.嵇文甫:《左派王学》,上海:上海三联书店,2014 年版。

4.季芳桐:《泰州学派新论》,成都:巴蜀书社,2005 年版。

5.龚杰:《王艮评传》,南京:南京大学出版社,2001 年版。

6.陈来:《中国近世思想史研究》(增订版),北京:生活·读书·新知三联书店,2010 年版。

7.牟宗三:《从陆象山到刘蕺山》,长春:吉林出版集团有限责任公司,2010 年版。

8.余英时:《宋明理学与政治文化》,长春:吉林出版集团有限责任公司,2008 年版。

9.钱穆:《宋明理学概述》,台北:台湾学生书局,1977 年版。

10.嵇文甫:《晚明思想史论》,北京:东方出版社,2013 年版。

11.侯外庐主编:《中国思想史纲》(下册),北京:中国青年出版社,1981 年版。

12.宣朝庆:《泰州学派的精神世界与乡村建设》,北京:中华书局,2010 年版。

13.张学智:《明代哲学史》(修订本),北京:中国人民大学出版社,2012 年版。

14.杨天石:《泰州学派》,北京:中华书局,1980 年版。

15.张岱年主编:《中国哲学大辞典》(修订本),上海:上海辞书出版社,2014 年版。

16.顾鸿安:《阳明学及其传播》,杭州:浙江大学出版社,2015 年版。

17.吴震:《阳明后学研究》,上海:上海人民出版社,2003 年版。

18.余英时:《士与中国文化》,上海:上海人民出版社,1987 年版。

19.陈来:《有无之境:王阳明哲学的精神》,北京:北京大学出版社,2013 年版。

20.余英时:《现代儒学论》,上海:上海人民出版社,1998 年版。

21.邓志峰:《王学与晚明的师道复兴运动》,北京:社会科学文献出版社,2004 年版。

22.曾振宇、齐金江:《中华伦理范畴　孝》,北京:中国社会科学出版社,2006 年版。

23.曾振宇、傅永聚注:《春秋繁露新注》,北京:商务印书馆,2010 年版。

24.汪受宽撰:《孝经译注》,上海:上海古籍出版社,2004 年版。

25.钱穆:《论语新解》,北京:生活·读书·新知三联书店,2012 年版。

26.吴震:《明末清初劝善运动思想研究》(修订版),上海:上海人民出版社,2016 年版。

27.董建辉:《明清乡约:理论演进与实践发展》,厦门:厦门大学出版社,2008 年版。

28.李泽厚:《论语今读》,合肥:安徽文艺出版社,1998 年版。

29.唐君毅:《中国哲学原论·原教篇》,北京:九州出版社,2016 年版。

30.吴震:《明代知识界讲学活动系年:1522—1602》,上海:学林出版社,2003 年版。

31.容肇祖:《容肇祖集》,济南:齐鲁书社,1989 年版。

32.陈时龙:《明代中晚期讲学运动:1522—1626》,上海:复旦大学出版社,2005 年版。

33.费孝通:《乡土重建》,长沙:岳麓书社,2012 年版。

34.干春松:《制度化儒家及其解体》(修订版),北京:中国人民大学出版社,2012 年版。

35.杨伯峻编著:《春秋左传注》(修订本),北京:中华书局,2009 年版。

36.钱穆:《中国历史研究法》,北京:生活·读书·新知三联书店,2001 年版。

37.王汎森:《晚明清初思想十论》,上海:复旦大学出版社,2004 年版。

38.颜炳罡:《人伦日用即道:颜炳罡说儒》,贵阳:孔学堂书局有限公司,2014 年版。

39.[日]荒木见悟著,廖肇亨译:《明末清初的思想与佛教》,上海:上海古籍出版社,2010 年版。

40.[日]岛田虔次著,甘万萍译:《中国近代思维的挫折》,南京:江苏人民出版社,2005 年版。

41.[日]冈田武彦著,吴光等译:《王阳明与明末儒学》,重庆:重庆出版社,2016 年版。

三、期刊论文

1.彭国翔:《周海门学派归属辨》,载《浙江社会科学》2002 年第 4 期。

2.钱宪民:《王艮的"明哲保身"论》,载《复旦学报(社会科学版)》1987 年第 5 期。

3.徐春林:《儒学民间化的内在理路——以泰州学派"百姓日用即道"思想的演进为轴线》,载《江西社会科学》2007 年第 2 期。

4.方祖猷:《评王艮的哲学思想》,载《浙江学刊》1981 年第 2 期。

5.贾乾初、陈寒鸣:《王一庵平民儒学思想析论》,载《湖南大学学报(社会科学版)》2012 年第 2 期。

6.颜炳罡:《"乡村儒学"的由来与乡村文明重建》,载《深圳大学学报(人文社会科学版)》2020 年第 1 期。

7.黄石明:《试论泰州学派王襞诗歌的内美》,载《扬州大学学报(人文社会科学版)》2008 年第 1 期。

8.姚文放、沈玲:《游走在心学与文学之间的诗歌创作——泰州学派王氏三贤诗歌研究》,载《江苏社会科学》2005 年第 1 期。

9.丁立磊、李紫烨:《颜钧的狂侠特质》,载《合作经济与科技》2014 年第 15 期。

10.黄宣民:《明代平民儒者颜钧的大中哲学》,载《哲学研究》1995 年第 1 期。

11.马晓英:《敦伦化俗,运世造命——明末"异端"学者颜钧的儒学化俗实践及其讲学活动》,载《孔子研究》2007 年第 1 期。

12.季芳桐:《泰州学派何心隐思想初探》,载《扬州大学学报(人文社会科学版)》2013 年第 1 期。

13.吴震:《十六世纪心学家的社会参与——以泰州学派的何心隐为例》,载《云南大学学报(社会科学版)》2007 年第 3 期。

14.宋克夫、熊小萍:《何心隐人欲观论析——兼及中晚明人欲观之流变》,载《湖北大学学报(哲学社会科学版)》2010年第2期。

15.贾乾初:《平民儒者的政治态度和政治功能——以韩贞为典型个案》,载《政治学研究》2014年第4期。

16.罗伽禄:《罗汝芳的孝悌观》,载《朱子学刊》2005年第1辑。

17.陈立胜:《"身不自身":罗近溪身体论发微》,载《西北大学学报(哲学社会科学版)》2012年第1期。

18.张沛:《四书五经融通视域下的罗汝芳心学易学》,载《东岳论丛》2012年第6期。

19.李双龙、澎虎:《儒学"觉民行道"的路径选择——兼论泰州学派对宋明理学的超越》,载《兰州学刊》2012年第10期。

20.林子秋:《泰州学派和晚明的启蒙思潮——纪念王艮逝世460周年》,载《盐城师范学院学报(人文社会科学版)》2000年第4期。

21.黄宣民:《明代泰州学派的平民儒学特征——〈王艮与泰州学派〉序》,载《中国社会科学院研究生院学报》1999年第1期。

22.陈寒鸣、刘伟:《儒学的理论转向:现代平民儒学的建构》,载《当代儒学》2014年第1期。

23.姚文放:《宋明思想大潮中的泰州学派美学》,载《学术月刊》2007年第12期。

24.邵晓舟:《泰州学派美学的本体范畴——"百姓日用"》,载《中国文化研究》2010年第1期。

25.庄丹、胡金望:《泰州学派"人欲"观与〈金瓶梅〉中的士商关系》,载《漳州师范学院学报(哲学社会科学版)》2012年第1期。

26.熊恺妮:《泰州学派与凌濛初》,载《辽东学院学报(社会科学版)》2013年第3期。

27.左东岭:《狂侠精神与泰州传统》,载《孔子研究》2001 年第 3 期。

28.何宗美、张娴:《明代泰州学派与"侠"略论》,载《西南大学学报(社会科学版)》2011 年第 5 期。

29.朱兆龙:《王艮泰州学派在清代的传承与变化》,载《盐城师范学院学报(人文社会科学版)》2013 年第 6 期。

30.牛秋实:《太谷学派与泰州学派关系研究》,载《南京理工大学学报(社会科学版)》2011 年第 4 期。

31.朱义禄:《论泰州学派对梁漱溟的影响》,载《学术论坛》1991 年第 4 期。

32.颜炳罡:《儒学:从来就不是少数哲学家的奢侈品》,载《国学》2007 年第 10 期。

33.张学智:《对泰州学派的研究亟待加强》,载《中国文化研究》2004 年第 1 期。

34.唐东辉:《从程颐、王艮解〈易〉看儒家外王路线的转变》,载《原道》2018 年第 2 期。

35.钱穆:《理学与艺术》,载宋史研究会:《宋史研究集(第七辑)》,台北:台湾书局,1974 年版。

36.陈世英:《赵贞吉的学术思想》,载《内江师范学院学报》2008 年第 3 期。

37.王格:《学承和学脉:周汝登"学派归属"的重新认定》,载《中国哲学史》2018 年第 2 期。

38.刘光胜:《由孝道到孝治:先秦儒家孝道发展的两次转进——以〈曾子〉十篇与〈孝经〉比较为中心的考察》,载曾振宇主编:《曾子学刊》(第一辑),北京:社会科学文献出版社,2018 年版。

39.黄开国:《论儒家的孝道学派——兼论儒家孝道派与孝治派的区

别》,载《哲学研究》2003 年第 3 期。

40.陈时龙:《圣谕的演绎:明代士大夫对太祖六谕的诠释》,载《安徽师范大学学报(人文社会科学版)》2015 年第 5 期。

41.陈时龙:《师道的终结——论罗汝芳对明太祖〈六谕〉的推崇》,载《明史研究论丛》2012 年第 10 辑。

42.申祖胜:《王艮"乐学"思想探论》,载《孔子研究》2017 年第 1 期。

43.吕妙芬:《阳明学派的建构与发展》,载《清华学报》1999 年第 2 期。

44.吕妙芬:《晚明江右阳明学者的地域认同与讲学风格》,载《台大文史哲学报》2002 年第 56 期。

45.温铁军:《半个世纪的农村制度变迁》,载《战略与管理》1999 年第 6 期。

46.杜正贞:《作为士绅化与地方教化之手段的宗族建设——以明代王艮宗族为中心的考察》,载《江苏社会科学》2007 年第 5 期。

47.唐东辉:《赵大洲非泰州学派考辨》,载《贵阳学院学报(社会科学版)》2020 年第 6 期。

48.唐东辉:《耿天台非泰州学派考辨》,载《济宁学院学报》2020 年第 4 期。

四、学位论文

1.王强:《王艮思想研究》,西安:陕西师范大学硕士学位论文,2013 年。

2.刘静:《王艮思想研究》,重庆:西南大学硕士学位论文,2014 年。

3.周荣华:《颜钧"放心体仁"思想研究》,上海:华东师范大学硕士学位论文,2008 年。

4.范国盛:《聚和·讲会·自鸣于朝——论明代狂儒何心隐的社会教

化实践与理论》,南昌:江西师范大学硕士学位论文,2009 年。

5.朱洁:《罗汝芳仁学思想研究》,长沙:湖南师范大学硕士学位论文,2009 年。

6.王振华:《见心与践心——罗汝芳哲学思想研究》,西安:陕西师范大学博士学位论文,2011 年。

7.张子房:《赵贞吉思想研究》,保定:河北大学硕士学位论文,2011 年。

后 记

本书是我的博士论文,虽然还不是很成熟,但毕竟是一个学术阶段的见证!

说起自己的学术之路,不得不提三位老师:

第一位是福建师范大学文学院的刘昆庸老师,是他将传统文化的大门向我敞开,带我走进经典的世界。可以说,遇见刘老师,是我人生的转折点!直到现在,我仍然感叹,如果那一晚我没有跟舍友去听他的中华文化经典导读课,我的人生将会是怎样的呢?

第二位是我的硕导潘新和先生。潘老师是严谨的学者,是儒雅的谦谦君子!总是让人如沐春风!这是所有上过他的课、听过他的讲座的同学的共识,哪怕只有一面之交。我时常想,如果不是那一晚去听了刘昆庸老师的中华文化经典导读课,我应该会顺着潘老师的学术路径走下去,去探索言语生命动力学,去研究"表现与存在"范式下的语文教育。还记得当时研读潘老师的巨著《语文:表现与存在》时,真是如饮旨酒,爱不释手,从来没有想到,学术著作竟然还可以写得那么富有激情!后来才知道,这是潘老师与死神博弈的心血之作。然而,造化弄人!或许也可以说,是经典在冥冥之中自有召唤!我从语文课程与教学论转向了传统文化之路,对此,潘老师自然是乐观其成的,他对我们总是"放养",是绝不肯也不忍戕贼我们的天性的!可以说,没有潘老师的"放养",就不会有现在的我!

　　第三位是我的博导颜炳罡先生。拜入颜师门下时,颜师已不能像二十多年前带着读经班的学生去山上诵读经典时一样,带领我们研读经典了,我只能以在福建师大长安山上背诵四书时的情景来遥想颜师当年的景象。颜师对我学术事业的影响是决定性的!即使放到现在,我仍然无法想象,颜师门下竟然有那么多非科班出身的弟子,仅仅是因为一份对传统文化尤其是儒家文化的热爱,就被颜师收入门下,而我就是其中之一!何其幸哉!我现在仍保留着写有颜师评语的第一篇习作,其中标题旁赫然写着"题目不能吸睛"六个大字,这是我第一次深切感受到论文标题的重要性。最震撼人心的一次指导,是颜师带领我们一字一句修改牛嗣修师兄关于荀子的一篇论文,从标题到摘要,再到正文的结构和内容,以及注释,一字一句通读修改。这是我读博期间第一次也是唯一一次受着这样的学术训练。但仅此一次,也足够了!而我发表的第一篇学术论文,在修改的过程中,颜师的修改意见与评语是极简省的,初稿时只是"内容很好,角度不好"八个大字的修改意见,待修改完善之后,颜师则评之曰"火候已到,可以投稿",仍只是八个大字。这是我人生中第一篇发表的学术论文,幸得颜师锤炼,才真正进入博士阶段的研究状态,而在此之前,则一直处于一种不得其门而入的痛苦状态。

　　对于博士论文的选题,我最初是想研究阳明,也研读了不少相关的著作,但最后发觉,如果没有新的研究视角或理论支撑,仅仅是传统的研究方法,很难再有新的突破,起码在当时是没法突破的。最后,自己可以说是在不甘心与无奈的心境之下选择了颜师的命题。现在想来,其实当初似乎也不必那么纠结,毕竟博士毕业论文仅仅是一次学术训练,虽然人人都想写自己感兴趣的选题。而随着研究的展开,以及不断深入参与颜师的课题,自己才逐渐理解颜师的事业与这一命题的深意。颜师以一种舍我其谁的担当,凡我所在便是儒学的气魄,积极致力于民间儒学的实践,